FERNAND DE MONTRÉAL

Les
Dernières Heures
D'une Monarchie

Un Portrait de

S. A. R. Madame la Duchesse de Montpensier

Et deux dessins de Lionel Royer

PARIS

Février 1893

LES

DERNIÈRES HEURES
D'UNE MONARCHIE

TROYES. — IMPRIMERIE DUFOUR-BOUQUOT

FERNAND DE MONTRÉAL

Les Dernières Heures D'une Monarchie

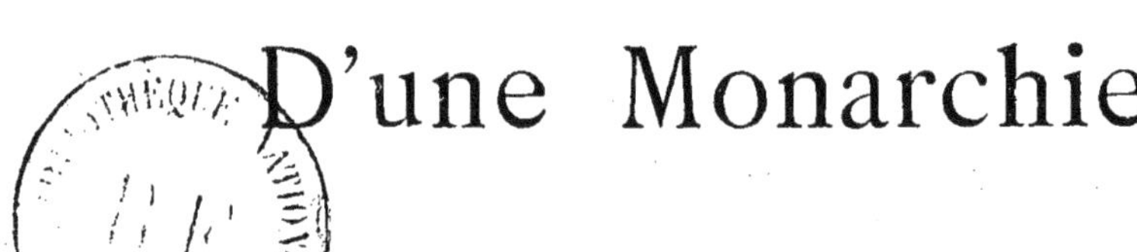

Un Portrait de
S. A. R. Madame la Duchesse de Montpensier
Et deux dessins de Lionel Royer

PARIS
Février 1893

LES

DERNIÈRES HEURES

D'UNE MONARCHIE

INTRODUCTION

Il y a quelques mois, — c'était à Cannes, — un matin, je flânais sur cette délicieuse promenade de la Croisette, dont le sable si fin est doucement caressé par les eaux bleues, claires et transparentes de la Méditerranée.

J'admirais cette baie si gracieuse, bornée à l'horizon par les montagnes de l'Esterel et protégée de la grosse mer par les îles de Lérins. Là, le vieux Monastère où quelques moines sont oubliés ; plus loin, l'île Sainte-Marguerite, doublement célèbre, et par la prison du Masque de Fer, et par celle où Bazaine, plus heureux, lui, put s'échapper.

Sur un des bancs de la promenade, abrité par un de ces parasols doublés de vert, qui sont les compagnons indispensables des flâneries de ce pays béni du ciel, où le soleil, même en plein hiver, fait craindre ses rayons trop brûlants, un homme lisait le *Figaro*.

Je le vis frapper le journal d'un geste d'impatience, et, sous le parasol, déplacé un moment, je reconnus un de mes compagnons de séjour au Grand-Hôtel.

— « Ah ! — me dit-il, en secouant le *Figaro,* — voici « pourtant comme on écrit l'histoire !... »

— « Qu'est-ce ? »

— « Un monsieur, qui n'était pas présent, raconte à sa « façon des incidents de la Révolution de Février parfaitement « inexacts, mais qui, par la publicité immense du *Figaro*, « vont être répandus dans le monde entier ! »

— « Comment savez-vous que c'est inexact ? »

— « Parbleu ! par une raison bien simple : j'étais là ! J'ai « vu, de mes deux yeux vu, ce qui s'est passé et c'est encore « aussi présent à mon esprit que si c'était hier.

« J'étais alors lieutenant de cavalerie dans un régiment en « garnison à Lyon ; venu à Paris pour passer en congé « quelques semaines d'hiver, j'ai assisté à l'écroulement, « incompréhensible pour le public, de la Royauté de 1830 ; « drame bien facile à comprendre pour ceux qui, comme moi, « spectateur de sang-froid et sans responsabilité, ont pu « suivre les phases diverses de cette triste journée. On a beau- « coup écrit, mais on n'a pas tout dit ; et l'on n'a pas montré « l'enchaînement logique des faits qui ont amené la catas- « trophe. »

— « Contez-moi donc cela ; — moi, qui n'étais pas né « alors, je n'ai jamais rien compris à cette Révolution du « mépris, a-t-on dit, et je serais bien heureux d'entendre, d'un « homme de votre valeur et ayant vu les choses, un récit qui, « — pour les hommes de ma génération, — est de l'histoire « déjà ancienne, et moins bien connue que l'histoire an- « cienne. »

— « Oh ! ce serait trop long, et voilà l'heure du déjeuner ! « Cet air de mer me donne un appétit du diable. J'ai vu « passer ce matin la marée entrant à l'hôtel, des *dentici* « superbes, et des *langoustinettes* auxquelles j'ai une furieuse « envie de dire deux mots ; ce sera beaucoup plus intéressant « pour moi que l'histoire des Journées de Février. »

— « Mais, pas du tout ! vous avez excité singulièrement ma « curiosité et vous m'avez aussi mis en appétit, mais d'une

« autre façon, car je n'ai pas encore rencontré un témoin « sérieux de cette catastrophe dont nous subissons encore « aujourd'hui les tristes conséquences.

« J'ai déjà, vous le savez, écrit quelques pages, et je serais « heureux de vous entendre et de recueillir vos souvenirs. »

— « Eh bien ! mon jeune voisin, puisque cela paraît « vous intéresser sérieusement, venez demain de bonne heure « frapper à ma porte, prenez vos crayons et je vous en conterai « de quoi satisfaire votre curiosité. Mais pour le moment, en « route ! et à table ! »

Il faut vous dire que mon interlocuteur est un des plus curieux personnages qu'on puisse rencontrer ; c'est la chronique vivante du Paris politique et mondain depuis cinquante ans. Le hasard de la table d'hôte du Grand-Hôtel m'avait fait son voisin, mais je le connaissais de vue comme tout Paris. Au balcon du Jockey, au Bois, aux premières représentations, on voit ce beau vieillard, droit, vert, élégant de tournure, barbe blanche à la François Ier, ancien officier supérieur retraité après la campagne d'Italie, avec une balle dans l'épaule gauche qui le force à monter à cheval à droite ; « ce qui, — dit-il plai-« samment, — me condamne à toujours prendre ma droite. » — Un beau nom, une grande fortune, l'œil vif et singulièrement pénétrant, un sourire gracieux qui tempère l'impertinence du regard. — Quant à son âge... ? il dit près de quatre-vingts ans. C'est de là coquetterie... à rebours. — de l'esprit à revendre, de cet esprit si français, à la Boufflers ou à la Montrond.

Les histoires qu'il nous raconte au salon, ou au fumoir, sont impayables, et la façon dont il les dit en double le piquant. Assez sceptique à l'égard des femmes, il nous fait assister à des scènes d'un comique achevé en excitant les tempêtes féminines.

L'autre soir, une Anglaise lui dit : « Oh ! Colonel ! en « France, les choses se passent peut-être comme vous dites, « mais pas en Angleterre ! »

« Vous croyez, milady ?... Eh bien ! vous à qui l'on peut « appliquer ces vers de Voltaire (dont le sens vrai lui échap- « pait) :

« Certaine femme honnête et savante et profonde
« Ayant lu le traité du cœur ;

« Vous donc, femme honnête, si, depuis l'âge de quinze ans « jusqu'à ce jour, on vous avait photographiée dans toutes les « situations diverses de votre existence et que nous nous « amusions à examiner ce jeu de cartes d'une espèce nouvelle, « croyez-vous que nous n'entendrions pas plus d'une exclama- « tion dans le genre de celle-ci :

« Ah !... comment ?... c'est Lady X... ?

« Oh ! mais c'est elle !... pas possible !!! »

Je dois ajouter qu'on racontait, vraies ou fausses, des histoires sur la Dame, qui auraient donné aux photographies une valeur *sui generis* des plus pimentées.

La Dame resta interdite devant ce coup droit, se contentant de répondre : « Oh ! oh !... quelle idée ! il n'y a que vous « pour dire des drôles de choses. »

Un jour qu'il développait ses théories politiques, spécieuses, mais en tous cas désolantes, il eut avec la vieille marquise de K... une scène impayable.

Tout le monde connaît à Cannes, comme à Monte-Carlo, la marquise de K... qui promène, en clopinant, appuyée sur sa grande canne, et ses quatre-vingts kilos de graisse et sa langue infernale, — surtout quand la course de Monaco a vidé le portefeuille.

Un soir qu'elle était de plus méchante humeur que jamais, le Colonel causait politique avec deux ou trois personnes ; tout à coup j'entends, de la salle voisine, la voix glapissante de la marquise :

— « C'est abominable ce que vous dites-là !

« Vous êtes un affreux jacobin et un vrai mécréant !!...

— « Est-ce tout, marquise ?... Ajoutez donc anarchiste...

« et puis après anthropophage...!! Voyez-vous, les femmes, « même les plus spirituelles, comme vous, au lieu de raisonner « tranquillement, en arrivent tout de suite aux épithètes : ou « l'on est un homme charmant, ou l'on est un monstre...

« Je suis donc pour vous un jacobin et un mécréant !

« Eh bien ! je vais vous prouver, clair comme le jour, que « vous avez trouvé les épithètes, mais que la raison et la « logique vous font complètement défaut :

« Les Jacobins (si bien amnistiés par le roi Louis XVIII) « ont coupé le cou au roi Louis XVI parce qu'il était un « tyran ?

« Le pauvre homme ! un tyran !!! s'il l'avait été tant soit « peu, il eût sauvé sa tête et la société française avec lui.

« Or, si j'avais jugé Louis XVI, je l'eusse condamné... « à quoi ?... (je ne vous le dis pas...) pour avoir commis le « crime d'être un roi faible...

« Vous le voyez donc, il y a un abîme entre les Jacobins et « votre serviteur.

« Je suis maintenant un mécréant ?

« Or, j'ai la prétention d'être un fort bon chrétien à qui « Dieu pardonnera ses faiblesses, en raison de sa bonne volonté « à croire aux inspirations du ciel.

« Il y a dans l'Ecriture une pensée que vous savez parfaite- « ment :

« *Omnis potestas a Deo* (Toute puissance vient de Dieu).

« Or, Dieu qui a donné à un homme qui boit, mange et « digère comme vous et moi (car vous avez aussi un excellent « appétit, marquise, et cela vous a profité) ; donc, Dieu qui a « donné à cet être humain le pouvoir souverain, — honneurs, « liste civile, — qui lui permettent, selon ses goûts, de se payer « à discrétion et des chiens et des femmes... pardon... des « femmes et des chiens, à ces droits de plaisirs, Dieu a attaché « des devoirs : faire le bonheur des Peuples ; tout faire, « naturellement, pour conserver le pouvoir qui lui a été confié.

« Si cet être humain, après avoir usé de tous ses droits, « oublie le plus important de ses devoirs, celui de conserver

« le pouvoir qui vient de Dieu, et que Dieu l'abandonne, à son « tour, le jugeant indigne de sa confiance, vous voulez que « moi, j'aille me révolter contre la volonté de Dieu et que je « dise :

« Mon Dieu, vous avez eu tort ! Cet homme était digne « encore, et si vous l'abandonnez, moi je lui reste fidèle !

« En vérité, c'est alors que vous pourriez m'appeler mé- « créant.

« Votre grand-père fut, je le crois, un des otages de la « Sainte-Ampoule au sacre de Louis XVI ; s'il eût entendu le « Roi, au moment où en lui remettait l'épée de Charlemagne, « dire à l'assistance :

— « Mes féaux et bien-aimés sujets, soyez bien convaincus « que jamais cette épée ne sortira du fourreau pour défendre « cette Monarchie que vous me confiez, ni faire couler le « sang des méchants. J'irai plutôt, comme notre divin Sau- « veur, offrir ma vie et ma tête aux hommes qui voudraient « m'arracher et ma couronne et mon épée.

« Quant à défendre vos intérêts et mes droits... Jamais !! « J'aime mieux mourir... »

« Je voudrais savoir ce qu'eût dit le baron de Hautmont ?...

« Et si le roi Charles X, en pareille circonstance, eût dit, « quand les deux pairs ecclésiastiques présentèrent le Roi à « l'Assemblée en lui demandant si elle agréait Charles dixième « du nom pour Roi de France :

— « Je ne suivrai pas l'exemple de mon frère ; pas plus que « lui, il est vrai, je ne mettrai l'épée à la main pour défendre « ma couronne, mais je n'offrirai pas ma vie avec une si « chrétienne abnégation.

« Je gagnerai avec une dignité royale la terre étrangère, « et, du fond de l'exil, je vous adresserai tous les vœux que je « formerai, avec douleur, mais sécurité, pour que vous puissiez « traverser les épreuves de l'adversité ; et vous me trouverez « prêt, si vous me rappelez un jour, à oublier et les trahisons « et les services, et à recommencer avec le même dévouement

« un règne que la force des événements est venue si brusque-
« ment interrompre. »

« Eh bien ! marquise, je suis convaincu que le baron de « Hautmont, dans son tombeau, eût tressailli d'indigna- « tion...

« Ce n'est pas avec des épithètes que vous réfuterez ce « raisonnement d'une logique incontestable. »

— « Tout cela ce sont des paroles, dit la marquise.

« Et quand bien même ce serait vrai, vous ne devriez pas le « dire, car si les Peuples ne respectent plus les Rois, que « deviendrons-nous ? »

— « Que les Rois sachent être forts, se faire respecter, « marquise ; sans cela, ils n'ont plus leur raison d'être. »

— « Allons ! décidément, comme j'ai eu raison de vous le « dire, vous êtes un affreux jacobin. »

— « Ainsi soit-il ! »

Ce fut un rire général dans l'assistance, fort amusée par cette discussion, dont la piquante originalité de forme ne pouvait faire oublier la profonde vérité.

— « Et le comte de Chambord ? Qu'en dites-vous ? »

— « Le comte de Chambord n'a pas régné ; donc je ne puis « pas le juger. Il a dit cependant une parole qui m'a frappé :

« Je veux parler à la France, nous nous entendrons. »

« Savez-vous dans quelle circonstance cette parole a été pro- « noncée ?... C'est lors de sa course à Versailles et à la réunion « qui eut lieu rue Saint-Louis, je crois, avec quelques membres « principaux du parti conservateur, venus pour lui donner « des avis et des conseils, sinon pour lui poser des conditions.

« M. Thiers fut le premier :

— « Je suis charmé de voir un homme de votre valeur et « de votre mérite, — lui dit le Prince, — vous avez été

« plusieurs fois ministre de Louis-Philippe et vous l'étiez au « 24 Février...

« La chute a été triste. »

— « C'est vrai, Monseigneur, mais la force des événe- « ments... »

— « Oui, je comprends ! la force des événements... Et « vous, M. Rouher, vous étiez un des conseillers les plus « écoutés de l'Empire, et vous n'avez pu empêcher le 4 Sep- « tembre... »

— « Hélas ! Monseigneur sait combien les meilleures « volontés des hommes sont neutralisées par les événements... »

— « Oui, je comprends. — Comme pour M. Thiers, c'est « la force des événements... »

« S'adressant à un groupe royaliste :

— « Ces Messieurs font partie de l'Assemblée nationale « dont la majorité, quoique monarchique, a accepté la « République, au moins de nom. »

— « Oui, Monseigneur, mais nous n'avons pas l'intention « de fonder une République durable ; nous voulons seulement « en faire l'essai temporaire... la force des événements l'em- « porte quelquefois sur celle des hommes. »

— « Ah ! je comprends parfaitement. Vous avez été « entraînés par la force des événements, comme ces Messieurs ; « elle est supérieure à celle des hommes.

« Eh ! bien, Messieurs, je ne vois parmi vous que des « hommes des plus honnêtes et des politiques des plus émi- « nents, mais, les uns et les autres, vous avez tous été victimes « de la force des événements, et tous vous avez perdu les « gouvernements, ou les partis, que vous serviez ; vous me « permettrez donc de craindre que, dans l'avenir, vos conseils, « quelqu'excellents qu'ils soient, n'aient pas un résultat meil- « leur.

« C'est donc à la France, directement, que je veux parler, et « je m'entendrai avec elle. »

« Comment eût-il pu s'entendre directement avec la France? « Sous quelle forme ?...

« Ce fut son secret; mais on ne peut dire mieux, et de façon « plus polie, à des donneurs de conseils : « Vous n'avez été « que des maladroits ; donc, malgré votre talent, vous n'avez « qu'une chose à faire : me débarrasser de vos avis et me « laisser faire mes affaires moi-même, au lieu de me poser des « conditions et de me donner des conseils qui ne feraient que « me conduire à ma perte, comme il est advenu à tous les « gouvernements que vous avez servis. »

« Si cette anecdote est vraie (je ne la garantis pas), eh bien ! « le comte de Chambord, qui est mort si intact, aurait pu « nous montrer sur le trône un Bourbon de nouvelle espèce... »

— « Allons, pour cette fois, dit la marquise, nous nous « entendons. C'est si rare, que je le constate avec plaisir. »

Un jour, on lui disait :

— « Mais comment donc faites-vous, Colonel, je ne vous « connais que des amis ? »

— « D'abord je me suis fait une loi de ne jamais dire de « mal de personne, j'entends de ceux qui restent dans les « obscurités de la vie privée;

« Quant à ceux qui montent sur la scène, d'une façon ou « d'une autre, ce sont des acteurs que je juge avec impar- « tialité, mais sévérité.

« Ils m'appartiennent comme ceux que j'ai, le soir, au bout « de ma lorgnette :

« S'ils sont bons, j'applaudis; s'ils ne savent pas leurs rôles, « j'ai le droit de siffler...

« Ensuite, pour vous faire un ami d'un homme, vous « n'avez qu'à lui faire entendre que vous trouvez qu'on ne « rend pas justice à son mérite.

« Voyez ce qu'il lui manque et montrez-lui que vous ne « comprenez pas qu'il n'ait pas la satisfaction à laquelle il a « droit... et il nous manque à tous quelque chose : à celui-ci,

« la fortune ; à celui-là, la naissance ; à cet autre, un bout de « ruban rouge ou une palme académique...

« Tenez, je vais faire une visite à un savant, à X..., par « exemple ; je grimpe les cinq étages, j'arrive un peu essoufflé :

— « Comme c'est aimable à vous d'avoir bravé une escalade « aussi raide ! »

— « Je me suis reposé en route, cher maître, et je me « disais : faut-il qu'une société soit mal organisée pour qu'un « homme de votre valeur loge au cinquième et prenne l'om- « nibus, tandis qu'un tas de nullités habitent au premier et « roulent en carosse. Ah ! quel temps ! quel temps ! »

« Soyez sûr que mon savant, s'il parle de moi, le fera en « excellents termes... quoi qu'il n'aime pas le militaire.

« Je suis en province, à chasser ; en Poitou, je suppose ; « on me présente un homme rouge, joufflu, tête ronde et gros « ventre, ancien marchand de bois fort riche :

— « Monsieur Poitrineau, un de nos grands propriétaires « et excellent voisin. »

— « Monsieur Poitrineau ?... Charmé, Monsieur, de faire « votre connaissance ; êtes-vous parent d'un certain baron « de Poitrineau, un vieux gentilhomme, drôle de corps, que « j'ai connu autrefois en Berry ? »

— « Non, Monsieur, non, je suis d'Auvergne. »

— « Ah ! mais... il me semble me rappeler qu'il m'avait « dit qu'une branche de sa famille s'était perdue en Auvergne, « où elle avait fait de l'industrie.

« Très anciens, ces Poitrineau ! ça date des Croisades ! « Ce mot de Poitrineau, ça vient d'une pièce de l'armure des « chevaliers, qu'on appelait poitrinal. Recherchez..., vous « trouverez peut-être votre parenté. C'est un nom à relever. »

« En rentrant chez lui, M. Poitrineau dit à Mme Poitrineau :

« — Tu ne sais pas, chère amie, j'ai rencontré aujourd'hui « un Colonel, très fort en histoire ; il m'a dit que nous devions « descendre d'un baron de Poitrineau !... Mon père était

« cantonnier, mais il disait que nous avions eu un oncle curé...
« Ces abbés, ça tient du grand monde. Dis donc, hein! ça
« ferait bien si l'on annonçait : Madame la baronne de
« Poitrineau!!! Après tout, c'est possible. Nous ferions bien
« d'inviter le Colonel à nos chasses, c'est un homme remar-
« quable! »

« Je rencontre au club le duc de X... :

— « Ah! mon cher duc, j'ai bien pensé à vous ce matin! »

— « Ah bah! et qu'est-ce qui m'a valu ce bon souvenir? »

— « Je passais devant l'Institut et je me suis dit : l'Aca-
« démie n'est pas complète, il y manque le duc de X...! Sa
« valeur, son nom, tout désignait sa place! Ah! mon cher
« duc, quand on voit toutes les recrues qu'on y fait entrer!!
« N'est-ce pas désolant! Pauvre pays! »

« Soyez sûr que le duc de X... me trouvera un homme
« d'excellent jugement et d'un commerce agréable, et que je
« serai sur les listes de la duchesse. »

Malheureusement, cet esprit si vif est gâté par un scepticisme, je dirais presque un égoïsme porté à la suprême puissance... et par des théories désolantes pour l'espèce humaine, théories si bien, ou plutôt si spécieusement justifiées, qu'il est difficile de lui répondre victorieusement.

Quelle est son opinion? — En a-t-il une? Conservateur, cela va de soi. Mais de quelle nuance? — Royaliste? Bonapartiste? Républicain modéré?

— « Ah ça! — lui demandait-on un jour en riant, — mais
« quelle est donc votre opinion? »

— « Moi, — dit-il, — je n'en ai plus. Je suis né royaliste,
« mais il y a longtemps que j'ai gaspillé le capital politique
« légué par ma famille, et d'ailleurs déjà singulièrement
« ébréché. »

« Mon grand-père, — nous disait-il un jour, — était garde
« du corps du roi Louis XVI; il était à côté de M. de Savo-

« nière quand il reçut le coup de feu qui lui cassa le bras. Il « mit le sabre à la main pour charger ; on le lui fit remettre « au fourreau. Et le lendemain il suivait à pied (ses chevaux « tués et mangés par le peuple) le carrosse du Roi, précédé « des deux têtes de ses camarades Deshuttes et Varicourt ! ! « Nous avions près de mille chevaux aux Gardes, ajoutait-il; « avec ça, nous aurions passé sur le ventre de toute la canaille « de Paris...

« Le lendemain, le Roi nous licenciait sans nous avoir fait « tirer un coup de pistolet.

« Il sauva sa tête à Quiberon et jura qu'on ne l'y repren- « drait plus.

« Mon père fut d'abord garde de la porte du roi Louis XVIII, « puis, à la suppression des Gardes de la porte, il entra aux « Gardes du corps.

« Il était à Rambouillet avec le roi Charles X, et apprenant « ces mots du Roi, qui avait répondu à M. Odilon Barrot, « lui offrant un sauf-conduit : « J'ai ma Garde et quarante « pièces de canon, »

— « Je n'ai pas dormi de la nuit, — me disait-il. — Enfin ! « demain nous allons charger !

« Et le lendemain nous tournions le dos à Paris et nous « partions pour Cherbourg. »

Hélas! hélas! tout cela n'était que trop vrai. Aussi me dit-il un jour :

— « A l'époque actuelle, quel est le souverain qui se fera « tuer pour ses sujets?

« Donc, les sujets seraient bien bons de se faire tuer pour « leur souverain. »

— « Et cependant, — lui dis-je, — vous avez failli vous « faire tuer à Solférino ! »

— « Que voulez-vous? J'étais plus jeune et dans l'engre- « nage! Le Régiment! l'honneur du Drapeau! les camarades !

« On ne se débarrasse pas facilement de ces liens-là ! C'est « cependant un tort.

« Voyez quel gré la République a su à ces vaillants zouaves « écrasés, avec Charette, à Patay. — Elle est plus injuste « encore que les souverains.

« Un drôle, qui a fait une mauvaise fin, mais qui ne man- « quait pas d'esprit, a défini (c'était sous l'Empire) la situation « politique d'une grande partie de la génération actuelle par « ces mots :

« Je suis Légitimiste par conviction,

« Orléaniste par sympathie,

« Bonapartiste par nécessité ! »

« Eût-il dit aujourd'hui :

« Républicain... faute de mieux ! crainte de pire ? »

« Qui sait ?

« Un homme politique d'infiniment d'esprit, royaliste « connu, rencontré par moi dans le jardin des Tuileries, un « jour où les lustres s'allumaient pour une grande fête, me « répondit à ma question : — « Est-ce que vous allez là ce « soir ? »

— « Moi, mon cher, je vais toujours aux Tuileries. »

« Eh bien ! un homme intelligent doit toujours aller chez « le Chef de l'État et chez son Préfet.

« Soyez sûr que quand le plus ardent démocrate a couché « dans un lit à rideaux de satin, il a reçu dans la nuit le coup « de savonnette à vilains, comme on disait sous l'ancien « régime, et il est devenu un aristocrate inconscient... Donc, « c'est un homme à entourer. »

Théories désolantes pour la jeunesse !

Mais sont-elles dépourvues de bon sens ?...

Donc, le lendemain, exact au rendez-vous, j'ai été trouver mon voisin, et j'ai écrit, — sténographiant son récit, — les pages qui suivent, ayant complété, par des extraits vérifiés des publications officielles, les passages dont il indiquait le sens avec une mémoire d'une incroyable lucidité.

— « Mon grand-père, — me dit-il, — a beaucoup connu « le roi Louis-Philippe, en Angleterre, pendant l'émigration et « surtout après les Cent-Jours.

« Il habitait une petite maison à Richemond, près de « Twickenham, où le duc d'Orléans était installé alors avec « sa famille et une certaine comtesse de Montjoye dont mon « grand-père parlait beaucoup et dont il paraissait fort appré- « cier le grand air et l'esprit. Il cavalcadait avec elle et ma « mère.

« Elle était d'origine irlandaise et fort à son aise déjà, plus « tard fort riche, ce qui avait mis mon père à l'abri des « souffrances de l'émigration.

« Les anciennes relations, continuées par mon père avec le « duc d'Orléans, qu'il connaissait beaucoup, m'ont permis « plus tard d'être présenté au Roi et de lui rendre, en exil, « quoiqu'au service, de respectueux hommages.

LE ROI LOUIS-PHILIPPE

« Les vices ne sont pas moins nécessaires aux chefs d'Etat « que les vertus, car leurs peuples ne se retrouvent pas « nécessairement dans leurs vertus, et ils se reconnaissent « et s'aiment toujours dans leurs vices. »

Je lisais dernièrement cette pensée philosophique dans les œuvres posthumes d'Hayem.

Elle est profondément vraie. Mais hélas! Et la morale?... Quel rôle a-t-elle donc à jouer?... Cette pensée explique l'impopularité qui — chez une certaine partie de la nation — s'est attachée à la personne du roi Louis-Philippe.

Il fut trop honnête homme et n'eut pas de vices. Il eut un autre défaut qui causa sa perte :

Il était trop intelligent, et ne tenait pas assez compte des passions et de la bêtise humaine.

Personnifiant le règne de la Bourgeoisie en France, il n'avait jamais cru ses représentants assez aveugles pour affaiblir et renverser, sans le défendre, le Gouvernement qui les mettait à la tête de la Nation.

Comme je l'ai entendu dire à ce malheureux Roi dans l'exil :

« Ces hommes qui ont tout fait pour m'arracher le pouvoir « n'étaient quelque chose que par moi; moi parti, ils n'ont « même pas pu le garder une heure! »

Maintenant que les passions qui existaient alors se sont calmées et qu'on peut juger les hommes avec plus de sang-froid, d'après leurs actes et par comparaison avec leurs successeurs, on peut dire que si le roi Louis-Philippe doit être le dernier Roi de la race des Bourbons, ce Prince a été l'un des plus remarquables qu'elle ait produit.

Personne n'a, comme lui, donné satisfaction aux vrais intérêts de la Nation. La liberté, l'égalité, l'ordre parfaitement rétabli à l'intérieur, assuraient au Pays les bienfaits d'un Gouvernement pacifique, et sa politique extérieure, ferme et modérée cependant, assurait à la France le grand rôle qu'elle doit jouer dans le monde.

Il est certainement facile de chercher querelle à ses voisins, de tirer le canon sur les champs de bataille, d'exciter les passions belliqueuses d'une Nation; mais cette politique, qui flatte davantage l'orgueil national, après Austerlitz, amène Waterloo; — après Solférino, Sedan!

Eclairée par l'expérience, la politique du roi Louis-Philippe fut aussi ferme qu'elle pouvait l'être, sans amener une conflagration générale dont la France eût été probablement victime.

Comme homme privé, le roi Louis-Philippe était un des hommes les plus accomplis qu'on puisse rencontrer; mêlé à tous les degrés de l'échelle sociale, aux événements du siècle, ayant tout vu, tout su, sa conversation était d'un charme extrême.

Sa facilité d'élocution était remarquable, sa voix sonore était agréable à entendre, ses reparties pleines d'esprit et d'à-propos; un sourire gracieux animait son visage à l'ordinaire de la vie, ce qui ne l'empêchait pas, à l'occasion, de prendre un air de dignité à la Louis XIV dont, au reste, il avait les traits.

Courageux avec sang-froid, il avait donné devant l'ennemi, comme en face des assassins, des preuves réitérées de son énergie.

Essentiellement bon, il usait, mais sans faiblesse, du droit de grâce, quand la Loi devait être exécutée, même contre ceux qui avaient attenté à ses jours.

On sait son inépuisable clémence.

Le roi Louis-Philippe était donc le Prince qui résumait dans sa personne les aspirations de la France d'alors; souverain assez bourgeois dans sa vie, quoique de race royale, pour que sa monarchie fût celle de tout le monde. Ce n'était pas le Roi d'une classe, c'était le Roi de tous; car, dans la France moderne, le niveau égalitaire a supprimé les classes, s'il a conservé les souverains : les assemblées politiques et l'armée en sont la preuve éclatante.

Il est deux sentiments, deux intérêts plutôt, qui remplissent l'esprit et le cœur de l'homme :

Le premier, c'est celui qui le pousse à chercher la satisfaction de ses intérêts matériels : d'abord vivre, — avoir de quoi vivre.

Puis, quand la vie est assurée, arrive la question d'amour-propre ; il lui faut honneurs, considération, pouvoir.

Dans tous les temps, dans tous les pays, à Paris comme à Londres, comme au milieu des civilisations ébauchées qu'on rencontre dans le cœur de l'Afrique, la nature de l'homme est la même.

La Révolution qui a bouleversé la Société française, à la fin du siècle dernier, a été pour beaucoup une question d'amour-propre ; la petite noblesse de province, jalouse des grands seigneurs de cour ; le Tiers-Etat, jaloux de tous les deux.

Ils ont démoli, de concert, l'édifice monarchique qui les abritait, et quand il a été relevé, plus tard, il fallait que le Souverain fît la part des faits accomplis et acceptât les transformations opérées par les événements.

La branche aînée des Bourbons représentait, aux yeux d'une grande partie de la nation, un passé dont elle redoutait le retour.

Avec le roi Louis-Philippe, les questions d'amour-propre n'existaient plus. Il avait souffert, lui aussi, — quoique fort grand seigneur, — des puérilités de l'étiquette de l'ancien régime. Mon père me racontait, alors qu'il était dans les Gardes du roi Louis XVIII, que, lorsque M. le duc et Mme la duchesse d'Orléans arrivaient, un huissier ouvrait la porte à deux battants et annonçait :

« Son Altesse Royale Madame la Duchesse d'Orléans. »

Puis, refermant un des battants, il annonçait :

« Son Altesse Sérénissime Monseigneur le Duc d'Orléans. »

La duchesse d'Orléans, fille du roi de Naples, avait le pas et les honneurs sur son mari, qui n'était qu'Altesse Sérénissime.

Le roi Charles X fit cesser cet état de choses, singulièrement blessant pour un homme.

Et quand on a tant critiqué le mot de M. Guizot :

« Enrichissez-vous ! »

C'était la traduction de cette pensée si vraie d'un autre Ministre du roi Louis-Philippe :

« Le travail est la loi de ce monde, et le travail doit conduire à la fortune. »

Satisfaire les intérêts moraux et matériels du Pays, fut le but constant des efforts du Roi.

Le clergé, sous son règne, tenu, avec respect, en dehors de l'action politique, recueillit, au moment de sa chute, les bienfaits de cette tactique, qui pouvait être blâmée par certains esprits superficiels, mais dont les événements ont prouvé la sagesse.

La vie privée du roi Louis-Philippe fut admirable ; mariée à une Princesse qui donna, sur le trône, l'exemple de toutes les vertus, il donna, à son tour, au Pays, l'exemple d'une vie de famille des plus respectables.

Lorsqu'après la Révolution de Février, on ramassa, dans les appartements des Tuileries et dans les cours, tous les papiers les plus intimes, arrachés tout à coup des tiroirs où ils dormaient, pas une lettre, pas un mot, n'ont été trouvés, qui pussent apporter une ombre à ce tableau du plus honnête intérieur patriarcal qu'on puisse rencontrer !

Que de familles pourraient offrir un spectacle différent ! ! !

SON CRIME D'ORIGINE

« Le roi Louis-Philippe est un usurpateur qui a volé le « trône à son cousin. »

Voilà le langage tenu par le parti légitimiste, après la Révolution de 1830. Il berça mon enfance.

Assurément, c'est mues par les sentiments les plus respectables que ces paroles amères sortaient des bouches du parti légitimiste qui voyait s'écrouler, avec le trône du roi Charles X, l'influence politique et sociale que son passé, sa situation dans le pays, lui assuraient sous son règne. Mais M. de Talleyrand, dans ses *Mémoires*, éclaire d'un jour nouveau la situation du roi Louis-Philippe, en 1830 :

« Je n'examinerai même pas la question de savoir si Louis-« Philippe eut mieux fait de s'en tenir au titre de Lieutenant « général du royaume et de refuser la couronne; elle a été « résolue par les hommes qui s'étaient mis à la tête du « mouvement provoqué par les Ordonnances, qui crurent « que la Royauté légitime ne leur pardonnerait jamais le rôle « qu'ils y avaient joué.

« Ces hommes placèrent Louis-Philippe dans le dilemme : « de livrer la France à la République ou d'accepter la « Royauté. Son acceptation détermina la conduite de ceux « qui voulaient sauver le Pays avant tout.

« On raisonne facilement quand le danger est passé; c'est « la seule réponse que j'opposerai à ceux qui, le jour du « danger, se tinrent tranquilles, et qui, le lendemain, descen-« dirent sur la place publique pour blâmer et critiquer ce « qu'ils n'eurent pas le courage d'empêcher. »

Ces lignes résument merveilleusement la situation faite au duc d'Orléans, en 1830 : Accepter la couronne, ou laisser la République s'établir en France.

Est-ce le duc d'Orléans qui avait préparé la situation qui se résumait par ce dilemme politique : nouvelle Royauté — ou — République?

Est-ce le duc d'Orléans qui avait poussé le roi Charles X à publier ces Ordonnances, paraissant à beaucoup de gens contraires à la Charte et devant produire un conflit prévu qui amènerait une Révolution?

Est-ce le duc d'Orléans qui empêcha le Roi et ses Ministres, une fois la résolution des Ordonnances prise, de la faire suivre de toutes les mesures militaires propres à en assurer le succès?

Est-ce le duc d'Orléans qui a empêché de compléter la garnison de Paris et ses approvisionnements?

Est-ce le duc d'Orléans qui a engagé le roi Charles X à jouer tranquillement au whist à Saint-Cloud, pendant qu'on entendait le canon, pendant que ses troupes se battaient à Paris, et que l'étiquette empêchait de troubler le *jeu du Roi*, pour lui faire parvenir les nouvelles les plus importantes?

Est-ce le duc d'Orléans qui a prié M. de Polignac de garder trois jours dans sa poche, *sans l'expédier*, l'ordre de faire marcher les troupes du camp de Lunéville, qui attendaient impatiemment l'ordre de départ?

Est-ce le duc d'Orléans qui a empêché d'appeler celles du camp de Saint-Omer?

Est-ce le duc d'Orléans qui, à Rambouillet, quand le Roi répondait à M. Odilon Barrot, lui offrant un sauf-conduit pour sortir de France : j'ai ma garde et quarante pièces de canon, empêcha le Roi de monter à cheval, à la tête de ses troupes, pour aller au-devant des voyous de Paris, qui arrivaient en omnibus pour le chasser?

Est-ce le duc d'Orléans qui lui dit ce jour-là :

« Sire, lorsque vous avez été sacré à Reims, vous avez reçu « une couronne et une épée. Gardez-vous de tirer l'épée pour « défendre votre couronne! Licenciez vos troupes, renvoyez « vos Gardes, abdiquez et sortez de France? »

Le pauvre roi Charles X a été au-dessous des événements. Il n'a su ni les prévenir, ni les combattre.

Il s'est fait mettre à la porte par une insurrection victorieuse, imprudemment provoquée, alors qu'il avait sous la main tous les pouvoirs nécessaires pour la réprimer.

Mais pour obtenir ce résultat, il fallait que le Roi sût choisir des hommes de valeur, au lieu de ceux qui n'ont su, eux non plus, ni prévenir, ni réprimer.

M. de Talleyrand écrivait, le 11 juin 1830, à la princesse de Vaudemont :

« Le moment décisif approche; je ne vois ni boussole, ni « pilote, et rien ne peut empêcher un naufrage; c'est là ce qui « inquiète tout le monde, et tout le monde de toutes les « classes. »

Au moment du naufrage, alors que pilote et boussole étaient tombés à la mer, on a fait un radeau et on a chargé le duc d'Orléans de le conduire.

Voilà la vérité.

Si le roi Charles X avait fait son devoir de Roi, il est probable qu'il aurait conservé sa couronne. Il était entouré d'officiers et de soldats dévoués. Il devait tirer l'épée et se mettre à leur tête. Il s'est jeté à la mer, — et le duc d'Orléans a pris la direction du radeau qui portait la fortune de la France.

Pendant dix-huit ans, il a retardé le naufrage, et quand lui-même a disparu, les circonstances au milieu desquelles il a succombé offrent certaines analogies, en apparence, mais diffèrent singulièrement quant aux causes qui les ont produites. Malheureusement pour la France et la Maison d'Orléans le résultat a été le même.

L'AVARICE DU ROI LOUIS-PHILIPPE

Une des accusations les plus répandues contre le roi Louis-Philippe, une de celles qui, perfidement exploitées, ont excité contre sa famille les accusations les plus odieuses et les plus mal fondées, c'est celle d'avarice.

Un Roi avare, pour les Français, dans un Pays où l'on criait : largesse, à l'entrée des souverains; à Paris, où le Roi était le grand dispensateur des dons, des grâces, des secours, c'était, évidemment, la manière la plus sûre de le déconsidérer aux yeux de la Nation.

Le roi Louis-Philippe, à entendre les hommes d'opposition, thésaurisait, et, sur sa liste civile et sur les revenus des Domaines et de la Couronne, augmentait sa fortune par ces fameuses *coupes sombres,* dont on a tant parlé, qui détruisaient les réserves de nos forêts.

C'était un avare épuisant la France pour enrichir sa famille!

Puis arrive un jour de Révolution où, en quelques instants, ses ennemis les plus acharnés mettent la main sur les comptes de ce Roi avare..., et là, devant l'évidence, il a bien fallu que la vérité se fît.

Ce Roi avare était criblé de dettes! Ce Roi avare, qui avait fait passer tant de millions à l'étranger — disait-on — arrivait en Angleterre sans un sou!!! et sauf quelques milliers de francs oubliés chez un banquier, dans un de ses voyages, il se serait trouvé absolument dénué de ressources.

Et les dettes de la monarchie du roi Louis-Philippe, étaient-ce des dettes contractées pour son plaisir? — Son faste? — Celui de sa famille? — Non. — Ces dettes avaient pour cause les immenses travaux exécutés dans nos palais royaux, des encouragements aux arts..., etc., etc. En un mot, les plus honorables motifs de dépense :

Encourager les artistes.

Faire travailler les ouvriers.

Mais si Louis-Philippe fut un Roi gaspilleur de sa fortune, malheureusement, il gaspillait *avec ordre.* Il ne jetait pas l'argent à pleines mains : Il bâtissait. — Il achetait des tableaux... il n'achetait pas des consciences.

Ce fut une de ses fautes.

Trop honnête, il n'a pas compris qu'il fallait connaître les faiblesses des hommes, les exploiter et en profiter. Ce n'est peut-être pas fort moral, mais c'est assurément fort politique.

Richelieu, Mazarin, n'ont pas fait autre chose, et l'empereur Napoléon III a largement pratiqué le même système. Cela ne lui a pas évité Sedan, mais a contribué à lui donner le pouvoir et à lui permettre de l'exercer pendant dix-huit ans.

J'ai entendu raconter à M. Vatout, député fort connu sous le règne de Louis-Philippe, que — se trouvant dans un bureau de la Chambre, à côté de M. de Lamartine, peu de semaines avant le 24 Février, lors d'une discussion sur le budget ou d'une question financière, au cours de laquelle il avait fait une charge à fond contre le projet ministériel, — celui-ci se pencha, en terminant, vers M. Vatout, qui était dans la grande familiarité du roi Louis-Philippe, et lui dit à voix basse :

« Eh bien ! mon cher collègue, on rendrait un fier service « à celui qui a si bien épluché le budget si on lui prêtait « aujourd'hui 200.000 francs. »

M. Vatout redit l'anecdote au Roi, qui avait à payer pour Versailles..., et, à la séance du 24 Février, au moment où la Monarchie était en suspens, M. de Lamartine fit le fameux discours que l'on sait, qui conduisit à l'établissement de la République.

La reconnaissance eût-elle enchaîné sa langue ou inspiré son éloquence? Je l'ignore. Mais il n'eut pas ses 200.000 fr., et c'eût été de l'argent mieux placé que dans les briques de Versailles.

Cette accusation d'avarice a poursuivi le roi Louis-Philippe jusque dans ses descendants, et de la manière la plus injuste.

Dépouillés de leur fortune particulière par les décrets du 22 janvier, ils virent l'Etat s'emparer de cent millions de biens leur appartenant.

Près de la moitié avait été aliénée, quand ils sont rentrés en France, après la guerre.

Au lieu de réclamer les cent millions qu'on leur devait, les Princes, inspirés par un sentiment de générosité mal traduit, ne réclamèrent que les biens qui n'étaient pas vendus, sanctionnant ainsi toutes les ventes contre lesquelles ils avaient protesté pendant l'Empire, et débarrassant les acquéreurs de ces nouveaux biens nationaux, des légitimes inquiétudes qu'ils avaient... très légitimement.

Les Princes — s'ils avaient été entourés de conseillers habiles — devaient réclamer les cent millions qui leur avaient été volés — disons confisqués — pour être plus parlementaire; et, le lendemain, leur mandataire aurait dû monter à la tribune et dire :

« La Chambre a rendu aux Princes d'Orléans les cent « millions qui leur appartenaient, mais, animés d'un sen- « timent que tout Français doit comprendre, les Princes « offrent la moitié de leur fortune à la France et, dès ce « moment, cinquante millions sont à la disposition du « Ministre des Finances pour contribuer à la rançon du « Pays. »

C'est — me dira-t-on — exactement ce que l'on a fait.

Non.

Il y a un abîme entre les deux façons d'agir. Ceux qui ne le comprennent pas sont des niais qui ne connaissent pas le cœur de l'homme.

Et que quelques millions eussent été employés à dégager les matelas déposés au Mont-de-Piété, et cette fameuse question des biens, si perfidement exploitée contre les Princes d'Orléans, eût été mieux acceptée et comprise par l'opinion publique.

La forme n'est pas tout, mais c'est beaucoup.

Et, malheureusement, forts de leur conscience, de leurs bonnes intentions, de leur droiture, les Princes d'Orléans, comme le roi Louis-Philippe, ont été injustement accusés d'une avarice, d'un amour pour l'argent, que repoussent et la vérité des faits et leur caractère si noble et si généreux.

Quand le duc d'Aumale donna d'un trait de plume, à la France, Chantilly et ses admirables collections de chefs-d'œuvre — don royal estimé 80 millions, — il a rayé de l'histoire, à tout jamais, la légende odieusement répandue sur l'avarice de la famille d'Orléans.

L'Etat a payé intégralement la reconstruction de l'hôtel de M. Thiers, et je ne sache pas que le Libérateur du territoire ait abandonné la moitié du prix qui lui était légitimement dû?

Il a généreusement légué ses collections à l'Etat; c'est une justice que je me plais à lui rendre.

Il a joui, sa vie durant, de la vue des œuvres d'art collectionnés avec sollicitude; et il a pensé, qu'après sa mort, il se survivrait dans les vitrines d'un musée.

N'ayant pas d'héritiers, il a fait l'Etat son héritier.

C'est un sentiment des plus patriotiques qui l'a guidé, mais qui ne l'a empêché en rien de jouir pendant sa vie des trésors plus ou moins artistiques qu'il avait collectionnés.

LA POLITIQUE EXTÉRIEURE
DU ROI LOUIS-PHILIPPE

Monté sur le trône dans les conditions les plus difficiles, en présence de la malveillance de tous les gouvernements monarchiques, en face de la reconstitution probable, ou tout au moins possible, de la Sainte-Alliance, le roi Louis-Philippe dut suivre une politique à la fois pleine de fermeté et de modération.

La prise d'Anvers, l'occupation d'Ancône, furent des actes d'une énergie extrême; sans la rapidité de l'exécution, la guerre pouvait en sortir.

La Russie, la Prusse, l'Autriche, unies par les mêmes sentiments, pouvaient lancer leurs armées. L'Angleterre, seule, acceptait franchement la nouvelle dynastie établie sur le trône de France, tout en faisant ses réserves sur l'occupation de l'Algérie.

C'est dans cette situation de politique extérieure que débuta le règne du roi Louis-Philippe.

Les puissances du Nord ne mirent pas l'épée à la main, et l'Angleterre, malgré sa mauvaise volonté, accepta l'occupation définitive de l'Algérie.

Bien peu de gens savent à quoi a tenu la paix de l'Europe, au moment où la Révolution de 1830 éclata.

C'est l'empereur Nicolas qui a tenu dans ses mains la paix ou la guerre, et c'est à un diplomate français, le baron de Bourgoing, accrédité près de lui et aimé et apprécié personnellement par lui, qu'une première fois la France a dû à la Russie le maintien de la paix.

Je tiens l'anecdote du diplomate lui-même; elle m'a été racontée par lui en 1847.

« J'étais — me dit-il — chargé d'affaires de France à Saint-

« Pétersbourg, quand la nouvelle de la Révolution de Juillet « éclata. Ce fut un coup de foudre.

« L'irritation de l'empereur Nicolas fut extrême. Ses « convictions politiques, ses sentiments autocratiques, ses « alliances, au moins morales, avec les souverains de « l'Europe, tout le portait à prendre l'initiative d'un mou- « vement militaire contre le gouvernement révolutionnaire « qui venait de s'établir.

« Je reçus l'ordre de quitter Saint-Pétersbourg et de « prendre mes passeports.

« Mon départ, c'était la rupture complète et la guerre. J'eus « alors une heureuse inspiration :

« L'ordre de quitter Saint-Pétersbourg ayant été donné au « chargé d'affaires de France, il ne pouvait plus se présenter « chez l'Empereur; mais j'étais Chevalier de l'Epée-d'Or; « c'est un ordre militaire qui donne à ses membres le droit « d'être reçu par le souverain chaque fois qu'ils se présentent.

« J'avais accompagné l'armée russe dans la guerre contre « les Turcs de 1828, et assisté au siège de Silistrie, ayant « voulu voir de près comment les choses se passaient dans « la tranchée.

« L'Empereur, pour me récompenser d'une curiosité qui « n'était pas sans danger, me décora de l'Ordre de l'Epée- « d'Or, *pour la bravoure*.

« Je crus donc pouvoir me présenter au palais. Je fus reçu.

« En me voyant, l'Empereur me dit d'un air étonné et d'un « ton irrité :

« — Je vous croyais déjà parti? »

« — Sire, ce n'est pas le chargé d'affaires de France qui est « devant Votre Majesté, c'est le Chevalier de l'Epée-d'Or, « qui n'a pas voulu quitter Saint-Pétersbourg sans prendre « congé de Votre Majesté, sans la remercier de ses bontés, « de sa continuelle bienveillance, et surtout de l'avoir décoré « d'un Ordre qui lui donne aujourd'hui le droit, avant de « partir, de voir Votre Majesté et de faire un dernier appel à « toute sa bienveillance.

« Mon départ, c'est la guerre.

« C'est une guerre terrible, dont personne ne peut connaître « l'issue, mais dans laquelle des flots de sang vont être « répandus.

« Que cette perspective frappe les yeux et le cœur de Votre « Majesté. Elle tient en ses mains la paix ou la guerre. »

« L'Empereur se promenait d'un air agité, — sans parler.

« Tout à coup, il s'arrêta, leva les bras au ciel en disant :

« — Oh ! mon Dieu ! pouvez-vous mettre sur la tête d'un « homme une pareille responsabilité ! »

« — Sire, Dieu, en mettant sur la tête de Votre Majesté « une responsabilité aussi grande, lui a donné aussi la force « et la sagesse nécessaires pour être à la hauteur d'une telle « situation. Songez aux malheurs qui vont se déchaîner sur « l'Europe, sur vos peuples dont vous êtes le Père. Ecoutez « la voix de votre cœur, si grand, si généreux !... »

« ... L'Empereur ne répondit rien. Il continuait à se pro- « mener silencieusement. Soudain, pour la seconde fois, il « s'arrêta et me dit :

« — Eh bien ! restez. — J'attendrai. Je verrai ce que feront « les autres souverains. Mais, retenez bien ceci : Ce trône, « que vous avez élevé sur le sable, le flot populaire qui l'a « apporté le renversera. »

« J'avais gagné la partie.

« Le général Atthalin, envoyé extraordinaire du roi Louis- « Philippe, fut reçu à Saint-Pétersbourg, et les relations « diplomatiques furent reprises, froidement, c'est vrai, mais « enfin la guerre fut évitée, et la Prusse, l'Autriche, la « Confédération germanique, la Hollande, eussent suivi avec « empressement la Russie, dont elles attendaient le signal « dans cette nouvelle croisade contre la France. »

La prise d'Anvers, l'occupation d'Ancône, la possession incontestée de l'Afrique, ont prouvé que, lorsqu'il le fallait, le roi Louis-Philippe ne redoutait pas les éventualités les plus graves, et si, en 1840, devant l'attitude de l'Europe, il n'a pas appuyé toutes les aspirations ambitieuses du vice-roi d'Egypte, sous son règne, notre influence était prépondérante dans un pays complètement livré depuis à l'Angleterre par la République française.

On a beaucoup clabaudé, dans l'opposition, contre la fameuse indemnité Pritchard (qui, je le crois, n'a jamais été payée). — Un ministre anglais, par ses menées, troublait la bonne harmonie à Taïti. Il est expédié brusquement dehors. — Il demande une indemnité, qui n'était pas absolument sans fondement.

La Presse s'empare du fait, excite l'opinion publique, et, d'une affaire sans importance, fait presqu'un *casus belli*. La question électorale s'en mêle, et ce fut certainement un des incidents les plus désagréables du Gouvernement de Juillet.

Mais si le droit d'une réclamation pouvait être discuté avec une grande puissance, quand les intérêts du pays étaient en jeu, le roi Louis-Philippe savait prendre résolument son parti et se préparer à toutes les éventualités.

Le mariage de la reine d'Espagne l'a prouvé; il s'agissait alors de la même question qui s'est présentée depuis sous une forme un peu différente, mais identique dans le fond, c'est-à-dire de savoir si l'influence d'une puissance étrangère pouvant être hostile à la France s'implanterait à la Cour de Madrid par un mariage ou par une élection au Trône.

La guerre de 1870 fut le résultat d'une politique semblable à celle que, sans guerre, sans effusion de sang, le roi Louis-Philippe fit triompher à Madrid, au moment des mariages espagnols dont l'opposition faisait un grief au Roi, ne voulant y voir qu'un acte ambitieux d'un père de famille.

La France démembrée, son influence disparue en Egypte, voilà le résultat de la politique impériale et républicaine.

Assurément, quand on voit les résultats obtenus par le roi Louis-Philippe, on ne peut, sans fermer les yeux à la lumière, ne pas rendre justice au Souverain qui sut conserver, et l'intégrité du territoire et l'influence extérieure acquise par la France.

SA POLITIQUE INTÉRIEURE

Le Gouvernement de Juillet était la représentation d'un corps électoral composé de censitaires; le paiement de l'impôt était la condition des droits électoraux.

Le suffrage universel, qui l'a remplacé, a-t-il prouvé, depuis, qu'il valait mieux, pour assurer la bonne direction des affaires de la France, la paix publique, la prospérité du pays, que le régime qui s'est écroulé en 1848?

La question n'est pas encore, ce me semble, assez élucidée pour qu'il puisse être répondu affirmativement.

Quand on voit la manière dont le suffrage universel est exploité, quand on examine la valeur négative de ses élus, quand on lit les protestations électorales, en vérité, je comprends que l'hésitation soit permise.

Mais la question n'est pas là.

Sur toutes les questions, les hommes sont et seront toujours divisés.

Le roi Louis-Philippe pensait qu'il ne fallait pas fermer l'oreille aux bruits de ce qu'on appelle l'opinion publique (mais qui n'est souvent que l'écho d'une infime minorité turbulente au milieu d'un pays calme).

Le Roi se rendait parfaitement compte de la juste mesure à faire à des vœux plus bruyants, que nécessités par les besoins de la nation.

C'est appuyé sur le corps électoral d'alors que le Roi a régné; cette majorité conservatrice ne lui a pas fait défaut. Jusqu'à la dernière heure de son règne, avec elle, il mesurait les concessions à faire aux mouvements, plus ou moins sérieux, de l'opinion.

L'opposition criait alors à la corruption!

Les députés n'étaient que des vendus à la solde du Gouvernement royal !

Le 24 Février 1848, l'opposition déposait un acte d'accusation contre le ministère (c'était un des griefs).

Quelques heures après, le ministère était tombé.

La Monarchie disparaissait; la République, triomphante, allait poursuivre, et sans doute punir, et les corrupteurs et les corrompus.

Une enquête a été ouverte; des témoins, par centaines, ont été entendus, et un arrêt de non-lieu a été officiellement rendu.

Voilà à quoi a abouti l'accusation formulée contre le Gouvernement de 1830.

En arriverait-il autant aujourd'hui? C'est plus que douteux, même quand la lessive actuelle sera terminée.

Il en a été de la corruption du Gouvernement comme de l'avarice du roi Louis-Philippe; ces légendes mensongères ont disparu au grand jour de la publicité et de l'examen, mais en laissant cependant des traces profondes dans l'esprit public.

Quand on a dit longtemps du plus honnête homme du monde : c'est un coquin, quand bien même la réhabilitation est complète, il reste toujours un brouillard autour d'un nom jusqu'alors respecté.

Le Gouvernement de Juillet avait à la fois à maintenir l'ordre et à assurer la liberté.

L'ordre matériel peut être maintenu par la force des baïonnettes; il l'a été jusqu'au dernier jour. Mais l'ordre moral peut être singulièrement troublé par une force qui, agissant chaque jour, mine la force matérielle :

C'est la Presse.

Jamais Souverain, jamais Gouvernement n'ont été attaqués, insultés, traînés dans la boue, comme les personnes du Roi, des ministres, des députés, qui soutenaient le Gouvernement de 1830.

Les mesures les plus utiles étaient constamment l'objet des attaques les plus violentes.

Abaissement à l'extérieur, corruption à l'intérieur, c'était le canevas brodé par les oppositions coalisées.

Proclamer chaque jour que dans un pays la justice est immolée à l'intrigue, que les emplois publics se donnent par faveur et à prix d'argent, c'est ameuter ceux qui désirent contre ceux qui obtiennent; ceux qui se croient capables contre ceux qui le sont; ceux qui veulent des droits sans s'être soumis à aucuns devoirs, contre ceux qui ont pratiqué des devoirs pour obtenir des droits. — C'est désigner le Gouvernement fauteur de ces iniquités prétendues aux haines d'une majorité d'oisifs, d'envieux et d'égoïstes.

C'est dans ce milieu de frondeurs de tous étages que s'est révélée l'opposition bruyante, superficielle, sans racines dans le Pays, et qui a attaqué constamment le Gouvernement du roi Louis-Philippe.

Il faut y ajouter le parti légitimiste qui, par suite de ses principes, par haine de ce qu'il appelait l'usurpation, a fait une guerre sans trêve, ni merci. Il ne pardonnait au Gouvernement ni l'arrestation de la duchesse de Berry, ni le vote de flétrissure contre cinq députés légitimistes qui avaient été saluer le comte de Chambord, à Londres; faute politique que déplorèrent alors les amis éclairés du Gouvernement de Juillet.

Mais à côté de ces éléments divers d'opposition, l'immense majorité du Pays trouvait dans le Gouvernement du Roi la note juste qui répondait à ses aspirations. La prospérité se développait chaque jour, la tranquillité était complète, l'ordre assuré.

Le sentiment d'égalité, si profondément enraciné dans le cœur de la nation, trouvait dans la Cour bourgeoise de Louis-Philippe la satisfaction de ses intérêts monarchiques et égalitaires, et, sous les plis du drapeau tricolore, il avait réuni, avec une extrême habileté, les anciens bonapartistes.

Ce n'est qu'après la Révolution de Février que ce parti a pris en France la situation considérable que rien ne faisait prévoir, au moment des aventures de Strasbourg et de Boulogne.

Les Princes d'Orléans s'étant mis hors concours, pour échapper à la République, la France s'est jetée dans les bras d'un Napoléon.

Les Princes d'Orléans, assis sur les bancs des écoles publiques, étaient appréciés pour leurs qualités, aimés pour leur caractère, et préludaient aux succès qui les attendaient dans notre armée, quand plus tard, au milieu de nos soldats, ils ont montré partout qu'ils étaient de vrais fils de France.

La prospérité du pays était complète, malgré les plaintes de l'opposition. La rente passait 120 fr. Tout paraissait annoncer à la dynastie un avenir assuré.

Certainement, il y avait des inconvénients, des dangers à prévoir, comme dans tout Gouvernement; mais la seule question, c'est de savoir si, en présence de dangers possibles, on a la force de résistance nécessaire pour y faire face.

Est-ce qu'un navire bien équipé ne doit compter que sur une mer calme? Il est gréé, armé de façon à braver les incidents du voyage, sauf ces catastrophes inévitables qui rendent impossible la lutte de l'œuvre des hommes contre les éléments déchaînés, ou contre les écueils cachés sous les flots.

Il en est de même des Gouvernements.

Tant que les forces de la défense sont supérieures aux forces de l'opposition, un Gouvernement établi qui veut user des forces que lui donnent le pouvoir et la loi, est assuré de se maintenir contre toute attaque : mais à la condition qu'attaqué, il se servira des forces qu'il a à sa disposition.

Si un enfant me prend par le bras et me met à la porte de chez moi, sans que je lui mette le pied dans le... dos, est-ce l'enfant qui m'aura mis dehors?... ou moi qui me serai... *sorti?*

Malgré tout le bruit superficiel d'une opposition tapageuse, le roi Louis-Philippe était le représentant de l'immense majorité du Pays, de ce Pays qui voulait vivre tranquille sous un Gouvernement monarchique. Il avait à ses ordres une armée nombreuse et dévouée, une administration fonctionnant admirablement, une majorité parlementaire complète dans les deux Chambres; sa famille était aimée et respectée par tout ce qu'il y avait d'honnêtes gens dans le peuple français; lui-même, malgré son âge, conservait toute sa vigueur et ses facultés; il comptait pouvoir transmettre à son petit-fils l'héritage royal destiné au duc d'Orléans, si tristement enlevé à l'amour de sa famille, à l'espérance de la France.

On a beaucoup dit que la mort de la princesse Adélaïde, sa sœur, l'avait privé, au moment où la crise de 1848 se dessinait, du concours d'une femme dont le cœur viril et l'esprit politique avaient fait le conseiller le plus dévoué, le plus intelligent du Roi, son frère. — Il est probable que ses avis auraient pesé d'un grand poids au moment du danger. Quels auraient été ses conseils? Nul ne le sait. Les événements se sont déroulés avec une rapidité si grande, qu'il est difficile de prophétiser vrai.

En somme, à la fin de l'année 1847, le roi Louis-Philippe, malgré les attaques de l'opposition, malgré des incidents malheureux perfidement exploités par la malveillance : procès du ministère, assassinat de M. de Praslin, etc., etc., et jusqu'aux mariages espagnols, triomphe de la politique nationale, reprochés au Roi comme une œuvre d'ambition personnelle, malgré les difficultés inhérentes à tout gouvernement, le Roi s'appuyait sur une majorité compacte dans les deux Chambres qui représentaient le pays, sur une armée disciplinée et dévouée, sur une administration fonctionnant régulièrement sur tout le territoire.

Comment, en présence de passions aveugles, impuissantes, de passions ennemies ne disposant que d'une infime minorité, sans armes, sans organisation, comment ce Gouvernement a-t-il pu disparaître en quelques heures, laissant les vainqueurs plus stupéfaits de leur victoire que les vaincus de leur défaite?

On ne l'a pas encore dit, que je sache, d'une manière complète et vraie.

J'espère vous montrer et vous prouver, en m'appuyant sur des faits précis, que cet effondrement politique est parfaitement explicable, et, qu'en pareille circonstance, les choses se passeraient exactement de même, si l'on ne change, ni d'idées, ni de personnel.

Une des causes, sinon la principale, de la chute du roi Louis-Philippe, a été la rivalité de deux hommes politiques de grande valeur, mais de valeur et de caractères différents : M. Guizot et M. Thiers.

M. Guizot, ayant pour lui l'honorabilité du caractère, le talent, la fixité, son dévouement au Roi, mais peu agréable dans ses relations avec les hommes ; grave, austère, toujours un peu poseur, répandant autour de lui comme une atmosphère de glace.

Depuis longtemps ministre, on avait dit sous son ministère : la France s'ennuie.

Le personnel qui l'entourait était assurément fort distingué et honnête, mais participant un peu trop du caractère de son chef. Excepté M. Duchâtel, toujours gracieux dans ses relations, les autres ministres, le garde des sceaux surtout, M. Hébert, manquait de cet art de savoir manier les hommes qui distingua particulièrement M. de Morny, le *suaviter in modo — fortiter in re.* — Il vaut mieux, en politique, avoir un gourdin de chêne recouvert de velours, qu'un roseau peint couleur de fer.

M. Thiers, aimable, gracieux, bon enfant, d'un esprit éminemment français, vif, primesautier, avait surtout un don merveilleux pour saisir dans la conversation, ou dans la discussion, et le côté sensible et l'argument vrai ; et comme écrivain ou historien, une merveilleuse clarté.

Sans principes qui le gênassent, n'ayant qu'un but : le pouvoir, avec ou sans le Roi.

Démocrate en paroles — profondément aristocrate au fond, — il était le représentant complet du Tiers-Etat et pouvait s'appliquer le vers du poète :

Je veux un peuple aussi, mais je n'en veux pas être !

Il a satisfait toute son ambition, renversé le roi Louis-Philippe, qui le craignait comme ministre, et il eut l'immense satisfaction, pour son amour-propre, d'aller rendre visite, dans sa retraite du Val-Richer, à M. Guizot, son rival vaincu, pendant qu'il était, lui, Président de la République !

Il est mort au moment de rentrer à l'Elysée, où ce pauvre Maréchal lui aurait fait place avec la modestie qu'il a montrée peu après.

Quand je dis : avec ou sans le Roi, ce n'est pas un mot en l'air : M. Thiers a toujours rêvé le Pouvoir souverain.

Je me souviens d'avoir entendu raconter à mon père, en 1840, une anecdote qui m'a servi de phare pour m'éclairer sur la conduite politique de M. Thiers, pendant toute sa vie.

Passant un jour devant les Tuileries, sur la place du Carrousel, avec un de ses amis, M. D..., père d'un des plus spirituels avocats de Paris, il lui dit, en lui montrant le palais, qu'on éclairait pour une fête :

« Eh! eh! qui sait? — Peut-être coucherai-je là un jour! »

Il n'y a pas couché, mais il a couché à l'Elysée.

Et je me souviens que mon père ajouta :

« Vois-tu à quoi pense ce petit f.......t? à culbuter Louis-« Philippe et à prendre sa place. »

M. Thiers a été fidèle à cette pensée; il a conduit, en restant dans la coulisse, la campagne des banquets, qui a amené la Révolution de Février, et qui n'était destinée, dans la pensée des agitateurs, qu'à culbuter le ministère.

Il eut peut-être été le ministre de la régence de Mme la duchesse d'Orléans... mais il visait plus haut, et, quand il a vu la dynastie de Juillet menacée, brisée, il s'est empressé de se mettre à l'abri de la catastrophe, sans rien faire pour l'empêcher, mais très prompt à profiter de la disparition de la monarchie pour prendre, à son profit personnel, la situation que sa valeur et son ambition lui avaient fait rêver.

Ce qu'il n'a pu faire après 1848, où le prince Napoléon a pris la place de Président qu'il rêvait déjà, il l'a fait avec un talent merveilleux à la chute de l'Empire, alors que, nommé par 27 départements comme représentant de la monarchie, il a trompé ses électeurs en passant à la République et joué l'Assemblée monarchique de Bordeaux, en lui faisant accepter le mot de République, dont les membres royalistes, mais innocents, n'ont pas compris le piège.

Ils n'ont pas compris qu'en habituant la France au mot de République, à la forme républicaine, on détruisait l'idée monarchique et on développait dans le Pays ce double sentiment :

Chez les uns, tout oser;

Chez les autres, tout craindre.

Au nombre des moyens inventés par l'opposition pour ennuyer et affaiblir le ministère Guizot, on avait trouvé la campagne des banquets politiques.

Des députés en vacances, des députés en espérance, éparpillaient, dans un grand nombre de villes de France, les flots de leur éloquence.

Là, — entre la poire et le fromage, — le Gouvernement était mis sur la sellette, attaqué, conspué de toutes les manières, et la Presse répandait, au grand complet, dans toute la France, les attaques et les applaudissait, sans naturellement que rien pût éclairer l'opinion publique qui n'entendait que les accusations.

Cette situation ne pouvait durer sans compromettre le respect dû au Gouvernement et la paix publique, menacée par les excitations, souvent fâcheuses, toujours perfides, des hommes qui, sous prétexte de manger du veau froid, ne cherchaient qu'un théâtre populaire pour exciter les passions des masses.

« Passions ennemies et aveugles! »

Ces deux mots, si profondément justifiés par les événements, furent prononcés par le roi Louis-Philippe, à la séance royale du 28 décembre 1847.

« Plus j'avance dans la vie, — dit-il, — plus je consacre, « avec dévouement, au service de la France, tout ce que « Dieu m'a donné et me conserve encore d'activité et de « force.

« Au milieu de l'agitation que fomentent des passions « ennemies ou aveugles, une conviction m'anime et me « soutient : c'est que nous possédons dans la monarchie « constitutionnelle, dans l'union des grands pouvoirs de « l'Etat, les moyens assurés de surmonter tous les obstacles « et de satisfaire à tous les intérêts moraux et matériels de « notre chère Patrie. »

Ces mots, si profondément justifiés par les événements, ont fait l'effet d'un coup de pied dans une fourmilière. — Ils ont frappé au cœur, au moment de la discussion de l'Adresse, à la fin de 1847, les oppositions coalisées.

S'ils étaient vrais ces mots (et ils n'étaient que l'expression de la vérité), ils n'en étaient que plus graves.

C'était une déclaration de guerre du Gouvernement aux passions malsaines dénoncées au Pays.

Mais alors qu'on tient ce langage, il faut se préparer à la lutte, en admettre toutes les éventualités; et, sans rechercher un conflit — même sanglant — être prêt à la bataille, quelles qu'en puissent être les conséquences; écarter les passions aveugles et écraser les passions ennemies.

Le roi Louis-Philippe et son ministère avaient-ils admis d'avance toutes les conséquences qui pouvaient résulter de ces deux mots si gros d'orages?... J'en doute fort. Le Roi surtout.

Je crois que leur illusion a mis trop de temps à se dissiper. Le Roi a cru que les cris de quelques braillards troubleraient seulement la cité, et le ministère n'avait pas pris franchement et résolument son parti d'une lutte pouvant devenir sanglante.

C'est dans ces dispositions de l'esprit du monde politique que la seconde quinzaine de Février 1848 commença.

Le Roi, ne croyant pas à un danger sérieux pouvant résulter d'une agitation qui n'était que superficielle, n'admettait pas que les bourgeois de Paris, qui le croyaient inébranlable, pussent vouloir lui donner une leçon et surtout songeassent à le renverser.

Le ministère paraissait décidé à la lutte, mais avec des ménagements de forme qui voilaient, au fond, le désir de la conciliation et qui donnaient de l'audace à l'opposition,

Quant à celle-ci, sans savoir où elle allait, elle excitait contre le ministère toutes les colères populaires et soufflait le feu, par ses discours, sa presse, ses démarches; elle avait annoncé, à Paris, pour le 19 février, un grand banquet où les représentants des oppositions ennemies et aveugles devaient se rencontrer et jeter un défi au Gouvernement, appuyés sur les mécontents, les agitateurs, les révolutionnaires, qui forment dans Paris un nombre toujours considérable.

Déjà, en face des passions ennemies qui commençaient à déborder les passions aveugles, une partie des députés qui s'étaient mis à la tête du mouvement s'effrayaient et auraient bien voulu reculer. Mais une fois pris dans l'engrenage révolutionnaire, ce n'est pas chose facile! Après avoir abandonné le projet de réunion à Paris, il fallut aller de l'avant, et le 7 février, M. Duvergier de Hauranne, au nom de l'opposition, jeta le gant au ministère, aux applaudissements de la gauche, en ces termes :

« Je suis prêt à m'associer à ceux qui, par un acte éclatant « de résistance légale, voudront prouver jusqu'à quel point, « cinquante-huit ans après notre première Révolution, les « droits des citoyens peuvent être confisqués par un arrêté « de police. »

Le banquet fut annoncé à la population parisienne pour le 22 février.

La majorité monarchique de la Chambre, au contraire, représentant, non pas les braillards des grandes villes, mais l'immense majorité du Pays, les départements tranquilles et laborieux, avait applaudi aux paroles énergiques du Roi et du ministère, et elle était décidée à les suivre et à les appuyer, aussi loin qu'ils eussent voulu aller, dans la répression dont ils menaçaient les agitateurs de diverses nuances qui troublaient le Pays.

Pour ce banquet du 22 février, le Gouvernement, au lieu de s'y opposer carrément et de prendre, dès ce moment, cette attitude résolue qui calme les passions aveugles et fait réfléchir les passions ennemies, entra en pourparlers avec l'opposition. Il sembla qu'entre les dépositaires de la loi et ceux qui allaient la violer, il y avait une certaine hésitation sur leurs droits réciproques, ou, plutôt, l'opposition se croyait sûre de son droit, et le Gouvernement, par ses hésitations, ses conférences, ses essais de conciliation, avait l'air de douter du sien. En un mot, le Gouvernement ne comprenait pas qu'une occasion merveilleuse lui était donnée de se débarrasser, pour longtemps, des factions aveugles et ennemies, qu'il fallait se préparer au combat et, par une répression aussi complète que possible, dégoûter, pour longtemps, de leur rôle, les passions ennemies et aveugles.

On savait la Garde nationale divisée et, comme un braillard qui crie fait plus de bruit qu'un régiment qui se tait, on pouvait être certain que la Garde nationale réunie ne deviendrait qu'un élément de trouble.

Il ne fallait pas la convoquer; avec la police, la garde de Paris et l'armée, il y avait dix fois plus de monde qu'il n'était nécessaire pour maintenir l'ordre dans Paris.

Le parti conservateur, rassuré, laissait au Gouvernement le soin de faire son devoir en maintenant l'ordre avec énergie, et voyait, sans inquiétude sur l'issue, se préparer un conflit dont le résultat ne lui paraissait pas douteux.

Un ministre de l'intérieur, résolu et intelligent, eut dû, en défendant le banquet, faire afficher que les factieux, affiliés aux sociétes secrètes, devaient revêtir des uniformes de la Garde nationale pour se mêler au peuple et exciter à l'insurrection, et, qu'en conséquence, tout individu paraissant revêtu de l'uniforme de la Garde nationale, ne pouvant être qu'un agitateur dangereux, devait être traité comme tel, sans la moindre pitié. En un mot, faire ce que tout homme politique, ferme et résolu, eût été appelé à exécuter, en présence d'événements dont il pressentait la nature.

Ceci a été à moitié fait, — mollement.

C'était la seule réponse à faire à une convocation factieuse du journal *le National,* appelant le peuple à descendre dans la rue, le 22 février, et indiquant la place que les diverses légions de la Garde nationale sans armes devait occuper, afin de donner, par son uniforme, une apparence de légalité à l'émeute organisée.

En face de cette provocation, le Gouvernement se décida à interdire formellement le banquet annoncé pour le 22, sans croire encore à la gravité de la situation.

L'agitation commença le 21 février; le 23, des barricades s'élevaient : elle prit un caractère plus sérieux par l'appel fait à la Garde nationale.

La politique passa de la Chambre dans la rue; et tel individu, sans aucune valeur, revêtu de l'uniforme à épaulettes d'argent ou de laine, quittant son bureau ou son épicerie, devenait un personnage dont la présence, la parole, pouvaient avoir, à un moment donné, une influence considérable sur les événements.

Devant l'agitation de Paris, la pression de l'opposition; devant les conseils malheureux même de la famille royale et d'amis plus dévoués qu'éclairés, le roi Louis-Philippe crut calmer l'orage en se séparant du ministère Guizot. Ce fut une grande faute, la plus grande faute de son règne, et de plus la violation des règles d'un Gouvernement parlementaire, où le ministère avait la majorité dans les deux Chambres.

Le ministère, lui-même, se retira trop précipitamment,

évidemment blessé par ce qu'il considérait comme une défection de la monarchie; il la découvrit trop vite en annonçant à l'heure même, à la Chambre, que le Roi avait appelé M. Molé pour former un nouveau ministère.

Ce fut, à cette nouvelle, une explosion de colère dans la Chambre, dont la politique était ainsi désavouée par la Couronne.

Le Roi sacrifia avec regret M. Guizot. Il crut, en donnant une satisfaction à l'opposition, qu'il allait la désarmer, et ne comprit pas qu'un Gouvernement, qui cède devant une agitation séditieuse de la rue, est déjà un Gouvernement à moitié renversé, un Gouvernement à moitié perdu.

Le 23 février, dans l'après-midi, on apprit aux émeutiers, qui déjà avaient fait le coup de feu sur la troupe, et aux gardes nationaux à moitié insurgés, que satisfaction leur était donnée, et que le ministère tombait sous leurs coups.

Les troupes rentraient dans leurs casernes, et j'entendis un officier dire : « Ce n'était vraiment pas la peine de nous « battre depuis deux jours ! »

Bref, le mercredi 23 février, dans l'après-midi, l'insurrection était presque matériellement maîtresse de Paris. Elle l'était moralement, certainement. Les naïfs disaient : « Paris est dans la joie! Paris illumine! »

Le fait est que la retraite du ministère devant une émeute, c'était la défaite du Gouvernement; et quand les bandes s'en allaient par la ville, hurlant la *Marseillaise* et les *Girondins*, cassant des vitres en criant : des lampions, des lampions! pour les yeux intelligents, c'était la Révolution qui commençait par l'affaiblissement du Gouvernement conservateur vaincu.

Les passions ennemies et aveugles étaient maîtresses de la situation en face du Pouvoir royal, vaincu aussi par elles, après lui avoir déclaré la guerre.

Je me souviens que, sortant de dîner dans un restaurant du boulevard des Italiens, dans la soirée, je vis passer une de ces bandes qui descendait le boulevard.

Un de mes amis, légitimiste ardent, qui m'accompagnait, me dit, en me montrant le flot populaire :

« — Eh bien! où est-il donc votre Roi, ce soir?

« — Hélas! — lui dis-je — le voilà dans la rue! Maître chez lui! »

Puis, je descendis le boulevard jusqu'à la hauteur de la rue de la Paix, mêlé à une foule de curieux qui augmentait à chaque instant et me força même à m'arrêter.

A ce moment, une vive lueur éclaira le boulevard, à la hauteur de la rue Caumartin, et un feu de peloton retentit; c'était la fameuse affaire du boulevard des Capucines, devant le ministère des affaires étrangères.

La tête de la colonne, que je venais de voir passer, s'était heurtée à un bataillon du 14e de ligne, et un feu de peloton venait de jeter sur le pavé une cinquantaine de morts, sans compter les blessés. Ce fut une bousculade sans pareille. Je fus à moitié renversé par les fuyards, et, en m'avançant, je vis le boulevard subitement vide... ; les blessés se traînaient sur les bas côtés, les morts étaient étendus sur la chaussée.

Beaucoup de gens firent comme moi, s'approchèrent, relevèrent les morts et les blessés.

C'est alors que le fameux camion qui, je crois, appartenait à un chemin de fer, se trouva là. On y empila les morts, on alluma des torches — trouvées je ne sais où — et le sinistre cortège se dirigea vers la rue Lepelletier, où étaient les bureaux du *National*, puis continua sa promenade sanglante.

Quant à moi, je me rendis, en me promenant, à l'état-major de la place, où j'avais des camarades; c'était alors place du Carrousel. Lorsque j'y arrivai, on ignorait encore ce tragique incident, dont la cause vraie n'a jamais été complètement connue.

Est-ce, comme on l'a dit, un coup de pistolet tiré par Lagrange?

Est-ce un coup de feu parti d'abord sans ordre, puis suivi d'un feu de peloton?

Le fait est que l'insurrection recommença au moment où on la croyait calmée.

Ce camion, promené le long des boulevards et dans les rues des quartiers populaires, au milieu d'une population agitée déjà par la lutte de la journée, grisée par son triomphe, donna des éléments nouveaux aux passions ennemies, et la journée du 24 Février se prépara dans la nuit.

L'insurrection n'avait ni plan, ni armes, ni chef; elle faisait des barricades un peu partout.

Quant au Gouvernement, il avait disparu constitutionnellement au moment où M. Guizot annonçait à la majorité conservatrice de la Chambre que le Roi avait appelé M. Molé pour former un nouveau ministère.

Dire la colère de la majorité qui soutenait le ministère est impossible! Les mots les plus durs : « Faiblesse! Trahison! » retentissaient dans les couloirs.

A partir de ce moment, la majorité conservatrice s'éloigna des Tuileries, et le Roi ne fut guère entouré que des députés de l'opposition, c'est-à-dire de ceux dont il avait dénoncé au Pays les passions aveugles et qui, lui arrachant concessions sur concessions, le conduisaient à sa perte en le livrant aux passions ennemies.

Cependant, avant de quitter la partie, et pour assurer à la fois le maintien de l'ordre et la défense du trône, le ministère Guizot prit la seule mesure que comportait la situation : il nomma le maréchal Bugeaud commandant en chef de l'armée de Paris, pensant que l'ordre maintenu, le Roi aurait tout le temps de régler la question politique.

Pendant la nuit du 23 au 24 Février, le seul pouvoir réellement debout était celui du maréchal Bugeaud, qui venait d'être nommé au commandement général de l'armée de Paris.

La Préfecture de police, découragée par la retraite du ministère, laissait faire, attendait une nouvelle impulsion et des ordres plus énergiques.

On sonnait le tocsin, on élevait des barricades; aucune mesure de répression ne fut prise contre ce désordre qui, dès le commencement de la nuit, prenait le caractère d'une insurrection sérieuse.

LES TRAHISONS DU 24 FÉVRIER

Le Gouvernement de Juillet a été indignement trahi dans la journée du 24 Février.

Judas a vendu Notre-Seigneur pour trente pièces d'argent.

C'est la trahison cynique, brutale, payée à prix d'argent.

Mais le soldat chargé de la garde d'une forteresse, qui l'ouvre à l'ennemi, n'est-il pas un traître aussi?

Le général qui vient offrir son épée pour défendre un Gouvernement et qui, le soleil n'étant pas couché, a changé de parti et fait livrer à l'ennemi les armes de ses soldats, n'est-il pas un traître aussi?

Et les ministres qui ont accepté les honneurs et le fardeau du Pouvoir, et qui, au lieu de songer à l'accomplissement de leur devoir envers le Gouvernement qui les a choisis et le Pays dont les destinées sont dans leurs mains, ne songent, au moment du danger, qu'à leur sécurité personnelle, abandonnant et le Gouvernement et le Pays au hasard des événements, ne sont-ils pas aussi des traîtres d'une autre façon?

Ils ont, par peur, trahi! trahi au moins leur devoir!

C'est ce qui est arrivé le 24 Février.

Ce jugement sévère, je l'ai rendu en présence des événements qui se sont déroulés sous mes yeux, dont j'ai été le témoin, les jugeant avec sang-froid. Ils ont été confirmés, depuis, par les renseignements que j'ai pu recueillir.

Je désire que ceux qui me liront soient moins sévères que moi, et qu'ils qualifient autrement des faiblesses, des erreurs, dont les épithètes, plus ou moins énergiques, ne modifieront ni la nature, ni les déplorables conséquences.

Je fais de l'histoire, pièces en main ; je raconte ce que j'ai vu, ou lu, sur les pièces originales : rien de plus, et je ne dis pas tout.

LA JOURNÉE DU 24 FÉVRIER

Il était plus de minuit.

Je causais dans le salon des officiers de service, à l'état-major de la place, situé alors place du Carrousel, lorsque tout le monde se lève, et je vois passer deux hommes en uniforme d'officiers généraux.

Je ne les connaissais pas. — On les salue avec respect. — Je demande leurs noms :

« Le maréchal Bugeaud — me dit-on — et le général Bedeau. »

Je trouvai tout naturel la présence du maréchal à la tête de l'armée, dans ce moment de crise; son courage, sa résolution, sa popularité militaire, tout l'indiquait comme l'homme de la situation.

La présence du général Bedeau, arrivé d'Afrique en congé, accompagné d'une réputation de bravoure incontestée, me sembla cependant singulière, auprès du maréchal Bugeaud, au moment où une bataille sérieuse pouvait s'engager dans les rues de Paris, et voici pourquoi :

Le mardi 22 février, je déjeunais à l'entresol du café Durand, au coin de la place de la Madeleine; sur le terre-plein, à gauche de l'église, où se tient aujourd'hui le marché aux fleurs, il existait alors un grand corps-de-garde occupé par la Garde municipale.

Devant le corps-de-garde stationnait un peloton de gardes municipaux à cheval, avec un trompette monté sur un cheval blanc.

La rue était houleuse; une foule de curieux attendait les événements.

Le banquet, annoncé pour ce jour-là, puis contremandé, défendu par le Gouvernement, les articles de journaux appelant la Garde nationale à prêter son concours à une manifestation pacifique, tout cela avait prodigieusement agité Paris.

Vers les onze heures et demie, on entendit retentir dans la rue Royale le chant des *Girondins,* fort à la mode alors :

Mourir pour la Patrie,
C'est le sort le plus beau, le plus digne d'envie!

Une bande de quelques centaines de voyous et d'étudiants débouche sur la place de la Madeleine et vient se heurter aux municipaux.

Je me mets à la fenêtre.

Je vois le cheval blanc du trompette s'agiter. J'entend les sonneries de trompette.

C'étaient les sommations.

Les gardes mettent le sabre à la main et partent au galop, dissipant, à coups de plat de sabre, toute cette canaille qui se sauve au plus vite.

De toutes les fenêtres de la place de la Madeleine, les applaudissements les encouragent (les miens compris).

J'achève de déjeuner; et, dans le couloir, je rencontre, sortant d'un cabinet voisin, un aimable homme, alors rédacteur du *Journal des Chasseurs,* Léon Bertrand.

Je lui frappe sur l'épaule et lui dit :

« — Eh bien! avez-vous vu la charge? »

« — Oui, — me dit-il; — Bedeau, avec qui je déjeunais, a « été indigné de la brutalité des municipaux! »

Je fus stupéfait de cette réponse... Aussi, lorsque je vis le maréchal Bugeaud accompagné du général Bedeau, je fus singulièrement préoccupé.

J'avais quitté l'état-major vers les deux heures du matin, et j'allai me jeter quelques heures sur mon lit, rue Lepelletier, où je demeurais alors.

Le dernier mot qui me fut dit à l'état-major fut celui-ci :

« Bugeaud va organiser ses colonnes d'attaque! Ça va « marcher! »

Quelques heures plus tard, au petit jour, vers six heures et demie du matin, je sortis de chez moi, préoccupé des événements qui se préparaient et que je prévoyais, mais sans en deviner ni l'importance, ni la fin.

Les boulevards étaient encore presque déserts ; des pavés avaient cependant été remués rue Richelieu, mais la circulation était facile. Quelques groupes rares, où l'on parlait avec vivacité.

En arrivant au coin du boulevard et de la rue de Richelieu, j'entendis quelques coups de fusil, qui paraissaient tirés du côté de la rue Montmartre. Mais, si de ce côté de Paris les rues étaient encore libres, il n'en était pas de même ailleurs.

Pendant la nuit, dans les quartiers du centre, de nombreuses barricades s'étaient élevées, et, à mesure que la ville s'éveillait, elles se dressaient de toutes parts, sur les boulevards même, dont on coupait les arbres pour les jeter sur la chaussée, comme dans les rues du centre, surtout dans les quartiers Saint-Denis et Saint-Martin.

Les émeutiers étaient sans armes, ou mal armés et sans direction.

En entrant à l'état-major, je demandai des nouvelles :

« Le maréchal — me dit-on — vient de faire partir trois « colonnes : le général Renault va occuper le Panthéon ; le « général Sébastiani, l'Hôtel de Ville, et le général Bedeau « a l'ordre de balayer les boulevards jusqu'à la Bastille.

« Vous pouvez être tranquille, ça va être vigoureusement « mené ! »

Nous attendions donc les nouvelles avec la plus grande confiance, quand, vers sept heures, un officier d'état-major, en tenue de campagne, traverse la pièce où je me trouvais et entre dans le salon voisin, où était le maréchal ; il est suivi par l'officier avec lequel je causais.

Quelques instants après, celui-ci revient très pâle, l'air bouleversé.

« Nom de D... ! Nom de D... !!! Bedeau parlemente !!! »

Voici ce qui s'était passé :

Le général Bedeau s'était mis en route pour *balayer* les boulevards, mais ayant rencontré, à la hauteur du Gymnase, une barricade qui barrait le boulevard, au lieu de l'attaquer, il s'arrêta ; au lieu d'aller à la Bastille, en balayant les boulevards, comme il en avait l'ordre formel et précis, il parlementa avec les défenseurs de la barricade, et enfin envoya demander aux Tuileries ce qu'il avait à faire ! ... »

C'est lui-même, dans une lettre publiée par la *Revue des Deux-Mondes*, qui écrit ces lignes :

« En arrivant devant le Gymnase, je trouvai le boulevard « coupé par une barricade, derrière laquelle je trouvai une « foule hostile, mais non agressive ; fallait-il, en l'attaquant, « jeter dans l'insurrection une population qui paraissait « hésiter encore?... Je ne le pensai pas. J'envoyai demander « de nouvelles instructions ; celles que je reçus me prouvèrent « que j'avais bien jugé la situation. »

Mais ce qu'il ne dit pas, c'est que le maréchal Bugeaud lui avait donné les ordres les plus formels d'attaquer l'insurrection, et que le ministère Thiers et Barrot, qui venait de naître dans la nuit, était d'un avis différent ; qu'il voulait se débarrasser, comme il l'a fait, du maréchal Bugeaud, et que l'attitude expectante du général Bedeau, en faisant écrouler le plan du maréchal, rentrait dans la nouvelle phase politique qui se produisait : l'abandon de la répression sous la nouvelle influence ministérielle.

Voilà la vérité et le point de départ de la catastrophe de la journée du 24 Février.

Il reçut, en réponse à sa question, l'ordre de se replier sur la place de la Concorde.

Mais, de même que, par ses hésitations, il avait paralysé le plan du maréchal et donné satisfaction au nouveau ministère, sa retraite fut le signal d'un effondrement général.

Voici, en effet, les nouvelles que j'entendis successivement apporter à l'état-major :

« 7 heures, Bedeau parlemente.

« 7 heures et demie, Bedeau bat en retraite ; les soldats « mettent la crosse en l'air et laissent prendre leurs car- « touches.

« 8 heures, les canons de la colonne Bedeau ont été pris, « les caissons pillés.

« 9 heures, on attaque les gardes municipaux de la place « de la Concorde.

« Bedeau les laisse massacrer sans les défendre.

« Les insurgés sont au milieu des troupes et faisant le coup « de feu contre la garde, sans qu'on s'y oppose.

Telles sont les nouvelles stupéfiantes qui arrivaient successivement à l'état-major, celles que recevait le maréchal Bugeaud, qui voyait la colonne de troupes, ayant le rôle le plus important dans son plan, non-seulement ne pas l'exécuter, mais revenir désorganisée, traînant avec elle, et mêlés dans ses rangs, tous les insurgés qu'elle avait eu mission de combattre.

Les autres colonnes avaient exécuté leur mouvement et s'ouvraient la route par quelques coups de fusil. Le général Sébastiani occupait la place de l'Hôtel-de-Ville; le général Renault, le Panthéon.

En apprenant l'insuccès de la mission du général Bedeau, le maréchal se trouva un peu dans la situation d'un homme à qui, au moment où une course va commencer, on vient dire à l'oreille :

« Notre meilleur cheval est boiteux, tâchez d'arrêter la « course. »

Ce pauvre maréchal! en même temps qu'il apprenait la défection de la colonne Bedeau, il était obsédé — il l'a écrit lui-même — « par un tas de gens, amis du Ministère, ou « venant en son nom, lui annonçant que la Garde nationale « allait marcher avec les insurgés, qu'il allait avoir la responsabilité d'une guerre civile terrible, etc..., etc... »

D'autre part, les intentions du nouveau Cabinet lui étaient communiquées, et tout cela au moment où il apprenait que ses moyens d'action se trouvaient paralysés, au moins partiellement, mais dans la situation la plus importante.

Les nouveaux ministres espéraient naïvement que leurs noms seuls suffiraient pour calmer l'agitation de Paris, ramener la tranquillité, et ils insistaient pour que l'ordre de suspendre les hostilités fût donné.

Cet ordre fatal fut en effet donné.

Par qui? — Tout le monde s'en défend aujourd'hui.

Le maréchal dit l'avoir reçu.

Le fait est qu'il a été exécuté.

M. Thureau-Dangin, dans son intéressante histoire du règne de Louis-Philippe, prête au vieux Roi un propos, vrai ou inexact, destiné à faciliter singulièrement toutes les défaillances et à absoudre toutes les faiblesses :

« A quoi bon cet ordre? — Il était dans l'air. »

Est-ce qu'il était dans l'air, quand, à cinq heures du matin, le maréchal Bugeaud envoyait le général Bedeau à la Bastille, avec les ordres les plus énergiques, pour balayer les boulevards, — et ayant même – ajoutait-on — ordonné de mettre deux balles dans les canons de fusils?

(Je n'affirme pas le fait, mais je l'ai entendu dire sur l'heure.)

Est-ce qu'il était dans l'air, quand, à coups de fusil, le général Sébastiani gagnait l'Hôtel de Ville, et le général Renault, le Panthéon?

La vérité vraie, c'est que, pour se battre, il fallait des soldats, et, quand on vint annoncer au maréchal les incidents de la retraite Bedeau, il fut atterré!

De plus, harcelé par une foule de bourgeois, très bien mis, venant de tous les points où se trouvait l'insurrection et accourant vers lui, les larmes aux yeux, le supplier de faire retirer les troupes. *Mais l'ordre n'a été donné qu'après la nouvelle de la défection du général Bedeau.*

Voici donc exactement ce qui s'était passé :

Comme je l'ai dit, au lieu d'attaquer immédiatement la barricade qui lui faisait obstacle, selon l'ordre reçu, il fit faire halte à ses troupes, se mit à bavarder avec un tas de gens de toute espèce qui, passant par-dessus la barricade, l'entouraient et se mêlaient aux troupes, ne comprenant rien à ce temps d'arrêt.

Puis, quand enfin, à cette colonne déjà noyée dans les flots du peuple qui grossissaient à chaque instant, arriva l'ordre de battre en retraite, ce furent du côté des insurgés des cris de triomphe; ils se mêlèrent aux soldats, stupéfaits, en criant :

« Vive la ligne! Vivent nos frères! »

Et du côté des soldats, ne s'expliquant pas cette retraite, la colère de la déception.

« Ah! ils ne veulent pas que nous nous servions de nos « cartouches? .. Eh bien! les voilà!... » — disait un sous-officier en les jetant au peuple.

Un autre — raconte Maxime Du Camp — stupéfait de voir un gamin prendre les armes d'un soldat, qui le laissait faire :

« Oui, mon bourgeois! C'est comme cela! Puisqu'on nous « lâche, nous lâchons tout! »

La vérité vraie, c'est que jamais armée n'a été plus disposée à la bataille que celle que le roi Louis-Philippe avait sous ses ordres, quand la journée du 24 Février commença. M. Thureau-Dangin parle de l'air morne des troupes, c'est une profonde erreur; j'étais au milieu d'elles, sur la place du Carrousel; j'entendais leur langage, j'entendais leurs acclamations, leurs cris de : « Vive le Roi! » quand le Roi commença cette revue si brusquement interrompue devant les cris de : « Vive la Réforme! A bas le Ministère! » poussés par un détachement de la 4e légion.

J'étais monté, avec quelques artilleurs, sur les roues des caissons d'une section d'artillerie en batterie sur la place du Carrousel, en face la rue de Richelieu. On voyait construire une barricade, à la hauteur de la fontaine Molière. Les artilleurs se disaient l'un à l'autre : « Attends un peu! Tout à l'heure, tu vas voir comme nous allons les faire dégringoler! » Quand les soldats de la colonne Bedeau jetaient leurs cartouches, ils obéissaient au même sentiment qui faisait, à Rambouillet, briser leurs fusils aux soldats de la garde royale apprenant qu'on ne se battait plus.

Cette retraite, au milieu des quartiers les plus brillants de Paris, offrit un spectacle inoubliable.

C'était l'invasion des faubourgs, au milieu de laquelle disparaissaient des bandes de soldats, bras dessus, bras dessous, avec ceux qui criaient : « Vive la ligne! » tout en prenant leurs armes et leurs cartouches.

En arrivant à la rue de Choiseul, il y avait une barricade; le général Bedeau a écrit (voir la *Revue des Deux-Mondes)* qu'il apprit, en arrivant *rue Royale*, que son artillerie, n'ayant pas pu passer sur le boulevard, à la hauteur *de la rue de Choiseul*, avait été confiée à la Garde nationale.

La vérité, c'est que les canons avaient été enlevés et conduits à la mairie de la rue Drouot, et que les caissons avaient été pillés.

Quant à l'aspect de cette retraite, voici ce que j'ai lu (je dirai dans quelles circonstances) dans le rapport d'un officier du 13e chasseurs à cheval qui, avec un détachement de ligne, était en position, boulevard des Capucines, vis-à-vis le ministère des Affaires étrangères :

« Le 24 Février, vers les huit heures du matin, nous vîmes « venir à nous, sur le boulevard, une colonne d'insurgés « paraissant conduite par un homme portant l'uniforme « d'officier général.

« Les troupes s'apprêtèrent à faire feu, — quand un officier « d'état-major se détacha et vint leur donner l'ordre de « mettre l'arme au pied. »

Tel était l'aspect de la colonne qui accompagnait le général Bedeau, quand il arriva place de la Concorde.

La place était déjà occupée par divers corps de troupe, et notamment par une brigade de cavalerie, commandée par le général Regnault de Saint-Jean d'Angély; cette brigade était en bataille, faisant face à la place, du côté du quai de la Seine, le dos aux Champs-Elysées.

De l'autre côté, près de la rue des Champs-Elysées, au coin de l'avenue Gabriel, se trouvait un pavillon, dit le Pavillon Peyronnet, occupé par 35 hommes de la Garde municipale, commandée par un brave sous-officier nommé Fouquet.

Les insurgés, mêlés à la colonne Bedeau, dirigèrent quelques coups de fusil sur le poste; une vive fusillade s'engagea alors sous les yeux du général Bedeau, qui ne donna aucun ordre pour proteger, avec ses soldats, le poste attaqué. Enfin, ne pouvant pas réussir à enlever le poste, les insurgés allèrent chercher de la paille et y mirent le feu.

Le général Regnauld de Saint-Jean-d'Angély (de qui je tiens ce fait) voyant ce qui se passait, quitta ses cuirassiers et arriva au galop vers le général Bedeau, et lui dit :

« — Général, laissez-moi charger cette canaille!

« — Général, retournez à votre place. »

Telle est la réponse qui lui fut faite.

Voyant l'incendie qui gagnait, le général Bedeau, les bras en l'air, essaya de s'interposer entre les combattants; naturellement, personne ne l'écouta et la fusillade continua.

Enfin, à moitié asphyxiés, les gardes furent obligés de sortir; à la porte, les insurgés les attendaient pour les assommer; les plus dispos, la baïonnette en avant, se firent

Massacre des Gardes municipaux sur la Place de la Concorde

(24 Février 1848)

jour au milieu de la foule; une partie alla chercher asile au milieu des cuirassiers; les autres se dirigèrent, en courant, vers la grille des Tuileries, qui était fermée. Mais, derrière la grille, se trouvait une compagnie de ligne, commandée par un brave officier qui, voyant arriver les gardes municipaux, suivis par la canaille qui les poursuivait, leur cria :

« — Couchez-vous, ventre à terre! Feu de peloton! Feu! »

Et une fusillade bien dirigée balaya la place.

Les gardes furent sauvés.

Malheureusement, M. Jolivet, député, passant pour se rendre à la Chambre, reçut une balle qui ne lui était pas destinée, fut tué et enterré provisoirement sous des tas de sable préparés pour les allées du jardin, avec les corps d'insurgés; on perdit même sa trace pendant quelques heures.

Les autres gardes furent assommés, tués ou blessés en sortant du poste; un d'eux fut assommé avec une barre de fer; un autre tomba frappé de onze coups de hache; quatre de ses camarades le soutinrent et, blessés aussi, se traînèrent jusqu'au nº 8 de la place de la Concorde, au coin de la rue des Champs-Elysées, à quelques pas de là. Acculés contre la porte, ils allaient être massacrés; l'un d'eux, le nommé Streussel, reçut un coup de pistolet chargé à plomb, à bout portant (il est mort de cette blessure).

Heureusement habitait là, au rez-de-chaussée, un homme de cœur, que je suis heureux de nommer, le docteur Le Marchand (voir aux pièces justificatives). Il voit le danger des gardes, se précipite, et leur ouvre une porte hospitalière... Les assaillants veulent l'enfoncer; c'est à cet instant qu'éclate la fusillade de la grille des Tuileries. Ce fut le salut. Croyant à une attaque, toute la foule, qui avait accompagné le général Bedeau, s'enfuit au galop, et il put alors mettre un peu d'ordre dans sa colonne.

La retraite du général Bedeau, s'accomplissant dans les conditions que j'indique *de visu*, fit refluer du côté du Palais-Royal et des Tuileries les habitants des faubourgs, suivant le courant qui les poussait, vers les quartiers de la place Vendôme et de la Madeleine.

Le Palais-Royal fut envahi. En face, sur la place, se trouvait une solide construction en pierres de taille, appelée le Château-d'Eau. Elle était occupée par quelques compagnies du 14e de ligne.

Les troupes étaient en bataille sur la terrasse, quand elles reçurent des coups de feu partis du Palais-Royal et de la rue de Valois; une vive fusillade s'engagea alors; les soldats s'enfermèrent dans le poste. C'était à quelques pas de la place du Carrousel, qui était occupée par de l'infanterie, de la cavalerie, de l'artillerie. Pas un ordre ne fut donné pour aller secourir ces malheureux!

C'est alors, un peu plus tard, que, ne pouvant en avoir raison, on alla chercher, aux écuries du Louvre, des voitures de paille et des carrosses du Roi, et qu'on y mit le feu! Les malheureux soldats périrent, pour la plupart; mais, par compensation, personne ne songea à ouvrir les sous-sols dans lesquels on avait enfermé des insurgés pris la veille, et qui, paraît-il, y furent asphyxiés.

Au nombre des généraux d'Afrique, dont le nom était le plus connu et le plus populaire, figurait celui du général de Lamoricière; une teinte d'opposition prononcée lui assurait une sympathie complète dans la gauche de la Chambre.

Le ministère Thiers et Barrot fit appel à son concours; dans la matinée du 24, il fut nommé commandant en chef de la Garde nationale.

Son commandement nominal ne dura pas longtemps.

On l'engagea à se présenter aux gardes nationaux et aux insurgés pour les calmer, en leur apprenant le nouveau ministère.

Il n'avait ni uniforme, ni cheval. Je le vis affublé d'une capote, sur laquelle étaient accrochées une paire d'épaulettes de colonel, en argent, avec un pantalon à carreaux; on le fit monter sur un cheval de troupe. Il se dirigea, sans hésiter, vers la place du Palais-Royal, où l'on se battait, accompagné d'un brave soldat, le général Perrot.

A peine apparaissaient-ils sur la place que, pris entre deux feux, les chevaux furent tués, les cavaliers renversés et blessés. On les fit entrer dans une boutique de marchand de vins, où ils furent pansés.

Ce fut le seul acte de la vie du général de Lamoricière, dans cette triste journée.

Voici, à dix heures et demie du matin, la situation de Paris :

La place de la Concorde était occupée militairement.

A l'Hôtel de Ville, le général Sébastiani était installé avec sa colonne.

Le général Renault occupait le Panthéon.

Il avait fait entrer ses troupes dans l'intérieur des grilles, et elles n'étaient pas en contact immédiat avec la population.

Celles du général Sébastiani étaient noyées dans les flots d'une population que l'ordre de suspendre les hostilités rendait audacieuse ; et le désordre, résultant de cette situation, commençait à se faire sentir. Il n'alla qu'en augmentant, et la retraite offrit plus tard le même caractère, à peu près, que celle du général Bedeau.

Le général Renault fut plus heureux : ses troupes se retirèrent en bon ordre.

Les gardes municipaux qui étaient restés à l'Hôtel de Ville, sur la promesse de la vie sauve, capitulèrent dans l'après-midi et, désarmés, furent ensuite en partie massacrés.

On se battait alors seulement sur la place du Palais-Royal. Paris était couvert de barricades, mais les insurgés étaient presque sans armes et sans autres munitions que les cartouches enlevées aux soldats et un peu de poudre de chasse pillée à droite et à gauche.

Le palais des Tuileries était gardé par plusieurs milliers de soldats : artillerie, — cavalerie, — infanterie, — garde municipale et quelques détachements des 1re, 2e et 4e légions de la Garde nationale.

L'attitude des troupes était excellente et elles étaient prêtes à exécuter, avec vigueur, tous les ordres reçus.

Ces troupes occupaient la place du Carrousel et la cour du Palais.

Un mouvement offensif eût eu facilement raison de ces masses populaires, composées de curieux ou d'insurgés *pour rire*, armés de broches, de vieilles hallebardes, de sabres, et, par-ci, par-là, de quelques fusils de chasse ou de munition, avec peu de cartouches ramassées, ou prises, dans quelques gibernes par les vrais combattants, dont le nombre était en réalité peu considérable ; mais, mêlés à la masse des curieux, ce torrent populaire qui les suivait leur donnait une apparence d'armée révolutionnaire innombrable.

L'INTÉRIEUR DES TUILERIES
L'ABDICATION DU ROI

Sans que les inquiétudes fussent grandes, cependant le désarroi le plus complet (politique s'entend) a commencé à régner aux Tuileries, après le départ du ministère Guizot.

Le Roi, qui avait cédé à d'affectueuses instances, qui croyait qu'en jetant M. Guizot par dessus bord on sauverait la situation, regrettait déjà son vieux ministre, tout en appelant M. Molé à lui succéder.

Celui-ci, invité dans l'après-midi du 23 à composer un Cabinet, déclina l'offre qui lui était faite, ne se jugeant pas l'homme de la situation.

En effet, M. Molé, homme de grande valeur, correct, réservé, n'était pas l'homme qui, dans un moment de crise, pouvait prendre la direction d'un ministère appelé à braver les dangers d'une lutte déjà commencée.

Le Roi fut donc contraint d'appeler les représentants des passions aveugles si justement signalées au Pays :

D'abord M. Thiers, que M. Molé lui avait indiqué comme l'homme qui devait être chargé de l'héritage de M. Guizot.

Dans la soirée, le Roi fit donc appeler M. Thiers, qui lui conseilla de lui permettre de faire aussi appel au concours de M. Odilon-Barrot.

Le Roi accepta. Il glissait sur la pente fatale.

Ces Messieurs posèrent au Roi des conditions parlementaires, notamment la réforme électorale, acceptées ou subies par lui. Le Roi se refusa cependant alors de promettre la dissolution de la Chambre.

Le lendemain matin, il était obligé d'y consentir.

Le ministère Guizot, avant de se retirer, pour assurer le maintien de l'ordre et donner au Roi la possibilité de s'occuper en sécurité de la crise politique qui venait d'éclater, avait nommé le maréchal Bugeaud commandant en chef de toutes les troupes réunies à Paris.

Cette nomination fut vue, avec un vif regret, par Messieurs Thiers et Barrot, lorsqu'ils en furent informés à leur arrivée aux Tuileries. Leur première pensée fut de se débarrasser d'un homme, dont le nom ayant une signification accentuée dans le sens de la répression d'un mouvement populaire, dérangeait leur entente politique.

La nuit se passa donc en pourparlers avec les divers chefs de l'opposition.

Le Roi se coucha quelques heures seulement.

Le tocsin qu'on entendait retentir dans quelques quartiers, la présence au Palais d'hommes d'opposition peu aimés, la disparition des fidèles habituels, donnaient à cette dernière veillée aux Tuileries quelque chose de lugubre.

La Reine se montra fort émue par les sons répétés du tocsin, et ses inquiétudes étaient plus vives que celles du Roi, plein de confiance encore dans l'influence que devaient exercer, sur l'opinion de Paris, les nouveaux choix qu'il venait de faire et comptant sur le bon esprit supposé de la bourgeoisie parisienne.

Enfin, quand la journée du 24 Février commença, on pouvait annoncer que M. Thiers et M. Barrot avaient accepté de former un ministère (péniblement constitué pendant la nuit), et que, s'ils n'étaient pas encore ministres, de par le *Moniteur*, par le fait ils avaient accepté la responsabilité de la situation, en prenant toutes les mesures qui devaient avoir pour résultat le triomphe de la politique qu'ils représentaient :

Concession de la part de la Couronne ;

Pacification de la rue par l'ordre de cesser les mesures de répression.

Du reste, la situation prise par le nouveau ministère est résumée par cette proclamation, par laquelle il annonce à la population parisienne et sa formation et son programme :

« Citoyens de Paris,

« L'ordre est donné partout de cesser le feu.

« Nous venons d'être chargés par le Roi de composer un « ministère.

« La Chambre va être dissoute.
« Un appel est fait au Pays.
« Le général de Lamoricière est nommé commandant de la
« Garde nationale.
« Messieurs Thiers, Barrot, etc., sont ministres.
« Liberté, Ordre, Réforme. »

Mais pendant qu'aux Tuileries on faisait de la politique, et que les nouveaux ministres espéraient, avec des paroles, calmer l'incendie révolutionnaire si aveuglément allumé par eux, l'insurrection, elle, ne bavardait pas; elle agissait, se développait, elle avançait vers les Tuileries.

Un cercle fatal, résultant de la retraite du général Bedeau, se resserrait à chaque instant. La force seule eut pu le briser, et c'est avec des paroles que les nouveaux ministres espéraient naïvement dénouer pacifiquement la situation!

Les mauvaises nouvelles arrivaient à chaque instant au Palais, mais avec les assurances que l'influence du nouveau ministère allait modifier cet état de choses.

Le Roi n'avait pas alors de craintes sérieuses pour le moment; on s'était mis à table à l'heure accoutumée, quand M. de Rémusat se présenta, et, par ses communications émues, apporta un changement subit dans l'état des esprits.

« Sire, — disait-il, — il n'y a pas un moment à perdre!
« L'émeute triomphe sur tous les points! Elle avance à pas
« de géant! Dans une heure, il est probable que les Tuileries
« seront attaquées. »

Ce qu'il ne dit pas et ne pouvait pas dire, c'est que cette situation était le résultat de la politique de ses amis du nouveau ministère qui, déjà, portait ses fruits:

« Cessez le feu! Faites retirer les troupes! »

Naturellement, comme conséquence de l'exécution de ce programme, l'insurrection, n'étant plus combattue, *triomphe sur tous les points*. Quand les troupes chargées de la combattre battent en retraite, sans combattre, c'est un peu comme si, alors qu'un incendie commençait, on ordonnait aux pompiers de rentrer à leurs casernes et d'arrêter leurs pompes.

On fut atterré aux Tuileries de cette communication faite avec émotion par M. de Rémusat; les ministres présents, eux aussi, étaient stupéfaits.

Le déjeuner fut interrompu.

Le bruit d'une fusillade rapprochée augmenta l'inquiétude.

Il fallait immédiatement prendre un parti : ou combattre, ou partir.

On causa, on bavarda ; on ne prit, en somme, aucune résolution.

M. Thiers, plus tard, a dit qu'il avait ouvert l'avis d'une retraite hors Paris. Le fait est qu'aucun parti ne fut, ni sérieusement discuté, ni surtout adopté. Le désordre moral était complet, et, peu après, il fut suivi d'un désordre matériel qui permit à des personnes, dont la place n'y était pas indiquée, de pénétrer dans les appartements royaux et de faire entendre leurs avis, leurs nouvelles et leurs conseils.

Cependant, vers onze heures du matin, le Roi, sur le conseil de la Reine, dit-on, se décida à passer la revue des troupes massées sur la place du Carrousel : artillerie, cavalerie, infanterie, garde municipale, et quelques détachements de plusieurs légions de la Garde nationale.

Les cris de : « Vive le Roi ! » étaient poussés avec chaleur.

La revue commença du côté des galeries du Louvre, le long desquelles étaient rangés des détachements de la Garde nationale, appartenant à trois légions : 1re, 10e et 4e.

Les deux premières firent entendre des cris de : « Vive le Roi ! » et de rares cris de : « Vive la Réforme ! »

Mais, quand le Roi arriva devant les gardes de la 4e légion, la manifestation changea de nature :

« A bas Guizot ! Vive la Réforme ! »

Les officiers agitaient leurs épées, les soldats leurs fusils. Quelques gardes sortent des rangs... En un mot, ce désordre armé indiquait, en présence du Souverain, de mauvais sentiments.

Tout à coup, à la surprise générale de l'entourage du Roi et des troupes rangées sur la place, le Roi fait tourner bride à son cheval et rentre au palais.

La manifestation dont il venait d'être l'objet l'avait vivement frappé.

Représentant de l'élément bourgeois qui composait la Garde nationale, il n'avait jamais eu la pensée qu'il pût se trouver une scission aussi profonde entre la bourgeoisie parisienne et lui !

C'est alors que lui vint dans la pensée de remettre le pouvoir aux mains des hommes qui paraissaient aujourd'hui les représentants de l'opinion de la partie de la nation qui l'avait appelé au trône ; ne pensant pas, sans doute, dans ce moment, que ce pouvoir qu'ils avaient *tout fait pour arracher de ses mains, ils ne le conserveraient pas une heure... lui parti !!* comme on vous l'a si justement raconté.

Le Roi, rentré au palais, resta sombre et abattu, ayant laissé tomber de ses lèvres ces mots : « J'abdiquerai, si c'est « un moyen de calmer les esprits ! Si c'est ce que l'on veut ! »

Mais il ne se décidait pas à formuler d'une manière définitive cette volonté, indiquée peut-être pour juger de l'effet que cette éventualité produirait.

Lorsqu'au milieu de la foule de personnages, que l'absence de consigne et d'étiquette avait permis de pénétrer dans la pièce où se tenait le Roi, et qui déjà avait entendu ce mot d'abdication, M. de Girardin, député démissionnaire, arrive, une feuille de papier à la main, et, formulant brusquement ce qu'il appelait le vœu de la population de Paris, il complète, tout ému et effaré, la communication de M. de Rémusat, par ces mots :

« Sire, les minutes sont des heures.

« Vous perdez un temps précieux.

« Dans une heure, peut-être, il n'y aura plus de Monarchie « en France.

« Ce n'est plus un changement de ministère que le peuple veut... C'est une abdication. »

Et sur la feuille de papier, apportée par lui, lit d'une voix altérée et émue, ces mots :

« Abdication du Roi.

« Régence de la duchesse d'Orléans.

« Dissolution de la Chambre.

« Amnistie générale. »

Ces mots, qui auraient dû soulever l'indignation des royalistes présents, serviteurs de la Monarchie de Juillet, sont accueillis par un silence qui semblait, de la part des spectateurs, une approbation, au moins tacite.

Le Roi, silencieux lui aussi, hésitait à prendre cette grave résolution.

Des coups de feu plus rapprochés ébranlèrent les vitres des fenêtres du palais.

Une décision s'imposait forcément :

La bataille immédiate — ou — l'abdication.

Le Roi se leva, et, s'approchant de la pièce voisine où se trouvaient la Reine, les princesses, parmi elles Madame la duchesse d'Orléans, il leur dit, la voix haute, — de la porte :

« J'abdique ! »

La Reine, alors, se précipite dans le cabinet du Roi, le suppliant de ne pas abdiquer, et, voyant le silence qui répond à ses paroles, dit : « Je ne comprends pas qu'on abandonne « le Roi dans un semblable moment. »

Hélas ! les vrais amis du Roi avaient été écartés, et les ministres nouveaux brillaient par leur silence, ou leur absence.

Un seul homme, diplomate en congé, de passage à Paris, M. Piscatory, lui dit :

« Votre abdication, Sire, c'est la République dans une « heure. N'abdiquez pas. »

Dans les moments critiques, l'histoire enregistre presque toujours le mot vrai de la situation, dit par quelque homme de cœur.

Aux journées d'octobre, M. de St-Priest disait au roi Louis XVI :

« Si vous allez à Paris, Sire, vous perdrez votre couronne. »

Il perdit la couronne et la tête.

Cependant, le Roi hésitait encore, avant de consommer le sacrifice... Mais les coups de feu retentissaient dans la cour des Tuileries, et les balles en frappaient les murs. C'étaient les coups de fusil tirés sur les attelages du Roi qui, au moment où, pour la première fois, le mot d'abdication était prononcé, avaient été appelés des écuries du Louvre, où les voitures étaient attelées depuis plusieurs heures.

Des insurgés s'étaient avancés, de la place du Palais-Royal jusqu'à celle du Carrousel, et, grimpés dans une maison isolée qui existait alors, et qu'on appelait l'hôtel de Nantes, avaient, de là, fait feu sur les voitures et tué l'un des piqueurs.

Les cochers rentrèrent aux écuries avec les voitures royales.

Le retentissement de cette fusillade si rapprochée était une preuve sans conteste de la nécessité d'une solution immédiate : ou donner l'ordre de commencer le feu aux troupes qui n'attendaient qu'un signal, ou bien, comme concession dernière, annoncer aux insurgés et l'abdication et le départ du Roi.

Alors le Roi prend une plume, et, avec calme et tranquillité, il trace ces mots :

« J'abdique cette couronne, que la volonté nationale m'avait « appelé à porter, en faveur de mon petit-fils, le comte de « Paris.

« Puisse-t-il réussir dans la grande tâche qui lui échoit « aujourd'hui ! »

On insista pour que le Roi dépouillât de la Régence le duc de Nemours investi, par une loi, du titre de Régent.

Le Roi s'y refusa en disant :

« Je n'ai jamais violé la loi. Je ne le ferai pas aujourd'hui ; « que d'autres se chargent de cette besogne. »

M. le duc de Nemours était présent. Cette manifestation hostile à sa personne lui indiqua les difficultés politiques que sa Régence allait rencontrer, et elle n'a peut-être pas été étrangère à sa présence, quelques instants après, à la Chambre des Députés, près de Madame la duchesse d'Orléans, aussi bien pour protéger la Princesse que pour s'associer, de sa personne, à tous les actes législatifs qui auraient pu être imposés par les circonstances.

Aussitôt l'abdication du Roi signée, la plus grande partie des personnes présentes s'empressa de quitter le palais pour annoncer cette grande nouvelle.

Il ne resta autour du Roi que son service et quelques députés, parmi lesquels M. de Lasteyrie, M. Crémieux, M. de Montalivet, en uniforme de la Garde nationale à cheval.

Le Roi défit son uniforme, prit des vêtements bourgeois et, accompagné de la Reine, de la princesse Clémentine et du duc de Montpensier, suivi de ses officiers de service, de M. Crémieux, député, en uniforme de capitaine de la Garde nationale, de M. de Montalivet, et d'une escorte de gardes nationaux et de gardes municipaux, se rendit, à travers le jardin des Tuileries, sur la place de la Concorde, où il fut entouré par une foule peu nombreuse et enveloppé par un escadron de cuirassiers.

Il ne trouva pas ses grandes voitures, mais seulement les deux petits coupés envoyés de la cour des Tuileries, par le quai, sur la place de la Concorde.

Le Roi, la Reine, la princesse Clémentine, le duc de Montpensier, les enfants de la princesse Clémentine, prirent place dans ces voitures qui, escortées des deux escadrons de cuirassiers, de gardes nationaux à cheval, prirent rapidement le chemin de Saint-Cloud.

Le petit coupé dans lequel monta le Roi était de couleur gros bleu, conduit par un cocher en petite livrée bleue également (un des cochers des écuries du Roi), et attelé d'un cheval bai.

L'histoire du fiacre est une légende inventée par l'ignorance et colportée avidement par la malveillance.

Le Roi, en quittant les Tuileries avec l'entourage que je viens d'indiquer, ne crut pas un instant à une Révolution. Il croyait que son abdication, comme on le lui avait assuré, allait calmer l'émeute, et que le nouveau ministère allait être maître de la situation.

Il gagna Saint-Cloud, de là Dreux, dans des voitures prises à la hâte; il comptait y coucher et se rendre à Eu le lendemain. Il donna même des ordres pour l'envoi de ses équipages... Hélas! peu d'heures après, un courrier lui apporta la nouvelle que M. Piscatory avait prophétisé vrai : qu'une heure après son départ, la République avait été proclamée!...

Le lendemain matin, le Roi quitta Dreux incognito, et, grâce au dévouement d'un riche cultivateur, M. Renard, qui le prit dans son cabriolet, avec la Reine, quelques lieues plus loin, il put gagner l'Angleterre, sans être reconnu ni inquiété, après quelques difficultés en raison de l'état de la mer et des précautions à prendre dans sa situation : Enfin, avec la Reine, il s'embarqua au Hâvre et fut reçu en Angleterre avec tous les égards dus à sa douloureuse situation.

L'ABANDON DU PALAIS DES TUILERIES

L'abdication inattendue du Roi, son départ précipité, la révocation du maréchal Bugeaud, faisaient tomber instantanément, sur la tête du duc de Nemours, la plus lourde responsabilité qui puisse peser sur la tête d'un homme.

Le Prince se trouvait à la fois, en vertu de la loi de régence, chef du Gouvernement de la France, et, par le départ du maréchal, investi, par sa situation et son grade, du commandement militaire dans les conditions les plus difficiles.

Il avait donc à la fois la responsabilité politique et la responsabilité militaire.

Politiquement, il était sans ministres et sans conseillers; militairement, il occupait, avec des forces suffisantes, une vraie forteresse : le palais des Tuileries.

Mais les nouvelles les plus mauvaises et aussi les plus exagérées lui arrivaient et lui faisaient redouter de se trouver dans le palais, entouré d'insurgés secondés par des légions de gardes nationales factieuses, dont on lui annonçait la marche vers les Tuileries.

Du côté de la place de la Concorde, les troupes commandées par le général Bedeau ne pouvaient, en raison de ce qui venait de se passer quelques heures avant, lui inspirer qu'une confiance médiocre.

Des parlementaires, revêtus de l'uniforme d'officiers de la Garde nationale, pénétrèrent jusqu'à lui, exagérant les dangers et insistant plus que jamais pour le régime des concessions.

Il n'y avait pas d'hésitations possibles. Les insurgés apparaissaient au bout de la place. Il fallait, ou commander le feu ou écouter les donneurs de conseils ; il céda à leurs instances. Mais il est incontestable que le Prince n'eût pas abandonné une position militaire aussi formidable que celle qu'il occupait aux Tuileries, sans les considérations politiques dont ne se sont pas assez préoccupés ceux qui ont si vivement critiqué son rôle dans cette triste journée.

Il est des circonstances pénibles où il faut faire la part du feu, quand on croit que c'est indispensable; elle fut bien douloureuse, évidemment, pour un homme de guerre.

Livrer, sans combat, son palais, sa demeure, au pillage des insurgés, des brigands, alors qu'un pauvre paysan défendrait sa chaumière !... Et cela, quand on a sous la main quatre à cinq mille hommes de bonnes troupes, qui n'attendaient qu'un ordre pour faire feu !

En effet, pendant que le désordre le plus complet existait dans l'intérieur du palais, extérieurement, rien ne pouvait faire supposer un pareil état de choses; les troupes rangées en bataille avaient, sous les armes, la meilleure tenue; les artilleurs étaient à leurs pièces; la cavalerie à cheval. La place du Carrousel offrait l'aspect d'une place de guerre dans les meilleures conditions de combat.

Le duc de Nemours, esprit politique de premier ordre, est doué d'un grand sang-froid dans le danger, d'un courage éprouvé, qui le rendent impassible au milieu du combat; mais ces qualités si réelles sont neutralisées par une modestie qui l'a toujours porté à s'éclipser, à se dévouer à un rôle un peu effacé pour laisser à son frère, le duc d'Orléans, et la première place que lui assignait sa naissance et celle que la popularité dont il jouissait lui avait donnée dans l'opinion publique.

A ce point de vue là, M. le duc de Nemours n'était pas traité dans le public avec la juste popularité qui aurait dû s'attacher à ses rares qualités.

Il venait d'en avoir la preuve, quand, devant lui, on l'avait dépouillé, par des vœux émus, en présence du Roi, de la régence dont il était investi, pour mettre à sa place Madame la duchesse d'Orléans !

Toutes ces considérations, pesant sur son esprit, expliquent parfaitement ce que j'appellerais l'évacuation politique des Tuileries.

Lorsque le duc de Nemours donna l'ordre d'abandonner

les Tuileries, il avait l'intention de se retirer, avec les troupes, sur Saint-Cloud.

Madame la duchesse d'Orléans, qui était rentrée dans ses appartements au pavillon Marsan, avec les Princes, ses fils, fut avertie de l'évacuation du palais et des projets du duc de Nemours; mais, suivant les avis de M. Dupin, qui s'était rendu près d'elle, elle se décida à aller à la Chambre des Députés, alors que le duc de Nemours croyait qu'elle allait prendre la route de Saint-Cloud.

Les voitures de la Princesse étaient dans la cour des Tuileries et se dirigeaient, par les quais, vers la Chambre.

Une douzaine de voyous s'amusaient à monter derrière et dessus.

La Princesse sortit à pied par le jardin, accompagnée de M. Dupin et du marquis de Gramont, député, et se rendit directement à la Chambre, saluée sur son passage par les cris de :

« Vive la duchesse d'Orléans!

« Vive le Roi! »

Quand les insurgés, venant de la place du Palais-Royal, arrivèrent sur la place du Carrousel, en présence de l'attitude des troupes, ils n'osèrent pas ouvrir le feu. Ils s'avancèrent pacifiquement peu à peu jusqu'aux grilles du palais, qui étaient fermées, et derrière lesquelles l'infanterie était rangée en bataille.

Cette foule, au milieu de laquelle je me trouvais (après avoir suivi les quais en revenant d'assister, sur la place de la Concorde, au départ du Roi), était composée, en grande partie, de curieux sans armes, et ceux qui en avaient représentaient tous les échantillons possibles de l'armement militaire : casques, cuirasses, hallebardes, arquebuses, fusils de chasse et de munition, provenant de pillages de magasins ou enlevés à quelques postes.

Cette foule se massa le long des grilles, gouaillant, insultant, mais n'osant attaquer.

C'est alors qu'ont dû être prononcés par un commandant d'artillerie ces mots cités par le *Figaro* et entendus par un serviteur qui raconta ses souvenirs :

« Tas de brigands! Si l'on me laissait faire, vous ne ririez pas longtemps! »

Quand cette foule vit les soldats faire demi-tour et évacuer la cour, en passant par le pavillon de l'Horloge, ce furent des huées, des cris de joie.

Pour aller de la cour des Tuileries dans le jardin, il fallait traverser le Pavillon de l'Horloge et descendre un escalier de marbre qui conduisait au jardin : la cavalerie le dégringola tant bien que mal, les hommes montés.

Ce spectacle me rappela celui que j'avais entendu raconter dans ma famille, des gardes du corps descendant à cheval le grand escalier de la terrasse de Versailles, en face l'étang des Suisses ; trois gardes furent tués alors dans les chutes de cette descente.

Aux Tuileries, je ne vis pas d'accident, mais des sauts périlleux auxquels ne sont pas habitués nos chevaux de troupe.

Quant à l'artillerie, enveloppée de la foule, elle sortit par les guichets donnant de la place du Carrousel sur les quais.

Comme j'étais resté, la matinée, un certain temps au milieu de la batterie, je vis un sous-officier avec lequel j'avais causé, dont la pièce était arrêtée au guichet par la foule.

« — Eh bien ! où allez-vous donc ? »

« — Est-ce que je sais ! — me répondit-il d'un air furieux « — il paraît que nous f...... le camp ! »

Des voyous étaient montés sur les caissons et essayaient de les vider.

Le duc de Nemours quitta la cour un des derniers ; un voyou, qui était de l'autre côté de la grille, le mit en joue avec un gros pistolet d'arçon, en disant :

« — J'ai envie de descendre ce gaillard-là ! »

« — Eh ! pas de bêtise ! — lui crie un voisin, — tu vas nous « faire *esquinter !* »

Effectivement, si un seul coup de feu était parti, les troupes eussent fait demi-tour et riposté... ; il n'en fut rien.

Tout naturellement, les troupes, laissant le palais ouvert et sans défense, la foule s'y précipita, d'abord avec une respectueuse curiosité.

Une compagnie, oubliée sur la place du Carrousel, déchargea ses armes en l'air... Ce fut alors un sauve-qui-peut général. La foule crut à un guet-apens ; elle crut que cette retraite était une manœuvre, et, en quelques minutes, la place du Carrousel fut vide.

Une partie des curieux se coucha le long de la grille pour s'abriter; mais la confiance revint bientôt, et un flot de peuple envahit le palais, brisant les meubles, pillant les vêtements; les appartements les plus intimes, les chambres à coucher, furent souillés; les vêtements, le linge des princesses, furent déployés, jetés de tous côtés.

Des voyous se vautraient sur les lits en attendant les orgies nocturnes des échappées de Saint-Lazare.

Des gamins s'affublaient des uniformes du Roi; je vis un sale voyou avec un chapeau d'uniforme à plumes blanches en bataille sur une tête de galérien.

Ce spectacle m'écœura tellement que je crois que si j'avais eu un tonneau de poudre sous la main, j'aurais fait sauter avec moi et le palais et les vainqueurs.

Le pillage fut complet.

Lisez, dans les Mémoires de lord Normanby, les détails d'une visite aux Tuileries, faite plusieurs jours après; elle vous donnera à peine une idée du spectacle qui me fut offert dans la première heure.

Les appartements du duc d'Orléans furent seuls épargnés [1].

Pendant que le peuple prenait possession du palais, après le départ des troupes, celles-ci se retirèrent sur la place de la Concorde.

Le duc de Nemours croyait alors que la duchesse d'Orléans allait se diriger vers Saint-Cloud et se conformer au plan qu'il avait conçu; c'est pour contribuer à son exécution que, rencontrant le général Bedeau sur la place, il lui dit :

« — Général, prenez le commandement de l'avant-garde et évacuez militairement sur Saint-Cloud, par le bois de Boulogne. »

(Ces paroles furent notées par une personne des plus dignes de foi, peu d'heures après la Révolution.)

Cet ordre ne fut pas exécuté et ne fut pas révoqué.

Ce fut quelques instants après que le Prince, apprenant que déjà la Princesse était entrée à la Chambre, s'y rendit

---

[1] Voir aux Annexes.

lui-même, laissant la place couverte de troupes, commandées par le général Bedeau et le général Rulhières.

Une heure après, les insurgés traversaient les rangs des troupes, pénétraient dans la Chambre et proclamaient la République, — exactement comme les choses se sont passées au 4 Septembre; les chefs militaires ont laissé envahir la Chambre et sont allés, avec les insurgés, à l'Hôtel de Ville, au lieu d'aller à la Chambre ou aux Tuileries défendre le Gouvernement qu'ils servaient.

Si l'on avait fait fusiller les acteurs militaires de Février, l'exemple eût profité : nous n'aurions eu ni le 4 Septembre, ni les Prussiens à Paris.

Dernièrement, on pouvait lire cette phrase d'un homme qui a joué au 4 Septembre un rôle justement critiqué, et qui avait débuté au 24 Février : « La révolution est passée entre les jambes de mon cheval. » Il n'avait donc ni éperons, ni épée, pour lui rendre le passage difficile?

LA DERNIÈRE SÉANCE DE LA CHAMBRE
DE LA MONARCHIE DE JUILLET

L'INVASION — LA PROCLAMATION DE LA RÉPUBLIQUE

« Si vous avez la majorité — disait le plus spirituel des « souverains, Louis XVIII, à ses ministres, — je vais me « promener; si vous ne l'avez pas, allez vous promener ! »

C'est ainsi que ce Roi, assez égoïste, mais fort intelligent, comprenait le Gouvernement parlementaire.

Il est mort dans son lit.

Le roi Louis-Philippe eût eu probablement le même sort, s'il avait suivi la même règle.

Malheureusement, il céda à des influences intimes; ceux qui l'aimaient le plus tendrement dans sa famille, effrayés des bruits de la rue, des clabauderies de l'opposition, crurent qu'en poussant le Roi à se séparer de M. Guizot, la situation serait simplifiée.

Le Roi, à regret, ne sut pas résister. Il consentit à sacrifier M. Guizot.

Lorsqu'une crise éclate, qui agite la rue, le ministère, qui a traduit la pensée royale devant les Chambres et le Pays, a besoin plus que jamais d'être énergiquement soutenu par la Couronne.

Lui faire comprendre, plus ou moins ouvertement, qu'on n'est pas disposé à s'associer complètement aux mesures, conséquences de la politique adoptée, et, qu'en somme, en se débarrassant de lui, on croit que les difficultés s'aplaniront, c'est l'inviter à partir. A cela, le ministère, blessé, a répondu :

« Sire, nous partons immédiatement. »

Et, pour rendre la chose irrémédiable, il est venu l'annoncer au Pays, du haut de la tribune, quelques instants après.

Le mal était donc irréparable. Aussi furent grandes les colères de cette majorité conservatrice, qui s'était franchement ralliée à la politique de M. Guizot (traduisant celle du Roi), qui l'avait soutenu par ses votes dans les questions les plus délicates de la politique intérieure et extérieure, majorité qu'on appelait : la majorité des vendus, des Pritchardistes, etc., etc.

Donc, cette majorité, qui avait applaudi aux paroles du Roi signalant au Pays les dangers que faisaient courir les passions aveugles et ennemies, qui était disposée à s'associer à toutes les mesures les plus énergiques, avait été exaspérée en apprenant le renvoi de M. Guizot.

Celui-ci, ayant la majorité dans les deux Chambres, aurait dû respectueusement, mais fermement, exposer au Roi qu'il n'y avait pas seulement les intérêts de la Couronne en jeu, mais ceux du Pays tout entier dont il avait constitutionnellement la confiance, et que les Chambres devaient être appelées à trancher le différend qui paraissait se produire entre le Roi et ses ministres, ou tout au moins éclairer le Roi sur la volonté légale du Pays.

Malheureusement, la situation ne s'est pas présentée ainsi. Pour traduire trivialement ce qui s'est passé, le Roi a dit à M. Guizot :

« Mon cher ministre, je vous aime beaucoup, mais on me dit que vous me créez maintenant des embarras sérieux ; si vous vouliez bien vous en aller? »

On comprend la réponse du ministre ; on comprend aussi les protestations de la majorité à la nouvelle du changement de ministère; mais ce fut bien pis quand on apprit que le Roi avait appelé M. Thiers, M. Odilon-Barrot, les chefs des passions aveugles, et enfin que le ministère avait obtenu du Roi la dissolution de la Chambre, la dissolution de cette majorité si fidèle, si dévouée et légalement maîtresse du pouvoir parlementaire.

Aussi, le 24 Février, l'agitation des couloirs de la Chambre était indescriptible.

Les colères, les violences de langage des conservateurs ayant franchi les barricades pour apprendre qu'ils étaient mis à la porte par le nouveau ministère, en attendant que le peuple fit de même pour les ministres, dépassent tout ce que l'on peut imaginer.

Et les nouveaux ministres... On les cherchait vainement partout!

M. Odilon-Barrot promenait dans Paris les innocentes paroles d'une popularité effondrée; quant à M. Thiers, il parut un instant, tout pâle, disant en levant les bras au ciel :

« Le flot monte! le flot monte!!! »

Puis il disparut pour se mettre à l'abri de l'inondation, oubliant qu'il était ministre et qu'il avait des devoirs envers le Gouvernement tombé, le Gouvernement qui allait s'installer et le Pays qui attendait anxieusement.

De très bonne heure, la Chambre était remplie de députés. — Il est midi.

M. Sauzet, président, homme d'esprit, mais d'un caractère facilement impressionnable et peu fait pour les jours de crise, monte lentement au fauteuil; on est frappé de l'altération de ses traits, de l'air de consternation qui règne sur son visage.

Il venait d'apprendre, et l'abdication du Roi et l'arrivée de Madame la duchesse d'Orléans au Palais-Bourbon: ses regards erraient de droite et de gauche, comme s'il attendait quelqu'un.

Tout à coup, des huissiers apportent des fauteuils au pied de la tribune; un grand nombre de députés gagnent leurs places.

M. Dupin monte alors à la tribune et, au milieu d'un silence solennel, prononce d'une voix émue les paroles suivantes :

« Messieurs,

« Les manifestations qui ont eu lieu depuis deux jours « dans la capitale ont amené l'abdication du Roi.

« Il a déclaré, en même temps, qu'il déposait le pouvoir « royal sur la tête de S. A. R. Mgr le comte de Paris, avec la « Régence de Madame la duchesse d'Orléans. » (Acclamations au centre et rumeurs dans la gauche de la Chambre.)

(Je vous ai dit tout à l'heure que le fait était inexact, et que M. Dupin avait pris sous son bonnet cette nouvelle, qui lui paraissait faciliter l'issue de la crise.)

« Ces acclamations — continue M. Dupin — ne sont pas

« les seules qui aient accueilli cette proclamation. Je demande « qu'elles soient relatées au procès-verbal de l'acte d'abdi- « cation, au profit de M. le comte de Paris. »

(Nombreux cris de : Vive le Roi !)

A peine M. Dupin a-t-il prononcé ces paroles, qu'une femme, vêtue de noir, accompagnée de deux enfants et suivie d'un certain nombre de personnes et de quelques gardes nationaux, entre dans la salle : c'était Madame la duchesse d'Orléans, le comte de Paris et le duc de Chartres.

Une agitation extrême règne dans la Chambre; des applaudissements éclatent.

La Princesse salue et s'assied entre ses deux fils, devant la tribune.

M. le président Sauzet. — « D'après la proposition de « M. Dupin, à la suite de l'abdication du Roi, et les unanimes « acclamations qui ont suivi ses paroles... »

Des protestations s'élèvent à gauche. — Un tumulte indescriptible règne dans la Chambre.

MM. Marie et de Lamartine essaient vainement de prendre la parole au milieu du bruit.

Le Président se couvre et déclare la séance suspendue.

Les députés se précipitent dans l'hémicycle, près de la Princesse, entourée de gardes nationaux.

Elle se lève alors, montant le couloir qui fait face à la tribune, et s'assied, avec les jeunes Princes, sur les derniers bancs.

M. le duc de Nemours, en uniforme de lieutenant-général, arrive et vient prendre place près d'elle.

Quoique la séance soit légalement suspendue, M. Marie continue à parler et demande l'établissement d'un Gouvernement provisoire.

M. Crémieux parle dans le même sens.

M. de Genoude demande l'appel au peuple.

Tout à coup, M. Odilon-Barrot, qu'on cherchait partout, arrive enfin et monte à la tribune :

« Jamais — dit-il — nous n'avons eu besoin de plus de « sang-froid et de prudence (C'est vrai.); puissiez-vous être

« tous dans un même sentiment, celui de sauver le Pays du « plus détestable des fléaux : la guerre civile! » (Très bien! très bien!)

« Les nations ne meurent pas, mais elles peuvent s'affaiblir « dans des dissensions intestines, et jamais la France n'a eu « plus besoin de toute sa grandeur et de toute sa force!

« Notre devoir est tout tracé; il a, heureusement, cette « simplicité qui saisit toute une nation; il s'adresse à ce « qu'elle a de plus généreux et de plus intime : à son courage, « à son honneur!

« La couronne de Juillet repose sur la tête d'un enfant et « d'une femme... » (Vives acclamations au centre.)

Madame la duchesse d'Orléans se lève et salue l'Assemblée; elle invite le comte de Paris à l'imiter : ce qu'il fait.

M. Odilon-Barrot. — « Je fais un appel solennel... »

M. de la Rochejacquelein. — « Vous ne savez pas ce que vous faites! »

Madame la duchesse d'Orléans se lève comme pour parler.

Plusieurs voix. — « Ecoutez! écoutez! laissez parler Madame la Duchesse! »

D'autres membres. — « Continuez! »

M. Barrot. — « C'est au nom de la liberté politique dans « notre Pays, c'est au nom des nécessités de l'ordre, surtout « au nom de notre union, de notre accord dans des circons- « tances si difficiles, que je demande à tout mon Pays de se « rallier autour de ses représentants de la Révolution de « Juillet.

« Plus il y a de grandeur et de générosité à maintenir et à « relever ainsi la pureté et l'innocence, plus mon Pays s'y « dévouera avec courage.

» Quant à moi, je serai heureux de consacrer mon exis- « tence, tout ce que j'ai de forces dans ce monde, à faire « triompher cette cause, qui est celle de la vraie liberté dans « mon Pays. »

M. de la Rochejacquelein. — « Je demande la parole! »

M. Odilon-Barrot. — « Est-ce que, par hasard, on préten- « drait remettre en question ce que nous avons décidé par la « Révolution de Juillet? » (Très bien! très bien!)

« Messieurs, la circonstance est difficile, j'en conviens; mais « il y a dans le Pays de tels éléments de grandeur, de géné- « rosité, de bon sens, qu'il suffit de leur faire appel pour que « la population de Paris se lève autour de cet étendard ! »

Hélas! c'étaient les barricades qui s'étaient élevées! et ce n'étaient pas les phrases de M. Barrot qui pouvaient les renverser : c'était le canon.

Après M. Odilon-Barrot, M. de la Rochejacquelein monte à la tribune. Au moment où il déclare, au milieu des protestations et des clameurs de la Chambre, qu'elle n'est plus rien, et se fait rappeler à l'ordre, une foule d'hommes armés : gardes nationaux, étudiants, ouvriers, pénètrent dans la salle des séances et arrivent jusqu'à l'hémicycle. Plusieurs sont porteurs de drapeaux. Un tumulte général se produit dans la Chambre; un grand nombre de députés se lèvent et vont entourer les bancs où siègent la duchesse d'Orléans et les Princes, qui alors quittent la salle des séances.

« Nous voulons la déchéance! la déchéance! » crient ceux qui paraissent les chefs.

Le Président déclare la séance suspendue et se couvre.

Alors, quoique la séance soit légalement suspendue, la tribune est successivement occupée, d'abord par M. Chevalier, étranger à la Chambre; puis par MM. Crémieux, Ledru-Rollin, de Lamartine qui, tous, concluent, au milieu d'un tapage infernal, à l'établissement d'un Gouvernement provisoire et à l'appel au peuple.

Leurs discours sont interrompus par de violents coups de crosses dans les portes des tribunes, qui cèdent sous les coups.

Une bande d'hommes du peuple, armés de fusils et mêlés à des gardes nationaux, pénètre dans les tribunes et dans la salle, en poussant les cris de :

« *A bas la Chambre!*

« *Plus de députés!* »

L'un d'eux met M. de Lamartine en joue. — « Ne tirez « pas! Ne tirez pas! C'est Lamartine! »

Le Président agite vainement sa sonnette. Le tapage empêche de rien entendre.

« Puisque je ne puis plus obtenir le silence, je déclare la « séance levée ! » — dit M. Sauzet, et il quitte son fauteuil.

Mais son départ ne change rien à la situation, qu'elle rend seulement complètement révolutionnaire.

On demande la formation et les noms des membres d'un Gouvernement provisoire.

MM. de Lamartine, Ledru-Rollin, Crémieux, prennent la parole ; on crie :

« Plus de Bourbons ! Un Gouvernement provisoire ! Puis « la République ! Vive la République ! »

On lit la liste des membres du Gouvernement provisoire proposé au Pays :

Dupont de l'Eure, Arago, Lamartine, Ledru-Rollin, Garnier-Pagès, Marie, Crémieux.

« A l'Hôtel de Ville ! Oui, à l'Hôtel de Ville ! Vive la « République ! »

Un ouvrier tire deux coups de fusil sur un tableau représentant le roi Louis-Philippe.

Puis, aux cris de : « Vive la République ! » les députés républicains, suivis de la foule, se rendent à l'Hôtel de Ville.

La Monarchie était renversée et la République constituée.

Comment cet incident s'était-il produit ? Mon Dieu ! de la manière la plus simple :

Les troupes qui couvraient la place de la Concorde et les quais avaient ouvert leurs rangs, sans rien faire pour empêcher la foule de passer.

Il y avait bien là les généraux Bedeau, Rulhières ; ils n'ont donné aucun ordre, pris aucune mesure pour empêcher l'émeute de se faire passage... En massant leurs hommes sur le pont, il était matériellement impossible de traverser huit ou dix mille hommes de troupes. « Ils envoyaient — disaient-ils — demander des ordres, et n'en recevaient pas !... »

Ils savaient, cependant, que la duchesse d'Orléans, le jeune Roi, le duc de Chartres, les députés, étaient dans la Chambre et, pour les protéger, ils demandaient des ordres !!!

Un vieil officier discutait, un jour, devant moi, avec un des tristes héros de ces heures fatales, et lui répondit :

« Eh ! sacrédié ! Monsieur, si l'on avait déculotté vos

« hommes, est-ce que vous auriez envoyé demander des « ordres pour savoir ce que vous aviez à faire ? »

Et quand, de la part des insurgés et du Gouvernement révolutionnaire qui s'organisait, on annonça le résultat aux chefs militaires qui entouraient la Chambre, le résultat de l'envahissement du Palais, la conversation peut se traduire par ces mots, car ils sont l'écho de ce qui s'est passé :

« — Général ! vous savez ? les députés sont chassés ! On « proclame la République ! »

« — A bah ! et les Princes ? »

« — Oui ! les Princes, entrés par la grande porte, filent par « la petite. »

« — Vraiment ! il ne leur est arrivé rien de mal ? »

« — Non ! un peu d'émotion seulement ! Un peu bousculés ! « Maintenant, votre présence est inutile. »

« — Eh bien ! que dois-je faire ? »

« — Mais, vous retirer et renvoyer les troupes dans leurs « casernes. »

« — C'est vrai !... — Garde à vous ! — Portez armes ! « Armes bras ! Par le flanc droit ! Par file à gauche ! Pas « accéléré ! ..arche !... Et moi ?... »

« — Eh bien ! venez au ministère de la guerre. »

« — Le temps de manger un morceau et je suis à vous ! »

Et voilà comme se fait une Révolution ; ce n'est pas plus difficile que cela.

C'est comme après une revue, on va boire un coup.

Le devoir militaire est accompli... pour de certaines gens.

Quand les bandes armées pénétrèrent dans la Chambre, on fit sortir Madame la duchesse d'Orléans et les jeunes Princes par les couloirs assez étroits et obscurs qui desservent les tribunes.

Il y avait une foule énorme et des bousculades impossibles.

Le duc de Chartres fut séparé de sa mère ; le duc de Nemours, que son uniforme désignait aux vengeances populaires, faillit être écharpé. Il se réfugia dans un des bureaux de la Chambre et, ayant changé de vêtements, sortit au milieu d'un peloton de gardes nationaux, pour aller rejoindre, aux Invalides, Madame la duchesse d'Orléans, qui s'y était réfugiée avec le comte de Paris.

Le duc de Chartres, séparé de sa mère dans la bousculade, avait été recueilli par un huissier de la Chambre et conduit chez lui où il fut soigné avec la plus respectueuse sollicitude.

Ici, vous me permettrez de jeter un voile épais sur ce qui s'est passé à l'hôtel des Invalides.

Jamais plus douloureux spectacle n'a pu être offert à une nation.

Pendant deux heures, des ministres, des hommes politiques, n'ont eu d'autres conseils à donner à ces malheureux Princes, à peine échappés aux mains de la populace, que ceux de compléter, par la fuite, le renversement de la Monarchie, en ne songeant qu'à leur sûreté personnelle.

M. Odilon-Barrot, dans ses Mémoires, raconte en partie, à sa façon, ce qui s'y est passé, mais j'ai tenu de la bouche de M. Biesta, qui recueillit chez lui le duc de Nemours, des détails trop douloureux pour tout homme de cœur, qu'il me paraît inutile de révéler.

Au résumé, pendant que l'insurrection, sans hésitation, mais sans droit, proclamait le renversement du Gouvernement établi, les ministres de ce Gouvernement oubliaient qu'à cinq cents mètres des Invalides, si l'on trouvait l'asile peu sûr, il y avait à l'Ecole militaire cinq ou six régiments, que la garnison de Vincennes était intacte, que le Mont-Valérien était imprenable, que Négrier commandait à Lille et Castellane à Rouen. Ils oubliaient que quatre-vingt-six préfets attendaient des dépêches, que le télégraphe, qui avait annoncé à la France le ministère Thiers et Barrot, pouvait leur transmettre des ordres, que le duc d'Aumale avait soixante mille hommes en Algérie ; que, sur un signe, la flotte eût été les rejoindre.

Rien ne fut, ni sérieusement proposé, ni surtout tenté. Personne ne songea à la France, à trente-six millions d'hommes livrés au hasard de la Révolution. Et le dernier avis adressé à ces malheureux Princes, prêts à suivre les conseils les plus énergiques, fut :

« Rien à faire, Princes ! Songez à votre sécurité personnelle « et filez ! »

Et parmi ces hommes, que je ne veux pas nommer, les

uns ont, depuis, piaffé dans des ministères, le portefeuille sous le bras; et M. Odilon-Barrot, ministre, oublia qu'une heure auparavant, devant Madame la duchesse d'Orléans, il avait dit à la tribune :

« Quant à moi, je suis heureux de consacrer mon existence, « tout ce que j'ai de forces en ce monde, à faire triompher « cette cause, qui est celle de la vraie liberté de mon Pays ! »

Et qu'il avait adressé, du ministère de l'intérieur, cette dépêche si niaise :

« L'ordre, un instant troublé, va être rétabli avec l'aide de « tous les bons citoyens ! »

Va-t-en voir, Jean ! ! !

J'avais instinctivement un profond mépris pour les bavards parlementaires, beaux diseurs d'inutiles paroles! Mais le récit qui m'a été fait de ces heures si honteuses m'a fait à tout jamais leur vouer le plus souverain mépris; et les événements qui se déroulent depuis vingt ans me confirment chaque jour davantage dans une opinion si bien justifiée.

Je me souviens que j'assistai, un jour, longtemps après, au club, à une discussion politique : c'était après le 16 Mai.

Un homme qui y avait joué un rôle, et, naturellement, un triste rôle (car tous ceux qui y ont pris part ont été, ou des niais, ou des drôles; parmi eux, il y avait des traîtres), un homme, dis-je, mis sur la sellette, répondait au reproche qu'on lui adressait de n'avoir pas agi plus vigoureusement :

« — Que voulez-vous? Ce sont là des procédés bonapar- « tistes, contraires à mes principes! et nous ne pouvons avoir « rien de commun avec ces gens-là !

« — C'est pourquoi — lui répondit un des membres présents « — vous mangez, depuis lors, votre soupe avec une four- « chette !... »

« — Comprends pas !

« — Les Bonapartistes mangent leur soupe avec une « cuillère, c'est un procédé bonapartiste ; vous, pour n'avoir « rien de commun avec ces gens-là, vous vous servez d'une « fourchette... c'est logique ! »

Vous dire le fou rire du groupe, inutile.

Pour éteindre un incendie, il a toujours fallu de l'eau et

des pompiers ; en politique, c'est exactement la même chose : quand une insurrection commence, il faut l'écraser.

Pour excuser leur faiblesse ou leur lâcheté, un tas d'imbéciles disent ou écrivent : « Nous, nous ne voulons pas de « guerre civile ! »

Et Henri IV ! il s'en est bien préoccupé ! Mais, d'ailleurs, est-ce que l'action de la loi, contre ceux qui la violent, est un acte de guerre civile ?

C'est l'exécution de la loi et l'accomplissement des devoirs de ceux qui gouvernent, car sans cela quelle est leur raison d'être ? Et à quoi sont-ils bons ?...

Hélas ! le parti conservateur a prouvé, prouve et prouvera demain qu'il n'a rien oublié et rien appris... Vous entendrez toujours ses chefs, pleins de suffisance et d'insuffisance, répéter pour tout faire excuser :

« On ne pouvait pas faire autrement ! »

Pendant que les représentants du Gouvernement établi oubliaient, eux, aux Invalides, et leurs droits et leurs moyens d'action, le Gouvernement révolutionnaire qui, de la Chambre, s'était transporté à l'Hôtel de Ville et qui n'avait ni droit, ni force régulière à ses ordres, ne perdait pas une minute et ne songeait pas qu'une attaque de l'armée pouvait avoir lieu, soit le jour, soit le lendemain, et que, vaincus, ils pouvaient payer de leur tête leur audacieuse tentative insurrectionnelle.

Avec la confiance, gage souvent assuré du succès, ils faisaient paraître et afficher, avant la fin de la journée, la liste du Gouvernement provisoire et des ministres :

Dupont de l'Eure, Président du Conseil sans portefeuille ;
De Lamartine, ministre des Affaires étrangères ;
Crémieux, ministre de la Justice ;
Ledru-Rollin, ministre de l'Intérieur ;
Michel Goudchaux, ministre des Finances ;
François Arago, ministre de la Marine ;
Général Bedeau, ministre de la Guerre.

Bedeau n'ayant pas accepté, le général Subervie fut nommé à sa place.

Le général Bedeau prit le commandement de la 1re division militaire.

Carnot, ministre de l'Instruction publique ;

Bethmont, ministre du Commerce;
Marie, aux Travaux publics;
Général Cavaignac, gouverneur général de l'Algérie;
Garnier-Pagès, maire de Paris;
M. Marast, qui avait pris la mairie, ne la conserva pas.
Caussidière et Sobrier s'étaient installés à la Préfecture de police; on les y laissa.

Voilà les noms que Paris put lire et que la France apprit avec stupeur, car rien ne peut rendre l'affolement des populations, la terreur du Pays, en apprenant la proclamation de la République.

Ce mot ne rappelait alors au Pays que les horreurs, les désastres de la première République, les massacres de 93, etc., etc.

On ne peut se rendre compte de cette impression, aujourd'hui que les conservateurs politiques, avec la stupidité qui les caractérise, ont tout fait pour habituer la France au mot République, espérant niaisement que le mot seul subsisterait, mais que les conséquences ne se produiraient pas.

La stupéfaction de la France fut égale à sa colère. On ne comprenait pas que le Gouvernement fût tombé sans combat.

On fit courir, pendant quelques heures, le bruit que le Roi était à Vincennes, et, qu'appelant l'armée à lui, il allait attaquer l'insurrection.

Déjà, dans cette éventnalité, le général de Castellane avait commencé à réunir ses troupes, et c'est au cri de Vive le Roi! que le mouvement commençait.

Rien de tout cela ne s'exécuta, ne fut même tenté. La Révolution était bien la maîtresse du Pays, et de Paris surtout.

Les troupes, rentrées dans leurs casernes, furent en partie désarmées.

Quelques régiments, cependant, étaient restés intacts. L'un d'eux fut la cause d'un incident qui prouve à quel point d'aberration certains hommes, sous le coup des événements, peuvent être conduits.

Au nombre des régiments composant la garnison de Paris se trouvait le 52e de ligne, caserné rue de la Pépinière.

Il était commandé par un brave soldat, le colonel Sauboul.

Ce régiment était rentré à la caserne, en bon ordre, avec toutes ses armes.

Le peuple se massa, sur les cinq heures du soir, autour de la caserne, demandant qu'on lui livrât les armes.

Le colonel s'y refusa énergiquement. La foule devenait menaçante; le colonel résistait et dit aux parlementaires :

« Un soldat ne quitte ses armes que sur les ordres de ses « chefs; jusque-là, il les garde et les défend. »

Alors une députation se rendit, vers sept heures, chez le ministre de la Guerre, pour le prier de donner au 52e de ligne l'ordre de livrer ses armes.

Elle reçut une lettre pour le colonel du 52e, de la part du ministre de la Guerre, et revint avec empressement à la caserne de la rue de la Pépinière.

Cette lettre ne contenait que ces lignes :

« Le 52e de ligne, premier régiment de la République, « gardera ses armes.

« Général SUBERVIE. »

Le colonel, après avoir pris connaissance de la dépêche, dit à la députation :

« Vous le voyez ! Ordre de garder nos armes; je les garde ! »

Forts déconfits de cette réponse, les délégués allèrent à l'Hôtel de Ville trouver M. Marast, qui s'était installé à la mairie de Paris. Celui-ci leur répondit :

« Je n'ai pas à me mêler des affaires de l'armée ; allez-vous-« en trouver le général Bedeau qui commande la 1re division « militaire ; c'est lui que cela regarde. »

Les délégués allèrent trouver le général Bedeau qui leur confia, pour la porter au colonel Sauboul, une lettre contenant un ordre ainsi conçu :

« Le 52e régiment de ligne remettra ses armes au peuple.

« Signé : BEDEAU. »

J'ai eu dans les mains les originaux de ces deux ordres : ils m'ont été communiqués par le général Sauboul qui, déboutonnant sa tunique, les tira d'une poche intérieure en me disant :

« Ils ne me quittent jamais. »

Mais, pendant que le général Bedeau faisait remettre au peuple les armes de ses soldats, il se passait à l'Ecole militaire un fait qui n'a jamais été raconté : j'ai eu dans les mains, il m'a été communiqué, le procès-verbal de ce qui s'y était passé.

Je vous ai dit tout à l'heure qu'à l'Ecole militaire, à 500 mètres des Invalides, il y avait cinq ou six régiments : les uns, habituellement casernés, les autres arrivés au moment des événements ; au nombre, plusieurs régiments de cavalerie.

En apprenant tout ce qui s'était passé dans la journée, l'indignation des officiers fut extrême, et une réunion des divers colonels eut lieu dans la soirée.

Plusieurs émirent l'avis de réunir leurs régiments, de prendre les boulevards extérieurs, d'aller rallier la garnison de Vincennes, avec toute l'artillerie, de rentrer, le lendemain matin, dans Paris, par le faubourg Saint-Antoine, en prenant les barricades à revers et de marcher sur l'Hôtel de Ville et chasser le Gouvernement insurrectionnel.

La majorité ne partagea pas cette résolution, et, après une discussion, il fut résolu d'attendre les ordres du ministre de la Guerre, les officiers n'ayant pas autre chose à faire, et à prendre une initiative en dehors des règlements.

Le procès-verbal de cette réunion fut rédigé par les ordres du colonel du 13e chasseurs à cheval, qui avait appuyé l'avis d'attendre réglementairement les ordres du ministre de la Guerre.

C'est à ce procès-verbal qu'étaient joints les rapports des officiers qui, dans la journée du 24 Février, avaient été de service dans les rues de Paris, et c'est dans le rapport de l'officier qui commandait le détachement placé devant les Affaires étrangères, sur le boulevard des Capucines, que je lus cette phrase citée plus haut :

« Sur les huit heures du matin, nous vîmes venir à nous, « par le boulevard, une colonne d'insurgés paraissant « conduite par un homme portant l'uniforme d'officier « général.

« Les troupes s'apprêtèrent à faire feu, lorsqu'un officier « d'état-major se détacha et vint donner l'ordre de mettre « l'arme au pied. »

Voilà, mon cher Monsieur, ce que j'ai vu dans le procès-verbal que j'ai lu et copié : il m'a été communiqué par le général de Grammont, qui possédait l'original.

Voilà les diverses pièces que j'ai eues dans les mains. Ai-je eu tort de dire qu'il y avait eu trahison?

Cherchez l'épithète que vous voudrez; quant à moi, si le mouvement préparé à l'Ecole militaire avait réussi, et qu'on eût fait passer les héros militaires de cette triste journée devant un Conseil de guerre, et si j'avais été membre de ce Conseil, je les aurais fait fusiller sans la moindre hésitation.

Quelques heures après, je retournais à Lyon, à mon régiment, et j'entendis, à peu de jours de là, des paroles qui m'ont prouvé qu'alors, comme aujourd'hui, il y avait dans l'armée de braves gens à qui l'honneur militaire impose des devoirs qui ne finissent qu'avec la vie.

Des troubles avaient éclaté à Saint-Etienne ; des couvents avaient été saccagés ; au nombre des troupes envoyées se trouvait le 8e hussards, commandé par le colonel Delmas de Grammont.

C'était, après les journées de Février, la première rencontre que l'armée allait avoir avec l'insurrection. On pouvait craindre que l'exemple de Paris ne devînt contagieux... Aussi, avant d'entrer à Saint-Etienne, le colonel de Grammont voulut dire quelques mots à ses hommes; il fit former le carré, mit le sabre à la main, et d'une voix de stentor, prononça ces paroles d'une éloquence toute militaire :

« Hussards,

« L'honneur d'un soldat, c'est son sabre. Qui perd son « sabre perd son honneur. Quant à moi, si le Père Eternel « me demandait le mien, je le lui f... dans le ventre! Hus- « sards! par quatre au galop! »

Et je vous jure que personne n'eût été tenté de toucher aux armes de nos hussards!

MORALITÉ

De ce long récit, la morale la voici :

M. Odilon-Barrot, qui ne trouvait pas le Gouvernement du roi Louis-Philippe assez libéral et qui devait *consacrer son existence* à faire triompher la cause de la vraie liberté, représentée par Madame la duchesse d'Orléans et le comte de Paris, a été Président du Conseil des ministres de Louis-Napoléon.

Le général Bedeau a été vice-président de l'Assemblée législative, et les tambours battaient aux champs sur son passage, et les huissiers criaient (ils étaient souvent obligés, il est vrai, de répéter) :

« Messieurs, chapeaux bas ! »

Quant à M. Thiers, il a été le chef politique le plus écouté du parti orléaniste, jusqu'au jour où il a dit :

« Il n'y a que la République de possible! » (Et naturellement M. Thiers comme Président.)

Et vous êtes étonné, mon cher Monsieur, que je sois un sceptique politique?

Voyons, franchement, je serais un fameux niais si l'expérience ne m'avait éclairé sur la valeur des hommes!

Le 10 Décembre, la France a répondu à la proclamation de la République du 24 Février, et le 2 Décembre n'a été, pour l'armée, que la revanche du 24 Février.

Elle s'est rappelé, en faisant feu sur le boulevard, que là où avait eu lieu la honte, là devaient avoir lieu la réparation et l'expiation.

LA FUITE DE LA DUCHESSE DE MONTPENSIER

L'INCIDENT D'ABBEVILLE

Tout naturellement, les intéressants récits que je viens d'écrire avaient établi, entre le colonel de X... et moi, des relations plus familières, que le voisinage de vie quotidienne rendait très fréquentes.

J'appris, dans sa conversation, les choses les plus curieuses sur les hommes et les choses de notre époque; mais j'ai promis, en écoutant de bien étranges communications, d'en garder le secret, et j'obéis avec regret à cette règle d'honneur.

Un jour, nous revenions sur ces événements de Février qui se déroulent dans son récit d'une manière aussi logique que saisissante. Je lui parlai de la duchesse d'Orléans.

« Pauvre femme! — dit-il — qui a eu un admirable courage « et a eu toutes les douleurs d'un abandon complet! Je ne « vous ai pas dit, je le crois, qu'elle voulait aller au milieu « des insurgés, à l'Hôtel de Ville, tenant son fils, le comte de « Paris, par la main. — M. Dupin l'entraîna à la Chambre. « — Qui sait ce que cette visite eût pu produire?

« C'est à l'Hôtel de Ville que Louis-Philippe a été conquérir « sa couronne, c'est peut-être là encore qu'elle eût trouvé « celle de son fils.

« A l'Hôtel des Invalides, elle répéta souvent cette parole :

« Mais il n'y a donc rien à faire? Rien à tenter?... C'est « impossible! »

« En traversant Amiens, pour gagner la frontière, elle « entendit retentir les cris de :

« Vive la duchesse d'Orléans! »

« Elle voulait se montrer au peuple; elle en fut empêchée « par son cortège, bien dévoué assurément, mais manquant « complètement de sens politique.

« A Lille, elle ne voulait pas passer la frontière : « Allons

S. A. R. Madame la Duchesse de Montpensier

« à la citadelle! Négrier commande ici, je lui confierai mon « fils! C'est un brave soldat en qui j'ai toute confiance! »

« Là encore, sa volonté vint se briser contre les refus de « ceux qui l'accompagnaient. Elle passa la frontière sans « être reconnue...

« Les destins s'accomplirent! »

— Le départ de la duchesse de Montpensier a été plus accidenté, il me semble. J'ai entendu raconter que, comme celle des tantes de Louis XVI, sa voiture avait été arrêtée à Abbeville, et que, sans la présence d'esprit d'un homme bien connu dans la politique, M. Estancelin, elle eût pu être la victime des conséquences du mouvement politique révolutionnaire qui venait d'éclater à Paris.

Je voudrais bien connaître la vérité pour compléter le petit travail historique que, grâce à votre concours si utile, je puis écrire avec la certitude de dire vrai.

« — Je ne sais rien, à ce sujet, que ce vous pouvez savoir « vous-même; mais le plus simple serait de vous adresser à « M. Estancelin en personne... s'il n'est pas encore mort... « car les acteurs ou les spectateurs des événements de cette « date néfaste du 24 Février commencent à être rares.

« Il habite la Normandie, ne fait pas partie du club; si « vous voulez son adresse, ayez recours au *Figaro;* j'y ai lu « de lui des articles qui ne manquaient pas d'intérêt et qui « m'ont d'autant plus frappé, qu'ils me rappelaient les « circonstances dans lesquelles j'avais fait sa connaissance :

« C'était au Mans, dans la nuit qui suivit l'arrivée du « général Chanzy; j'avais, à cette époque, quoique fort « ébréché, repris du service, et je fis cette retraite, si belle « mais si pénible, qui nous conduisit jusqu'au Mans.

« J'avais à parler au général et l'on me répondit qu'il était « en conférence avec le général Estancelin, qui commandait « dans les départements de la Normandie.

« Le général Chanzy me reçut néanmoins (je le connaissais « de longue date); il m'invita à prendre une tasse de café avec « lui; j'en avais bien besoin, car il faisait un froid de chien.

« Je suis resté quelques instants et j'ai causé avec le « général Estancelin, celui qu'on a appelé à la Chambre : le

« jeune Estancelin, et qui était terrible par ses interpellations.

« C'est un grand gaillard qui a près de six pieds, à l'air « hardi. Il a montré, pendant la guerre, un courage et un « talent d'organisation remarquables. C'est lui, vous le savez, « qui a fait Robert le Fort.

« Il a une bonne figure qui indique un joyeux et gai « compagnon, ou je serais bien trompé.

« Il habite en Normandie, je ne sais plus où... Mais « adressez-vous au *Figaro*, vous saurez où il demeure et « vous lui écrirez; c'est, je le répète, ce qu'il y a de plus « simple. »

— Vous avez raison, c'est une bonne idée.

Quelques mois après, de retour à Paris, m'occupant à compléter, par la lecture des documents officiels, le récit du colonel de X..., je me souvins de sa recommandation, et, passant au *Figaro*, j'appris que le château habité par M. Estancelin était situé dans une commune rurale des environs d'Eu : Baromesnil.

La pensée de visiter le château d'Eu, que je ne connaissais pas, et le désir de causer avec un homme dont le nom et le passé politique et militaire sont si connus, me firent prendre la résolution de faire une course en Normandie.

J'écrivis un mot à M. Estancelin pour lui demander un rendez-vous, qui me fut accordé avec le plus gracieux empressement.

Malheureusement, je ne pus pas quitter Paris au jour convenu; j'écrivis pour m'excuser et remettre au lendemain. Mais j'avais compté sans les délais du service postal rural, et ma lettre n'arriva qu'après ma visite; de sorte que, lorsque je me présentai à Baromesnil, le domestique qui me reçut me répondit : « Monsieur est à la chasse. »

Il faut vous dire que j'étais arrivé à Eu par une pluie battante, qui continuait :

— C'est une chasse au marais? dis-je en souriant.

« — Non, Monsieur, — me répondit sérieusement le domes- « tique, — Monsieur chasse en forêt (il n'avait pas compris), « Monsieur chasse par tous les temps. »

Eh bien! — me dis-je à part moi — je suis bien avancé. J'étais venu pour visiter le château d'Eu; on ne le visite plus depuis le départ du comte de Paris, et cette demeure royale fermée, avec l'herbe poussant devant ses grilles, a l'air de porter le deuil des absents.

M. Estancelin est absent aussi... Joli voyage!...

Pour venir d'Eu à Baromesnil, dix kilomètres, j'avais pris un véhicule sur la place d'Eu. Il paraît que les jours de pluie sont rares dans ce pays-là, car ce véhicule a des rideaux, sans la moindre lucarne, et quand ils sont baissés, on ne voit ni ciel ni terre, comme les coches du temps du bon roi Henri, alors que les mantelets étaient baissés.

Je trouvai que les dix kilomètres annoncés devaient bien être doubles, en raison de l'ennui de la route.

— Et quand Monsieur Estancelin rentre-t-il?

« — A la nuit. »

Et moi qui comptais reprendre le train du soir!

Le domestique, sur ma bonne mine, je suppose, me dit :

« — Si Monsieur veut entrer dans la bibliothèque et
« attendre, il y a des journaux et des livres. »

Il faut prendre son mal en patience et me voilà condamné à une après-midi perdue.

Dans le vestibule, où avait lieu le colloque, je vis des bois de cerfs où étaient accrochées des trompes de chasse; dans d'autres panneaux, divers tableaux et portraits, entre autres un du roi Louis-Philippe (assez médiocre, du reste); de l'autre côté, un tableau représentant une course de taureaux en Espagne, et je lus au-dessous une inscription sur un écusson doré, qui en indiquait la provenance :

A MONSIEUR ESTANCELIN
La Comtesse de Paris
Souvenir de son père
Le duc de Montpensier

En traversant le salon qui fait suite, je vis sur un bureau de Boule un groupe représentant le combat d'un serpent et d'un dragon; les armes de la ville de Tours au-dessous. Le tout posé sur un socle d'ébène, d'où ressortait une plaque d'argent, où je lus ces mots :

A MONSIEUR ESTANCELIN
Hommage et Souvenir des Royalistes de Touraine
19 Juillet 1885.

On me fit entrer dans une bibliothèque, dont les rayons peuvent contenir 12 ou 15.000 volumes, s'étendant du parquet au plafond. Des tables chargées de journaux, de dossiers et de livres : Talleyrand, Marbot, Hyde de Neuville, etc., etc..., toutes les nouveautés.

Une grande cheminée de bois sculpté, avec une superbe pendule de vieux Boule, et, sur une table de travail, un grand encrier de bronze représentant le *Penseur* de Michel-Ange, avec cette inscription sur le socle :

A ESTANCELIN
L'éloquent Défenseur des Proscrits.
2 Juillet 1870.

Plus loin, sur un bureau, un grand portrait de Madame la comtesse de Paris, dans un magnifique cadre orné de fleurs de lys d'or, avec ces vers dont j'ai pris copie :

A son aspect charmant, et de Reine et de Femme,
A l'aimable regard, au sourire enchanteur,
On pressent les trésors que renferme son âme,
Toujours compatissante à l'humaine douleur.

Son Peuple le sait bien : la couronne de France
Est faite pour son front doux et fier à la fois ;
Dieu, qui donne aux Elus le charme et la puissance,
A comblé de ses dons la Fille de nos Rois !

D'un règne glorieux, voyons-y le présage.
Son esprit sûr et droit, son jugement si sage,
Recherchant l'ami vrai, fuyant le courtisan,
Feront vite oublier ce triste et vieil adage
Qu'un poète adressait aux puissants d'un autre âge :
« Le flatteur qui nous perd est mieux venu souvent
« Que l'ami qui nous sauve en nous désapprouvant ! »
Mot profond, mais cruel, et que son cœur dément !

Ils sont jolis ces vers, et comme ils sont vrais !

Le flatteur qui nous perd est mieux venu souvent
Que l'ami qui nous sauve en nous désapprouvant !

Ils devraient être peints dans le cabinet de travail de tous les souverains.

Les journaux ne manquaient pas et les heures passèrent, et déjà il faisait nuit, quand le maître du logis arriva.

C'était bien celui que m'avait dépeint le colonel de X...

Près de six pieds et encore un air de jeunesse, qui tenait peut-être à la clarté adoucie des lampes.

« — Pardon de vous avoir fait attendre, mais c'est en « rentrant que je viens de trouver votre lettre et il m'a fallu « changer pour être présentable; je suis maintenant tout à « votre disposition. »

— Je venais pour avoir de vous des détails sur la fuite de la duchesse de Montpensier, que vous avez sauvée au moment de la Révolution de Février.

« — Je n'ai pas sauvé la duchesse de Montpensier, car elle « n'a jamais, que je sache, couru un vrai danger; j'ai pu, « peut-être, lui éviter quelques ennuis de voyage... et c'est « tout! »

— Mais, enfin, cet incident, conséquence d'une révolution qui a eu pour notre Pays de si tristes effets, offre, en raison de la haute situation de la Princesse, de la juste considération qui s'attache à sa personne, un si vif intérêt, que je serais heureux si vous vouliez me donner des renseignements précis sur ce qui s'est passé; j'en profiterais pour compléter un petit travail que je fais sur la Révolution de Février.

« — Ah! Monsieur, vous ne pourriez que la maudire, cette « Révolution, si surtout, comme moi, vous l'aviez vue, et si, « de plus, elle vous avait fait perdre un héritage! »

— Et comment cela?

« — J'avais un oncle dont je devais hériter et qui, pendant « presque toute la durée du règne de Louis-Philippe, avait « représenté à la Chambre l'arrondissement d'Abbeville.

« C'était un homme fort aimé, très serviable, très dévoué « au Roi, qu'il avait servi comme inspecteur des forêts, et « dont il recevait même une pension; mais, malgré cela, fort « indépendant. Il avait refusé de voter la flétrissure des « députés légitimistes, qui fut une faute du Gouvernement de « Juillet, et il était plus près de M. Thiers que de M. Guizot. « Il était de l'opposition constitutionnelle.

« Le 20 Février 1848 (je me souviens du jour et de l'heure), « j'allai le visiter; on était à Paris fort excité par la lutte « engagée entre le Ministère et les députés de l'opposition, et « moi-même, fort jeune et fort ardemment conservateur,

« j'apportais dans la discussion l'ardeur de mon âge, et je « finis par dire à mon oncle :

« — Voyez-vous! ce que devrait faire le Roi, ce serait de « faire fourrer des coups de fusils à tous vos banquistes! On « serait débarrassé de toute l'agitation qu'ils répandent dans « le Pays.

« — Mais, malheureux! — me dit mon oncle — tu tirerais « donc sur moi? car, si je pouvais marcher (il avait la goutte), « je serais avec eux.

« — Non, mon oncle, je ne tirerais pas sur vous, mais je « tirerais sur votre voisin, et vous savez que je tire bien.

« — Eh bien! f...-moi le camp! et que je ne te revoie « jamais! »

« J'ai cependant revu mon oncle, et même peu d'heures « après. Mais il m'a déshérité. Il n'avait pas oublié le coup « de fusil destiné au voisin.

« Et je l'ai revu le 24 Février, à deux heures. Malgré la « manière dont il m'avait traité, je montai chez lui. Les gens « couraient effarés sur le palier de l'escalier, — les portes « étaient ouvertes; — j'arrive jusqu'à mon oncle, étendu sur « son fauteuil :

« — Eh bien! — me dit-il — qu'est-ce que j'apprends?... « Le Roi a abdiqué!... Et le trône vient de passer sur le « boulevard!...

« — Oui, mon oncle, le Roi est parti! Les Tuileries sont « au pouvoir du Peuple! et je viens d'entendre crier : Vive « la République!

« — Comment! Comment! Et on ne s'est pas défendu!!! »

« Ceci, Monsieur est textuel, et vous peint bien l'esprit qui « régnait alors.

« Vous pouvez ajouter cela à vos récits; c'est le pendant « de cette scène si vraie d'une pièce politique qui eut, à « l'époque, un succès fou, *La Foire aux Idées,* je crois : Un « banquet de députés et bourgeois réformistes a lieu sur la « scène; on crie : Vive la Réforme! A bas Guizot! Au « moment où les verres de champagne se heurtent, au « moment de ces cris joyeux, la porte du fond s'ouvre « brusquement, et un des comiques de l'époque, Delaunay,

« ce me semble, apparaît en capitaine de la Garde nationale,
« tout pâle, tout bouleversé...

« Mes amis! — s'écrie-t-il — la République est proclamée ! »

« Alors, les convives atterrés reprennent en chœur, d'un « ton sépulcral :

« La République est proclamée ! »

« Puis se lèvent, et la tête baissée, font deux fois le tour « de la salle du festin, répétant sur le ton du *De Profundis :*

« La Ré-pu-bli-que est pro-cla-mée ! La Ré-pu-bli-que est « pro-cla-mée ! ! ! »

« Pour revenir à la question que vous me posez sur le « départ de la duchesse de Montpensier, je n'ai aucun motif « de ne pas satisfaire à votre désir : tout ce que je puis dire « est complètement à l'honneur de la femme la plus respec- « table que je sache, et par l'illustration de sa naissance et « par les vertus devant lesquelles tous les partis s'inclinent « en France, comme en Espagne, et auxquelles les peuples « rendent le plus affectueux et le plus légitime hommage.

« Seulement, vous ne trouverez, dans le récit que je vais « vous faire, que des incidents peu dramatiques, et qui n'ont, « à vrai dire, d'intérêt que pour les acteurs, ou leurs amis « les plus intimes.

« Vous élaguerez tout ce qui vous paraîtra superflu et vous « serez bon juge, j'en suis certain.

« J'ai été le camarade d'enfance du duc de Montpensier; « depuis l'âge de dix ans jusqu'à sa mort, l'amitié dont il « m'honorait n'a pas eu un nuage et elle a survécu à sa mort, « car il a pensé à moi dans son testament, et le tableau que « vous avez vu dans le vestibule est la traduction, par « Madame la comtesse de Paris, du souvenir que me desti- « nait son père.

« Excepté sur les affaires d'Espagne, où je n'étais pas de « l'avis du Prince, qui me disait : « Ce sont *cosas de Espanã* « que vous ne pouvez pas bien connaître, » nous avons été, « depuis la Révolution de 1848, en communauté d'idées sur « les affaires de France, sur la valeur des hommes et sur les « conséquences de leur politique.

« Le duc de Montpensier était certainement un des hommes
« les plus fins, les plus intelligents qu'on puisse rencontrer ;
« personne mieux que lui ne mettait le doigt sur les points
« les plus importants ou les plus cachés des affaires les plus
« embrouillées.

« Il avait un flair merveilleux pour juger les hommes,
« alors surtout que la passion politique ne venait pas voiler
« la lucidité d'un esprit hors ligne.

« Dans le commerce de la vie, personne n'était meilleur
« ami ; pensant avec la plus affectueuse sollicitude à tout ce
« qui pouvait plaire et être agréable à ceux qu'il aimait.

« L'argent glissait dans ses mains pour toutes les bonnes
« œuvres pour lesquelles on faisait appel à son concours,
« comme il le faisait pour encourager les arts et protéger les
« artistes. Le Roi l'appelait : *Mon Dépensier.*

« Très courageux, mais d'un courage qui le portait à
« l'action immédiate, il n'avait peut-être pas le sang-froid
« qui, au milieu des graves événements, donne à l'homme la
« sûreté de jugement qui lui fait dominer la situation.

« Puisque vous parlez de la Révolution de Février, où son
« rôle a été l'objet de critiques plus fondées en apparence
« qu'en réalité, j'ai souvent causé avec lui de sa participation
« aux événements de ces tristes jours.

« On l'a beaucoup accusé d'avoir insisté pour pousser le
« Roi à l'abdication. Il m'a souvent dit :

« L'abdication du Roi avait été annoncée déjà, avant que
« j'aie pu avoir un avis. Le mot dit, il fallait : ou lui donner
« la forme légale ou se battre. On entendait les coups de
« fusil dans la cour du palais.

« Il n'y avait pas un moment d'hésitation à avoir ; c'est ce
« que je disais : ou la bataille, ou l'abdication. Mais il faut
« prendre un parti ; on ne peut pas attendre.

« Je ne pensais pas, en ce qui me concerne, que le rôle d'un
« prince fût de mitrailler les Parisiens. Je l'avais dit au Roi,
« et je n'avais pas de commandement ce jour-là.

« J'ai accompagné le Roi, lors de son départ des Tuileries.
« Je ne pouvais supposer alors, pas plus que lui, que ce fût
« un départ pour l'exil. »

(Ces nouveaux renseignements confirment ceux qui nous ont été donnés précédemment par le colonel de X...)

« Moi, je ne partageais pas son opinion sur le rôle des « princes dans la lutte intérieure d'une nation.

« Je me souviens de lui avoir dit un jour :

« Vous êtes bien de la race des Bourbons! Si bons catho- « liques, qu'ils respectent des saints qui ne sont pas même « au calendrier! Je n'ai pas, comme eux, le respect de la « sainte canaille, qu'ils considèrent beaucoup trop.

« Et je crois qu'il a fini par être de mon avis... Trop tard! « hélas!

« En somme, le duc de Montpensier qui, comme tous les « hommes, avait ses imperfections, était l'ami le plus sûr, le « meilleur qu'on puisse avoir; et quand, entre un prince et « un simple particulier, fort indépendant, on peut montrer, « comme preuve, une liaison de cinquante années au milieu « d'événements si divers, cette preuve est, ce me semble, « assez complète.

« J'avais commencé la vie d'un homme de fort bonne « heure : à 18 ans, je fus nommé chef de bataillon de la Garde « nationale; à 22 ans, j'étais marié et attaché d'ambassade; « à 26 ans, j'étais représentant du peuple.

« J'eus un fils que j'ai eu la douleur de perdre. Le duc et la « duchesse de Montpensier voulurent bien en être le parrain « et la marraine. C'était un peu tradition de famille, car le « cher oncle qui me deshérita était le filleul du duc de Pen- « thièvre et de la malheureuse princesse de Lamballe, dont « mon grand-oncle, le chevalier d'Yanville, était écuyer. Il « fut couvert de son sang aux journées d'Octobre.

« Ce fut un nouveau lien entre le duc de Montpensier et « moi, et la jeune princesse me traita comme le meilleur « ami de son mari.

« Cette superbe coupe en cristal de roche, que vous voyez « sur ma cheminée, me fut donnée, alors, par les princes, en « souvenir de cette cérémonie de famille.

« Au moment où éclata la Révolution de Février, j'étais, « par hasard, à Paris, envoyé en courrier chargé de porter et « de surveiller l'exécution de conventions diplomatiques avec « la Confédération Germanique.

« Le duc de Montpensier habitait, au milieu de son régiment

« d'artillerie, le château de Vincennes, où il avait fait orga-
« niser une installation toute princière.

« Le lundi, il y recevait, et tous les officiers de cette gar-
« nison et tous ceux de la garnison de Paris qui voulaient lui
« rendre leurs hommages.

« Ce lundi 21 février 1848, la foule d'officiers, généraux,
« colonels, etc., etc., était plus grande que jamais. Leur lan-
« gage était excellent, la disposition de leurs troupes parfaite;
« c'est ce que j'entendis dire dans les divers groupes où je fus
« mêlé.

« En rentrant dans Paris, vers les dix heures du soir, par
« le faubourg Saint-Antoine, je remarquai une assez grande
« agitation. On avait allumé des torches pour lire la procla-
« mation du Ministre de l'Intérieur et du Préfet de police,
« interdisant le fameux banquet annoncé.

« Sur les boulevards, les mêmes symptômes se faisaient
« remarquer.

« Sans cependant rien craindre précisément, mais en
« Normand avisé, j'allai le lendemain me faire régler, aux
« Affaires étrangères, mes frais de poste (on ne sait pas ce
« qui peut arriver, — me disais-je); et je fus singulièrement
« bien inspiré, car je pus mettre, quelques heures plus tard,
« cette somme à la disposition de la duchesse de Montpensier.

« Je ne vis pas le Prince, pendant les journées des 22-23-
« 24 Février. Il était aux Tuileries et ne recevait pas.

« Je parcourus, comme curieux, tous les quartiers de Paris,
« assistant, navré, à la faiblesse du Gouvernement, en face
« des provocations de la canaille ou des épiciers de la Garde
« nationale.

« Le 24, vers midi, j'aperçus, en arrivant sur la place de la
« Concorde, un grand mouvement de cavalerie. « On me dit :
« C'est le Roi qui part! Il a abdiqué! »

« Je courus aux Tuileries, par la rue de Rivoli, croyant y
« trouver le duc de Montpensier, et, en passant devant la
« grille du jardin, j'aperçus les dragons faisant sauter à leurs
« chevaux l'escalier de marbre du pavillon de l'Horloge.

« Le concierge de la rue de Rivoli était encore à son poste,
« et la cour des Tuileries était occupée par un régiment d'in-
« fanterie.

« Je lui demandai s'il savait où était le duc de Montpensier; « il me répondit qu'on venait de lui dire qu'il était parti, avec « le Roi, à Saint-Cloud.

« Pensant que, dans ce moment de désarroi, je pourrais « peut-être lui être utile, je courus au chemin de fer de la rue « Saint-Lazare, en passant par-dessus les barricades et au « milieu des insurgés.

« Le chemin de fer était libre. Je prends mon billet pour « Saint-Cloud. En arrivant, je trouve le palais vide.

« On m'annonce que le Roi venait, avec la Reine, la prin« cesse Clémentine et le duc de Montpensier, de partir pour « Dreux.

« N'ayant pas de moyens de transport pour aller plus loin, « je retournai à Paris.

« Du haut de la montée de Saint-Cloud, je vis l'escorte de « cavalerie ayant accompagné le Roi, qui s'en allait à Paris; « et on me dit que le cheval du petit coupé qui l'avait amené « venait de mourir aux écuries, crevé par la course rapide et « le poids de la voiture chargée de tous les membres de la « famille royale.

« En rentrant à Paris, je fus témoin du désordre le plus « épouvantable, mais aussi de l'effroi causé par ce mot de « République. La réaction était désirée, et le moindre mou« vement militaire eût eu un succès inespéré. Il ne fut pas « tenté.

« Après m'être rendu compte de ce qu'il y avait de peu « sérieux, au fond, dans cette surprise dont j'avais pu juger « la nature, ma première pensée fut de partir pour l'Algérie « donner au duc d'Aumale, dont j'avais été aussi le camarade « de collège, les nouvelles vraies de l'état des esprits à Paris, « et des circonstances qui venaient d'amener la proclamation « de la République, et l'engager à ne pas reconnaître le « nouveau Gouvernement.

« Malheureusement, il était matériellement impossible de « sortir de Paris en voiture, en raison des barricades.

« J'avais bien de l'argent dans ma poche pour le voyage, « mais les moyens de transport me faisaient défaut. — Il « m'eut fallu gagner, plus ou moins facilement, le premier « relai, et là, prendre et changer à chaque poste le cabriolet

« (où souvent nichaient les pigeons), qui devait être à la « disposition des voyageurs. C'était une perte de temps « considérable, et aussi le moyen le plus sûr d'être arrêté.

« Le premier acte d'une Révolution et le premier acte du « peuple souverain, c'est l'arrestation de tout individu qui, « étranger à la ville ou au village, apparaît sur le chemin.

« Le bonheur des Français de faire la police de la route est « indescriptible : « Arrêtez! Qui êtes-vous? On ne passe « pas! »

« J'étais alors assez bon cavalier et je m'amusais à courir « souvent la poste à franc étrier. Mais pour le faire sérieu- « sement, il faut avoir une selle à soi, une culotte de peau et « des bottes fortes. Tout mon équipage était à la campagne... « et ce fut grand dommage. Un homme à cheval se tire « toujours d'affaire ; j'aurais pu passer.

« Le moyen le plus sûr, c'était de commander des chevaux « pour une voiture qui *doit venir*, — le public attend la « voiture, et le courrier trouve moyen de passer.

« La personne qui vint porter au duc d'Aumale la nouvelle « de la Révolution de Février avait été fort impressionnée « par les événements, si impressionnée qu'elle ne porta à « Alger que des paroles de découragement, tandis que j'aurais « apporté des impressions toutes différentes.

« Je ne sais pas ce qui serait advenu... mais ma conviction « est bien faite à ce sujet.

« Donc, ayant abandonné ce projet, je me décidai à me « rendre à Eu dont, vous le savez, je suis voisin, et à me « mettre à la disposition du Roi, comme chef de bataillon de « la Garde nationale.

« Le vendredi 25 février, à huit heures du matin, partait un « train pour Rouen.

« La salle d'attente était archi-pleine de monde, et je dois « dire d'un monde de fuyards épouvantés. Tout à coup « pénètre, au milieu de la foule, un groupe composé d'un « homme et d'une femme.

« L'homme avait un aspect étrange : il portait un chapeau « tromblon renversé en arrière; des lunettes bleues et un « immense abat-jour vert, comme celui d'une lampe.

« La femme était — disons le mot trivial — un peu fagotée; « elle traînait une robe de laine, à carreaux noirs et blancs, « qui n'avait certainement pas été faite pour elle; elle portait « un grand châle noir et un chapeau qui paraissait, lui, fort « élégant et couvert d'un voile de dentelle des plus épais.

« Le Monsieur, d'un air important, marchait en bous- « culant un peu à droite et à gauche, pour se faire faire « place, comme un homme ayant une mission sérieuse à « accomplir.

« En voyant les lunettes bleues, l'abat-jour vert, l'air « étrange du Monsieur, on entendait dire dans la foule : « Tiens! voilà un Monsieur qui se déguise pour partir!. Il « paraît bien pressé! »

« Je partageai ce sentiment en souriant; quand, à travers « le voile épais de dentelle, j'aperçus briller deux jolis yeux. « Curieux, comme on est quand on est jeune, je m'avançai « pour mieux juger de la beauté de la femme... et je vis, « sous les beaux yeux, un joli sourire... qui m'était adressé, « et, malgré l'épaisseur du voile, je reconnus Madame la « duchesse de Montpensier!

« Je compris la gravité de la situation.

« Je fis semblant de ne pas reconnaître la Princesse et « m'éloignai, surveillant le groupe à distance et avec dis- « crétion.

« Je le vis monter dans un compartiment suivi, comme « par hasard, du général Thierry, aide-de-camp du duc de « Montpensier, que je n'avais pas aperçu jusque-là.

« Le Monsieur à abat-jour vert était M. Jules de Lasteyrie, « député, qui avait épousé Mlle Olivia de Rohan-Chabot, « ancienne dame d'honneur de la Reine.

« Au moment de quitter les Tuileries, le duc de Montpen- « sier lui confia la Princesse, dont l'état de santé pouvait « faire présager, dès lors, la naissance de Madame la com- « tesse de Paris.

« Elle ne pouvait être en meilleures mains, et par l'hono- « rabilité du caractère de M. de Lasteyrie, et par la situation « politique qu'il occupait dans la Chambre où, membre du « centre-gauche, il participait à la popularité de MM. Thiers, « Barrot, de Rémusat, etc...

« Le général Thierry avait été aussi chargé de ne pas « quitter la Princesse.

« J'étais monté dans le premier wagon venu, et le hasard « fit que je me trouvai en face de la femme de chambre de « la duchesse de Montpensier, une espagnole mariée à un « français, M. Lebeau.

« Cette dame était auprès de la Duchesse depuis son « enfance, avait assisté aux révolutions d'Espagne et avait « beaucoup de tête.

« Elle venait d'en donner la preuve, la veille, en faisant « sortir de l'armoire de fer des Tuileries tous les diamants « de la Princesse; ce qui fut cause d'une scène impayable :

« Ces diamants avaient été enfermés dans une armoire « secrète disposée dans les murs; aussitôt la Révolution « accomplie, l'ouvrier qui l'avait faite n'eut rien de plus pressé « que de trahir le secret; le général Courtais commande un « peloton de gardes nationaux, et il arrive à leur tête pour « prendre possession des diamants : on disait qu'il y en avait « pour un million.

« L'ouvrier fait jouer les ressorts, la porte s'ouvre... Cris « d'admiration en voyant la collection des riches écrins!

« On ouvre le premier, rien dedans! — le second, comme le « premier! — tous vides!!!

« Il fallait voir la tête du général Courtais et de ses vaillants « soldats!... Colère, ordre de chercher les diamants partout « et de poursuivre les auteurs de cette soustraction *d'une* « *propriété nationale!*

« C'est à Mme Lebeau que revient l'honneur de cet esca- « motage :

« Voyant que les choses se gâtaient dans la matinée du 24, « elle ouvrit l'armoire de fer, dont elle avait une clef, fit venir « cinq à six valets de pied, et leur dit :

« Défaites vos livrées, prenez des habits bourgeois et « arrivez vite! »

« Ce qui fut fait.

« Elle vide alors, sur le tapis, tous les écrins, et tous ces « braves gens fourrent dans leurs chapeaux, dans leurs « poches, et broches et rivières et diadèmes, passant par-

« dessus les barricades pour porter à Vincennes leur précieuse « cargaison.

« Un chapeau renversé, une poche fouillée, et ils étaient « fusillés sans pitié.

« Rien ne fut distrait, et, pendant que le général faisait « rechercher dans Paris ce riche dépôt, il était dans le fort « de Vincennes, défiant toutes les recherches.

« Il fallait l'en faire sortir et le faire parvenir à la Princesse, « et ce ne fut pas commode, je vous assure; mais enfin, je fus « assez heureux pour réussir et porter à la Princesse des « valeurs qui, au moment où ces événements se passaient, « constituaient le plus clair de sa fortune.

« A Mantes donc, pour en revenir à notre voyage, le train « s'arrêta dix minutes.

« Le général Thierry, qui me connaissait de longue date, « vint à moi et me dit :

« — Vous avez reconnu la Princesse; nous allons rejoindre « le Roi à Eu, mais le chemin de fer ne va que jusqu'à « Rouen; vous qui êtes du pays, vous devez pouvoir nous « trouver, à Rouen, une chaise de poste pour aller à Eu, « et aussi peut-être un peu d'argent, car nous sommes à « court! »

« — Tout cela — lui dis-je — est très facile; j'ai plus qu'il « ne me faut dans ma poche pour les frais du voyage. Voici « ce qu'il faut faire : Je suis connu à l'hôtel d'Angleterre, à « Rouen, où je descends et où descendent tous les Anglais « de passage. Vous êtes mon beau-frère, M. de Lasteyrie est « mon oncle, la Princesse est ma femme; je suis marié depuis « un an, ma femme a des cheveux noirs comme la Princesse, « cela ne souffrira pas la moindre difficulté. A la gare, nous « allons prendre une voiture ensemble. Je trouverai faci- « lement à louer une chaise de poste; il y en a toujours de « retour sur Dieppe. »

« Tout étant ainsi convenu entre le général et moi, nous « nous séparons.

« En arrivant à Rouen, il me serre la main en me remettant « un petit billet au crayon, contenant ces mots :

« La Princesse doit descendre chez M. X..., dont on lui a

« donné l'adresse que voici; venez la prendre avec la voiture,
« quand vous serez prêt. »

« Cette nouvelle me contraria vivement; au lieu du passage « si simple, comme voyageurs, à l'hôtel d'Angleterre, aller « chercher la Princesse avec une voiture de poste, dans un « quartier excentrique, me paraissait pouvoir causer des « embarras et des difficultés.

« Déjà, la nouvelle de la Révolution avait excité à Rouen « les passions populaires; dans la journée, il y avait eu des « désordres graves; il me semble, même des incendies; la « ville fermentait.

« Aussi, après avoir loué une calèche, très lourde malheu- « reusement, et fait venir des chevaux de poste, lorsque je « grimpai sur le siège, je n'étais pas sans inquiétudes sur le « moment du départ.

« Effectivement, la Princesse était descendue dans un « quartier percé de rues étroites, où jamais voiture de poste « n'était passée. J'ai oublié le nom de la rue; je sais seulement « que c'était vers le haut de la ville. Je ne la connaissais pas.

« Enfin nous arrivons, et je monte avertir la Princesse que « la voiture est en bas.

« Quand je descends, je vois un groupe nombreux d'ou- « vriers réunis pour assister au départ. Il augmente à chaque « instant; — curiosité seulement.

« La Princesse ne descendait pas, et j'entendais dire :

« En voilà qui sont bien pressés de partir! C'est peut être « Philippe?... »

« Alors, pour distraire le public, je me mets (passez-moi le « mot) à blaguer les postillons :

« La dernière fois que j'étais passé, j'avais couru avec un « postillon, appelé Baptiste, et un certain bidet de poste, dur « comme du fer, qu'on appelait Cadet.

« Les histoires de Baptiste et de Cadet, pimentées à faire « rougir un escadron de dragons, amusaient le public ouvrier. « Mais la Princesse ne descendait pas... et j'avais vidé la « poivrière.

« Enfin, elle paraît; je cours à la portière; elle monte avec « le général Thierry, M. de Lasteyrie et Mme Lebeau.

« Je saute sur le siège : « Allons! Brûlez-nous la route et

« vous raserez le père Baptiste! Vous lui direz en rentrant :
« Filons! »

« Et nous partons sans être inquiétés, devant un groupe
« nombreux, agité, mais mis en gaieté par nos histoires.

« A peu de distance de Rouen, vers le quartier appelé
« le Mont-Riboudet, j'aperçois un régiment, les armes en
« faisceau; à un cabaret, un peu écarté, je vois un cheval,
« avec un équipement d'officier général.

« A Rouen, on nous avait dit que le général de Castellane,
« que M. de Lasteyrie voulait voir, était parti avec la gar-
« nison, sur le Havre.

« La vérité, c'est que le général avait conduit hors la ville
« ses troupes, et avait immédiatement donné ordre à toute sa
« division de se mettre en mouvement pour le rejoindre.

« Je fis arrêter la voiture; je montrai les troupes et je dis :
« Ce doit être le général de Castellane. »

« Je ne sais ce qui fut dit dans la voiture; mais, au bout de
« quelques instants, M. de Lasteyrie me cria : « Marchez!!!
« Allez, postillons! »

« Et à Dieppe, M. de Lasteyrie nous quitta pour aller
« chercher, *au Havre,* le général de Castellane, dont il était
« passé à une portée de pistolet.

« Notre route continua sans incident jusqu'au relai d'Omon-
« ville, qui précède Dieppe.

« J'étais un peu préoccupé du passage de cette ville;
« la poste aux chevaux était située au centre même du quar-
« tier le plus populaire.

« Un postillon, de retour, en arrivait avec des chevaux de
« haut le pied; il descendait de cheval :

« — Quoi de nouveau à Dieppe?

« — La troupe va partir pour aller à Vincennes, où est le
« Roi; d'autres disent qu'il va passer! On se remue. »

« Sur ces nouvelles, je pensai qu'il fallait éviter, autant
« que possible, la traversée de la ville.

« J'entre chez le maître de poste, qui était précisément un
« de mes fermiers. J'écris, au maître de poste de Dieppe, un
« petit billet contenant ces mots :

« Ma femme, souffrante, craint le pavé; envoyez le relai à
« la côte de Neuville. Nous prendrons la route de terre. »

« Es-tu prêt à retourner à Dieppe porter un mot à la poste « et commander les chevaux? — dis-je au postillon qui « arrivait.

« — Le temps de boire une goutte et de changer de bidet!

« — Allons! C'est bien! »

« Et pendant qu'on achevait de relayer, mon homme galo- « pait déjà vers Dieppe.

« Mais la maîtresse de poste arrive avec une grosse lanterne « et veut absolument souhaiter le bonsoir à sa « jeune « maîtresse ».

« J'avais beau lui dire : « Nous sommes pressés! » il fallut « en passer par où elle voulait; et avec sa maudite lanterne, « elle éclairait tout l'intérieur de la voiture!

« J'entrouvre la portière, et, me plaçant entre la lumière et « la Princesse, je penche la tête dans la voiture, en disant à « la Princesse :

« — Dormez! dormez! Princesse!

« Elle comprit et ferma les yeux ..

« — Vous le voyez, la maîtresse, ma femme dort; mais je « lui dirai votre bonne intention. »

« Et nous partons grand train pour Dieppe. Nous laissons « la ville de côté, et à la côte de Neuville, je trouve les relais « à la place indiquée.

« Nous arrivons à Eu vers minuit.

« A l'entrée de la ville, le général Thierry pense qu'il faut, « avant d'aller jusqu'au château, savoir des nouvelles et « apprendre ce qu'étaient devenus le Roi et la famille royale.

« Nous fîmes prendre, pendant quelques pas, aux pos- « tillons, la route de Neufchâtel, en dehors du faubourg, et « je mis pied à terre jusqu'au château. Aucun Prince n'y « était. On était sans nouvelles du Roi. La princesse « Clémentine était partie dans la soirée.

« Sur ces renseignements, le général pensa qu'il était plus « prudent que la présence de la Princesse fût ignorée dans le « pays.

« — Votre habitation est près d'ici? — me dit-il.

« — A dix kilomètres; elle est à la disposition de la Prin- « cesse.

« — Allons chez vous ! — me dit Son Altesse.

« — Vous y serez bien mal ! la maison est inhabitée depuis « plus d'un an !

« — Au moins, nous y serons tranquilles et en sûreté.

« — Allons, postillons ! En route ! A Baromesnil ! »

« Ces braves gens ne firent pas de difficultés.

« Nous arrivâmes chez moi, ici, à une heure du matin. Le « personnel dormait profondément ; il se composait d'un « ancien domestique, qui avait épousé l'ancienne femme de « chambre de ma mère, et d'un jardinier. Ils furent ahuris « de cette arrivée.

« Je leur dis que c'était la famille de ma femme, mais la « vérité fut connue d'une manière bien singulière par le jar- « dinier, qui ne révéla son secret que vingt ans après.

« On ne pense pas à tout : la Princesse avait changé de « costume et pris des vêtements modestes, appartenant à « Mme de Lasteyrie, mais elle avait gardé ses brodequins, et « qu'est-ce que voit le jardinier, qui les cirait le lendemain?... « Sur la peau blanche de l'intérieur, il lit ces mots tracés par « le cordonnier : « *Duchesse de Montpensier.* »

« Le brave homme n'a pas soufflé mot.

« Je vous laisse à penser le désarroi d'une pareille arrivée.

« — Vite du feu ! Vite à manger !

« — Mais, Monsieur, il n'y a rien !

« — Comment, rien ? — Vous avez bien des œufs ? — des « confitures ? — du vin ? — Vite une omelette ! »

« Et en hâte, on fait une omelette ! » Je sers la Princesse à « table, heureusement auprès d'un bon feu.

« — Je suis honteux de recevoir Votre Altesse aussi mal. « Une omelette et du pain de ferme !

« — Mais vous êtes bien heureux, vous ! Le toit qui vous « abrite vous appartient. Et moi, je n'ai plus rien. La robe « que je porte est à Mme de Lasteyrie. Quelle singulière « destinée que la mienne ! En Espagne, on s'est battu dans « mon antichambre. (Elle faisait allusion à une sédition « militaire à la Granja.) A Paris, je reçois des balles dans « ma chambre ! Comment tout cela finira-t-il ? Et eux tous, « où peuvent-ils être ? Mon mari ! le Roi ! Hélène et ses « enfants !... où sont-ils ? Sont-ils comme moi en sûreté ? »

« Et la Princesse avait les yeux pleins de larmes.

« Quand M. de Lamartine écrit que la Princesse était « joyeuse et qu'elle avait dit qu'elle aimait mieux cette vie « accidentée que les soirées de la table ronde des Tuileries « où elle travaillait, le soir, près de la Reine, c'est une « histoire bonne à faire pendant au mot : « La France « s'ennuie! » et qui manque absolument de vérité.

« J'envoyai aux nouvelles, et un homme sûr devait venir « m'avertir si quelque chose de grave était signalé au château « d'Eu. Rien, si ce n'est le départ de la cavalerie, marchant « pour rejoindre le général de Castellane.

« La journée se passa tristement, mais tranquillement, et « il fut décidé que la Princesse quitterait Baromesnil dans « la soirée pour aller s'embarquer à Boulogne, en voyageant « toute la nuit, de façon à y arriver au petit jour et à prendre « le premier bateau.

« Il était sept heures du soir quand nous avons quitté « Baromesnil.

« J'avais fait prendre des chevaux au relai de Sept-Meules.

« Nous venions de recevoir d'Eu les derniers renseigne- « ments; depuis la nuit dernière, aucune nouvelle de la « famille royale n'était parvenue au château.

« La Princesse devait s'embarquer à Boulogne. Lord Nor- « mamby avait fait donner un passeport anglais, sous un « nom supposé : « *Captain Martyn and family.* »

« Pour aller de Baromesnil à Boulogne, il faut traverser « Abbeville. Il fut décidé que la Princesse s'y reposerait deux « heures, de façon à arriver à Boulogne au petit jour.

« La route de traverse pour gagner celle d'Abbeville étant « détestable, j'avais préféré que le départ eut lieu à une heure « où, en cas d'accident, on put encore avoir des secours dans « les villages voisins.

« Il faisait un temps abominable, une obscurité complète, « une pluie torrentielle et un vent qui causa d'effroyables « désastres.

« Une demi-heure après avoir quitté Baromesnil, nous « étions au milieu de la forêt d'Eu; la Princesse m'appelle et « me dit de faire arrêter les chevaux. Je descends du siège; « j'arrive à la portière :

« — J'ai oublié mes reliques chez vous, dans ma chambre! « Je ne veux pas continuer ma route sans les avoir!

« — Eh bien! Madame, je vais les chercher. »

« Je m'étais mis en costume de courrier, à tout hasard; je « fis descendre un des postillons, je pris son cheval, et me « voilà reparti, au galop, pour Baromesnil.

« Le vent était tellement violent, qu'à la lettre j'ai failli « être enlevé de ma selle... J'avais vent debout.

« J'arrive; je demande à la femme de chambre les reliques... « Elle cherche partout... pas de reliques! Elle cherche encore « et les trouve enfin, glissées au pied du lit.

« Tout heureux, je prends un trousseau complet de reli- « quaires, de médaillons d'or de diverses grandeurs... les « plus grands saints du Paradis, évidemment... Je les mets « précieusement dans la poche de ma veste bien boutonnée; « je remonte à cheval et j'arrive à bon port remettre à la « Princesse mon précieux fardeau... — et nous repartons.

« Avant de quitter Baromesnil, la Princesse avait voulu « aller prier dans la modeste église du village, et pour la « famille royale et pour l'heureux succès de son voyage... « et chaque fois qu'elle revient ici, depuis, elle n'a jamais « manqué d'aller s'agenouiller au pied du même autel.

« Après être sortis, sans accidents, des mauvais chemins « de la forêt d'Eu, nous arrivons au relai de Gamaches. Il y « avait bien des chevaux, mais les postillons étaient en course, « et nous ne pûmes avoir qu'un seul homme et quatre chevaux « pour nous conduire.

« Au relai suivant, à Hupy, ni hommes, ni chevaux, tous « partis!

« Le postillon du relai de Gamaches, dont j'étais connu, ne « fit pas de difficultés, comme à Varennes, de doubler le relai « et d'aller jusqu'à Abbeville.

« Cette ville est immense en raison de la population; il y a « des faubourgs qui n'en finissent pas. Le relai de poste était « dans un de ces faubourgs, sur la route de Paris; il fallait, « pour y aller, traverser une première fois la ville pour « changer de chevaux, puis la retraverser pour prendre la « route de Boulogne.

« Je m'étais souvenu qu'une famille de mes amis habitait « précisément près de la porte de la ville, sur la route de Bou- « logne, et, qu'en allant directement chez elle, nous évitions « la double traversée de la ville et, qu'en cas d'événement, la

« Princesse était sur la route d'Angleterre, presque hors des « remparts. Elle pouvait, en même temps, s'y reposer « quelques heures, avant de continuer son voyage nocturne.

« Je pris, autant que possible, toutes les précautions que « nécessitait la situation. Avant d'arriver à Abbeville, je fis « arrêter le postillon pour lui donner les indications les plus « précises sur la route à suivre et laisser souffler les chevaux, « fatigués par un relai doublé et une route détrempée et « boueuse.

« Je lui recommandai d'aller aussi vite que possible et de « ne s'arrêter devant aucune injonction.

« J'étais un peu inquiet de la traversée de la ville, pensant « bien que les esprits des gens avancés, que chaque cité « possède, devaient être en ébullition.

« Nous entrons dans le faubourg — il était neuf heures et « demie, — puis, dans la ville. Nous filions grand train; « mais des cabarets, pleins de monde, sortaient des buveurs « qui, en entendant le bruit d'une voiture de poste, s'élan- « çaient dans la rue, criant : « Arrêtez! Arrêtez! » (par un « simple mouvement de curiosité, je le pense); — mais nous « passions.

« Cependant, vers le centre de la ville, des gens nous « suivent en courant, en criant et s'accrochant aux ressorts « de derrière. D'autres nous faisaient escorte en poussant « toutes sortes de cris.

« Nous arrivions à une petite place, appelée place du Pilori, « où il y a un carrefour; la place est un peu en pente; d'un « côté, sur la gauche, la route d'Angleterre; à droite, une « rue conduisant à la route de Paris.

« Par un motif ou un autre, fatigue des chevaux, hési- « tation du postillon, notre allure se ralentit.

« Je vis sortir des cabarets, situés au haut de la place, des « gens qui, en courant, se dirigeaient vers notre voiture, « laquelle gravissait plus lentement la petite montée de la « rue. J'entendis l'escorte que nous traînions, et qui s'aug- « mentait à chaque instant, crier :

« C'est le Roi! Ce sont les Princes! Arrêtez! Arrêtez! On « ne s'en va pas comme ça ! »

« Des gens s'accrochaient aux portières. J'avais beau dire « au postillon : « Allez! allez! Tapez! tapez! » Le pauvre

Madame la Duchesse de Montpensier à Abbeville

(25 Février 1848)

« homme faisait de son mieux, mais ses chevaux n'en vou-
« laient plus, et leur allure ralentie nous faisait perdre
« l'avance sur ceux qui nous suivaient.

« D'autre part, les individus qui étaient sortis des cabarets
« situés sur le haut de la petite place, en face de nous, voyant
« une voiture escortée et suivie comme la nôtre, courent au-
« devant de nous, se jettent à la tête des chevaux de volée,
« les arrêtent brusquement, les retournent sur la voiture...
« et nous voilà entourés par une foule criant, gesticulant...

« Bon! — me dis-je à part moi — nous sommes pris!
« Impossible de passer! Comment allons-nous nous en tirer! »

« Les cris continuaient menaçants, sans que j'aie l'air de
« les entendre, et je ne répondais pas.

« Je remarquai, au premier rang, parmi ceux qui étaient les
« plus excités, un grand gars avec une longue barbe rousse,
« qui avait un des premiers arrêté les chevaux; comme ils
« étaient repliés sur la voiture et qu'il en tenait encore un
« par la bride, il était rapproché de moi. Je m'adressai à lui,
« sans répondre aux questions qui m'étaient faites :

« — Eh! dites donc, mon brave, le postillon ne connaît pas
« la ville, conduisez-le, s'il vous plaît, chez Mme X..., vous
« savez la fille du commandant X...? Vous devez la connaître
« et savoir où est la maison? »

« En entendant ces paroles, qui indiquaient des relations
« locales, des gens s'adressent au postillon pour lui demander
« quels étaient les voyageurs; celui-ci répond :

« C'est la famille de M. Estancelin. »

« Alors, de ce groupe si excité, partent des cris de : « Vive
« M. Estancelin! »

« Le hasard faisait que cet incident se passait préci-
« sément dans cette ville où l'oncle dont je vous ai parlé
« avait été député sous le règne du Roi. Il y était fort aimé.

« Alors, comme une soupe au lait rafraîchie, toute l'exci-
« tation de cette foule se calma instantanément. Elle continua,
« cependant, à nous accompagner, par curiosité, je le pense,
« pour avoir des nouvelles, peut-être aussi par méfiance, car,
« dans un moment où les têtes sont troublées par une Révo-
« lution, le peuple voit partout des suspects.

« Nous continuâmes donc notre route, au pas, traînant

« notre escorte populaire, à laquelle vinrent se joindre les « gendarmes et mon homme à la grande barbe, conduisant « les chevaux par la bride à l'adresse indiquée.

« J'étais tout à fait tranquille sur les suites de l'incident.

« Mais si, du siège où j'étais, je pouvais me rendre compte « de la nature de l'émotion qui venait de se produire, les « voyageurs qui étaient dans l'intérieur de la voiture, ne se « trouvaient pas dans le même cas. En entendant les cris : « Arrêtez! Arrêtez! » poussés par des gamins qui nous sui- « vaient en courant, leur préoccupation commença; quand ils « sentirent la voiture s'arrêter brusquement, quand ils en- « tendirent les cris de la foule : « C'est le Roi! Ce sont les « Princes! » quand ils virent les chevaux de volée acculés à « la voiture, contre la portière, les gestes des criards, toute « cette émotion populaire leur fit craindre un danger sérieux.

« Mme Lebeau se jeta dans les bras de la Princesse, en lui « disant : « Ah! Madame, nous sommes perdus! »

« La Princesse, elle, conservait tout son sang-froid : « Attendons! Attendons! Rassurez-vous! »

« Le général Thierry, très brave, mais ignorant ce qui se « passait exactement, ne voyait qu'une chose : c'est que nous « étions arrêtés et que nous marchions ensuite au pas avec « une escorte populaire. Il pensait qu'on nous conduisait à la « Mairie.

« En somme, quand nous arrivâmes à la maison où nous « devions nous reposer, il fut agréablement surpris en « voyant que nous étions libres.

« Mais l'anxiété avait été vive pour les voyageurs, et cela « se comprend dans les circonstances où nous nous trouvions.

« La porte cochère s'ouvrit. Notre escorte resta dehors, « assistant, de loin, à la descente de voiture des voyageurs.

« Les bons gendarmes arrivèrent, et, satisfaits de nos « explications, ils confirmèrent à la foule les réponses du « postillon; celui-ci dételait ses chevaux tranquillement, en « homme ayant dit la vérité.

« Je lui donnai l'ordre d'aller à la Poste demander des « chevaux pour onze heures et demie.

« Je croyais l'incident heureusement terminé.

« Dans la maison où nous venions d'arriver, il n'y avait « que des domestiques; les maîtres étaient sortis.

« La Princesse entra au salon où, par bonheur, il y avait « grand feu. Elle avait froid, et je pensai qu'une tasse de thé « allait la préparer à la nuit que nous allions passer, et la « remettre des émotions qu'elle venait d'éprouver.

« Sur ces entrefaites, un jeune homme, parent de la famille, « avait appris que des étrangers venaient d'arriver; il avait « vu un groupe nombreux et agité à la porte, les gendarmes « au milieu. Cette agitation populaire, l'effroi causé par le « mot de République, tout cela l'avait vivement impressionné. « Il était fort ému.

« Sans lui dire qui j'accompagnais, je lui demandai si le « séjour était sûr, pendant deux heures, pour des parents de « ma femme qui se rendaient en Angleterre, et dont la « situation politique demandait des précautions.

« Il me répondit qu'il ne garantissait nullement leur sécu- « rité. Je fus profondément surpris.

« Au même moment, le général Thierry sortit du salon. Je « lui présentai le jeune homme en lui disant : « Un des « membres de la famille. »

« Le général lui dit :

« — Monsieur, je vous remercie de l'hospitalité que vous « nous accordez, et j'espère que nous allons pouvoir nous « reposer tranquillement, sans vous causer d'embarras, « jusqu'à notre départ.

« — Mais non, Monsieur, vous n'êtes pas en sûreté, et je « vous conseille de partir immédiatement. »

« Le général fut bouleversé en entendant ces mots, et moi- « même fort inquiet.

« Malgré l'accueil populaire bienveillant fait à mon nom, je « craignais, par ce qui nous était dit, que l'état des esprits « de la population de la ville ne fut de nature à compromettre « la sûreté de la Princesse, si des soupçons s'élevaient parmi « les meneurs.

« — Mais si nous attendions vos parents, il me semble « qu'il n'y aurait pas de temps perdu?

« — Je n'ai qu'un conseil à vous donner : c'est de partir « immédiatement. »

« Je me tournai vers le général, qui était encore sous « l'impression de la violence qui nous avait été faite, et je lui « dis :

— « Vous entendez? — Dans une pareille situation, il n'y a « qu'une chose à faire : c'est que la princesse sorte avec vous « et ne puisse pas être arrêtée ici. — Je vais rester avec la « femme de chambre jusqu'à onze heures et demie ; si, à minuit, « je ne suis pas arrivé avec la voiture, c'est que j'aurai été « arrêté. Je tâcherai de vous envoyer la femme de chambre « pour vous avertir... si je puis !

« Prenez la première rue, à gauche ; suivez tout droit, c'est « la route d'Angleterre. Vous rencontrerez une côte à la sortie « de la ville ; à minuit, vous verrez les lanternes de la voiture ; « je ferai arrêter au milieu de la côte, si je suis libre ! Et main- « tenant, si par malheur, j'étais arrêté... à la grâce de Dieu « pour nous tous ! »

« Le Général prit la Princesse par le bras et suivit mes « indications.

« Le temps était abominable, l'obscurité complète ; dans le « faubourg, c'était une boue impossible ; les habitations étaient « closes ; les cabarets, seuls, remplis de buveurs et de politi- « queurs, étaient éclairés. On ne pouvait s'y abriter.

« La Princesse et le Général continuaient leur route comme « je la leur avais indiquée.

« Aucun asile... rien !

« Enfin, ils virent se détacher sur le ciel une construction « massive, à une certaine distance de la route : c'était une « briqueterie abandonnée. Ils s'y mirent à l'abri en attendant « mon arrivée.

« Vous dire mes inquiétudes, c'est impossible.

« Accompagner, moi aussi, la Princesse, en abandonnant « et la voiture et la femme de chambre ; — ou — l'emmener « avec moi, en laissant la voiture, c'était une fuite donnant « lieu au soupçon.

« Il fallait donc faire bonne contenance et attendre les che- « vaux.

« Un autre membre de la famille arriva plus rassuré et « affirma qu'on n'avait rien à craindre ; mais il était trop tard ; « le mal était fait.

« A l'heure exacte, onze heures et demie, les chevaux de « relai arrivent et, avant minuit, j'étais au milieu de la côte, « mais aussi d'un ouragan de vent et de pluie.

« Je fais arrêter. — J'appelle...

« Personne ne répond.

« Je cours le long de la route déserte en poussant des cris « d'appel... Silence.

« Et, de plus, le vent menaçait d'éteindre les lanternes dont, « de temps en temps, je voyais les éclipses passagères...

« Vous dire l'anxiété de ce quart d'heure d'attente !!

« S'ils se sont perdus?

« S'ils ont été arrêtés?

« Toutes les suppositions les plus sombres passaient dans « mon esprit, pendant que je criais vainement et que je mon- « tais et descendais la côte, craignant toujours de voir dispa- « raître ces bienheureuses lanternes qui, seules, servaient de « phare dans la nuit profonde.

« Enfin! J'entends, entre les rafales du vent, une voix « fraîche et claire me crier :

« — Nous voilà! Nous voilà! »

« C'était la fin de mes anxiétés.

« La Princesse, trempée, couverte de boue, monte enfin en « voiture. Heureusement, en partant de Baromesnil, j'avais « pu mettre à sa disposition la lingerie du trousseau de ma « femme; elle put réparer les traces de sa marche au milieu « des bourbiers, et les précautions de sa femme de chambre « lui évitèrent les suites à redouter d'une soirée pareille, aussi « bien par les émotions qu'elle venait d'éprouver que par « l'inclémence du temps.

« Quand la princesse fut réinstallée dans la voiture, je re- « montai sur mon siège et nous courûmes toute la nuit jus- « qu'à Boulogne, où nous arrivâmes à l'hôtel des Bains, au « petit jour, sans aucun incident, la route très bien servie.

« La Princesse était dans une anxiété des plus grandes sur « le sort de la famille royale, dont nous n'avions aucune nou- « velle.

« Le bruit courait à Abbeville que le roi était à Vincennes, « et que l'armée allait marcher sur Paris.

8

« On était sans nouvelles, non plus, de la duchesse d'Or-
« léans et des jeunes Princes.

« Avec prudence, la Princesse me chargea de savoir si,
« parmi les voyageurs arrivés à l'hôtel des Bains, il s'en trou-
« vait dont le signalement pût se rapprocher de celui de
« quelqu'un des membres de la famille royale.

« En causant avec une femme de chambre qui montait un
« déjeuner du matin, j'appris qu'il était destiné à une dame,
« arrivée de Paris dans la nuit, avec deux petits garçons de
« 8 à 10 ans.

« — Ce doit être Hélène ! — me dit la Princesse — avec
« Paris et Robert ! »

« (La duchesse d'Orléans avec le comte de Paris et le duc
« de Chartres.)

« Il était bien difficile de s'assurer de l'identité sans com-
« mettre une indiscrétion, ou peut-être une imprudence.

« Les appartements occupés par la dame arrivée dans la
« nuit donnaient sur la cour. Les rideaux étaient baissés, le
« temps sombre et humide, et rien n'engageait à regarder à
« travers les vitres.

« Une idée me vint :

« — Je vais savoir tout de suite si c'est la duchesse d'Or-
« léans, » — dis-je à la Princesse.

« Comme je courais souvent la poste à franc étrier, j'avais
« appris le maniement du fouet de poste, dont la cadence
« indiquait d'avance, en arrivant au relai, la qualité payante
« des voyageurs :

« Clic ! clac ! clic ! clac ! »

« Les coups, plus ou moins répétés, ou accentués, indi-
« quaient les guides payés à 2 ou 3 francs.

« J'avais pris ma selle, à tout hasard, et mon fouet de poste.

« Un palefrenier était occupé à ranger notre voiture ; je
« cause avec lui.

« Naturellement, me voyant prendre mon fouet, l'idée lui
« vint de m'en parler :

« — Est-ce que vous savez bien en jouer ? » — me dit-il.

« Je n'attendais que cette question que je l'avais conduit à
« me faire.

« — Vous allez voir ! »

« Et alors la cour de l'hôtel retentit de :

« Clic ! clac ! » répétés et retentissants, comme si une poste « à six chevaux allait entrer.

« A toutes les fenêtres, les rideaux se soulèvent et, d'un « coup d'œil, je dévisage le personnel de tous les étages.

« Je vis la dame et les deux petits garçons qui, naturelle- « ment des premiers, avaient mis le nez à la fenêtre...

« Hélas ! Ce n'étaient pas la duchesse d'Orléans et ses « enfants !

« A midi, malgré une mer démontée, nous nous sommes « embarqués.

« Le passeport du *Captain Martyn and family* a levé toutes « les difficultés.

« La Princesse se reposa une nuit au pavillon-hôtel Fol- « kestone, et le lendemain elle arriva à Manchester House, où « était alors l'ambassade de France.

« Monseigneur le duc de Nemours et la princesse Clémen- « tine étaient arrivés par le bateau précédent sans avoir été « reconnus.

« Le duc de Nemours me donna alors une accolade affec- « tueuse avec de ces mots partis du cœur et qu'on n'oublie « jamais.

« Et j'entendis sortir de la bouche de la princesse Clémen- « tine des observations sur les événements qui se passaient, « qui me prouvèrent toute la valeur politique, tout le courage « de cette Princesse.

« Le sort du Roi était alors inconnu, et je suis convaincu « que cette incertitude sur le sort d'une tête qui lui était si « chère a dû influer sur les décisions que pouvait prendre le « duc de Nemours.

« Je ne croyais pas, quant à moi, que tout fût encore perdu ; « j'avais la conviction qu'il y avait quelque chose à tenter. « Mais j'étais trop jeune pour que mon avis fût d'un poids « sérieux. Je l'ai vivement regretté.

« J'ai commencé, ce jour-là, à voir vrai dans les événe- « ments politiques où j'ai été mêlé, et ils ont toujours justifié « mes prévisions.

« L'armée d'Afrique était une ressource qu'on aurait pu

« utiliser. Elle était dans la main du duc d'Aumale. J'étais « prêt à partir pour Alger !

« Quand Madame la duchesse de Montpensier disait en « arrivant à Baromesnil :

« — « Je n'ai plus rien, moi ! »

« C'était à la lettre l'expression de la vérité.

« Les biens de son mari étaient sous le séquestre ; sa dot « avait suivi leur sort, et, sauf les quelques centaines de louis « que j'avais pu mettre à sa disposition, elle n'avait rien à « elle en Angleterre.

« Aussi, lorsqu'il fut question de faire l'examen des res- « sources qui restaient à la Princesse, ses diamants, sauvés « du pillage des Tuileries et mis à l'abri du séquestre gou- « vernemental, furent la première ressource à laquelle on « songea.

« On espérait — sans en avoir la certitude absolue — qu'ils « avaient été transportés à Vincennes sans accident.

« Mais Vincennes n'était qu'un abri provisoire, et la Prin- « cesse désirait vivement rentrer en possession de valeurs qui, « outre leur prix intrinsèque, avaient un prix double par la « nature des événements.

« Elle eut la bonté de m'en parler, ainsi qu'au général « Thierry.

« Après avoir réfléchi aux moyens d'exécution, je dis à la « Princesse :

« — Je ne me charge pas d'aller à Vincennes chercher vos « diamants ; ce serait imprudent de ma part ; mais, si l'on « peut me les apporter à Paris, je me charge de les faire sor- « tir de France et de vous les apporter ici, malgré toute la « surveillance des agents de la République. »

« — Est-ce que ce sera facile ? — Et comment ferez-vous ? »

« — En les faisant cacheter, aux Affaires étrangères, comme « dépêches diplomatiques de la République. »

« — Oh ! quelle idée ! »

« — Vous verrez... J'ai un passeport de courrier du roi ; « je le ferai changer en passeport républicain et la chose se « fera. »

« Le général Thierry me donna les noms et les adresses de « personnes qui pouvaient être utilisées pour l'entreprise ; il

« me donna aussi une lettre pour un banquier chez lequel la « Princesse avait une somme assez considérable.

« Lorsque je me présentai chez lui avec la pièce la plus « régulière, il me répondit qu'il avait eu, mais n'avait plus « rien à la Princesse : les événements avaient agi sur son « esprit de façon à lui faire oublier, momentanément, le dépôt « qui lui avait été confié.

« Je ne dirai pas son nom, mais j'ai encore la lettre d'intro- « duction.

« Rentré à Paris, je me mis en rapport avec les individus « qui m'avaient été signalés serviteurs des Princes ; il fut « convenu que les diamants seraient rapportés à Paris, dans « leurs chapeaux, groupés dans le petit logement de la femme « de l'un d'eux, et que, quand ils seraient réunis, on en ferait « un paquet et qu'on me le remettrait en un lieu désigné.

« Peu de jours après, l'opération avait heureusement réussi ; « j'en fus avisé, et il fut convenu que je me trouverais le len- « demain, à deux heures, place Vendôme, vis à vis le n° 14, « et que je prendrais possession du précieux dépôt.

« Le lendemain matin, je vais aux Affaires étrangères ; mon « passeport pour venir en France et retourner en Allemagne « étant en règle, on changerait, au Protocole, la feuille offi- « cielle, et, venu au nom du Roi, j'allais retourner au nom de « la République, chargé de ses dépêches.

« Le Ministre des Affaires étrangères était M. de Lamar- « tine, et le secrétaire général, M. Bastide, vieux républicain « farouche.

« Je passe du bureau du Protocole dans le sien. Je trouve « un homme sec, froid, suffisamment poli ; moustache taillée « en brosse, redingote boutonnée jusqu'au menton, un sous- « officier de garde municipale en bourgeois.

« Je lui présente mon passeport en lui demandant la « signature du ministre.

« Comme il était de bonne heure, il passe dans la pièce « voisine et revient aussitôt avec la pièce régularisée par le « nom de Lamartine :

« — J'aurais, Monsieur le Secrétaire général, à emporter un « petit paquet, que je vous apporterai cette après-midi afin « que vous soyez assez bon pour y mettre le cachet officiel « pour le passage aux douanes ; vous savez que c'est l'usage.

« Il me répond par un signe affirmatif qui me prouve qu'il « a, à peu près, compris le but de ma demande.

« A deux heures, j'étais de faction place Vendôme, et je « vis arriver un grand fiacre à deux fonds :

« A la portière j'aperçus la bonne figure de Jean, un des « valets de pied du Prince.

« Je m'approche pour recevoir de ses mains le paquet con- « venu, quand il ouvre la portière et me montre. sur la ban- « quette de devant, une malle énorme, en me disant :

« — Tout est bien emballé ! Ma femme y a mis aussi toutes « les dentelles de la Princesse, qu'elle a pu avoir par Mlle X. »

« — Je puis bien me charger d'un paquet, mais je ne puis « pas me charger d'une malle. C'est impossible. Elle est trop « grosse pour pouvoir aller avec moi dans le chemin de fer, « et je ne puis pas la mettre aux bagages, c'est trop dange- « reux, et puis à la douane nous serons saisis. Il faut rem- « porter votre malle et changer tout cela. »

« — C'est impossible, Monsieur ; déjà on nous soupçonnait, « dans notre logement, de trafiquer d'objets des Tuileries. Si « je rentre, ce sera bien pis. Et ma femme, d'ailleurs, meurt « de peur. Ça n'est pas possible ; la police nous surveille.

« Je regardais cette maudite malle, sans savoir comment « je l'emporterais ; et, en l'examinant, je vis qu'elle avait bien « dû coûter de 12 à 15 francs, mais qu'à moitié démolie, elle « n'en valait guère que la moitié actuellement.

« C'était une vieille malle en peau de mouton des plus com- « munes ; ces pauvres gens avaient pris ce qu'ils avaient sous « la main.

« — Mais, — me direz-vous, — il était facile de faire chan- « ger la malle. »

« Je n'y songeai pas un instant, et voici pourquoi :

« Dans ces promenades des diamants, une rivière, une « broche, un collier de perles, pouvaient avoir été égarés... « En n'ayant pas ouvert un paquet ou une malle, j'étais à « l'abri, je ne dis pas de tout soupçon, mais des observations « des bons amis :

« — Vous savez, Estancelin a apporté les diamants de la « duchesse de Montpensier, il paraît qu'il manque une ri- « vière ! On dit, ma chère, qu'elle valait cent mille francs !

« Naturellement, personne ne peut le soupçonner... Mais « pourquoi a-t-il été se mêler de cette affaire-là? Quand on « se charge de porter des diamants, il faut que le charge- « ment arrive complet, sinon... Il n'a que ce qu'il mérite...

« Edgard qui, vous le savez, est l'ordre même, nous disait « en déjeunant :

« — En vérité ! on ne fait pas voyager des diamants comme « un sac de pruneaux ! On fait un inventaire en les recevant « et on s'en fait donner un reçu, car enfin cette rivière fera « tourner le moulin de quelqu'un... »

« Vous savez comme il est drôle... nous avons bien ri !... « Le fait est que c'est bien désagréable ! »

« Mais la situation n'était pas plus agréable place Ven- « dôme; Jean ne voulait pas remporter sa malle, et moi « j'hésitais à m'en charger dans les conditions où elle se « trouvait. La crainte d'être pincé par la police républicaine « ne me préoccupait pas pour moi, mais pour le charge- « ment... Enfin, après avoir réfléchi un instant, mon parti « fut vite pris :

« Puisque me voilà empêtré d'une malle de diamants, dont « je ne puis pas me séparer, je vais louer une chaise de poste, « mettre la malle à côté de moi et faire mettre la voiture sur « un truc de chemin de fer.

« J'irai jusqu'à Bruxelles; là, je changerai de passeport, et « j'irai m'embarquer à Ostende pour l'Angleterre. Il m'en « coûtera peut-être 40 à 50 louis, mais le succès est assuré, « il n'y a pas à hésiter.

« Je m'empresse d'ajouter que toutes les dépenses que j'ai « pu faire m'ont été remboursées avec un aimable empresse- « ment et une délicatesse royale.

« Ma résolution prise, je dis à Jean :

« — Attendez-moi ici; dans une heure, je serai revenu. »

« Mon carrossier demeurait alors rue Laffitte, 7 ou 9. « C'était un nommé Rose, un Normand. Je saute dans un « fiacre; j'arrive chez lui :

« — Avez-vous une calèche ou un briska pour courir la « poste?

« — J'ai là un briska tout prêt; le temps de le nettoyer et « de le graisser; demain matin, il sera à votre disposition; « on va s'y mettre.

« — Il me le faut dans moins d'une heure!

« — Impossible!

« — Comment! quatre roues à graisser, dix minutes par « roues, quarante minutes; — cinq minutes pour l'épousseter; « total : trois quarts d'heure. Arrangez-vous. — Je vais à la « Poste chercher des chevaux, et avant une heure je serai « ici. »

« Rose appelle ses garçons; on se met à l'œuvre.

« La Poste aux chevaux était rue Pigalle, à deux pas. « Comme depuis huit jours on n'avait pu circuler en voiture « dans Paris, les postillons étaient presque en vacances; « aussi, pendant qu'on examinait mon passeport pour laisser « sortir les chevaux, il y avait déjà un postillon à cheval.

« Nous arrivons ensemble rue Laffitte. On mettait les « bougies au briska, graissé et épousseté; et, après avoir « quitté Jean à deux heures, à trois heures je revenais avec « ma voiture, et je lui disais :

« Allons! montez avec moi; payez votre voiture et filons! »

« Le brave homme ne comprenait rien à ce qui se passait. « Je lui dis :

« — Ne répondez rien, si l'on vous interroge, et suivez-moi « partout.

« Je donne au postillon l'ordre de marcher au Ministère des « Affaires étrangères; il était alors boulevard des Capucines, « au coin de la rue des Petits-Champs. La course n'était pas « longue, mais la rue était à moitié couverte de barricades « éboulées, sur lesquelles nous passions lestement et fort « secoués.

« En arrivant aux Affaires étrangères, quatre ou cinq « factionnaires à la porte, gardes nationaux vainqueurs de « février, en blouse, etc., etc.

« — Qui êtes-vous ?

« — Courrier diplomatique.

« Nous mettons pied à terre. Mon homme prend la malle « sur son épaule, et nous voilà grimpant le grand escalier « conduisant au cabinet du Ministre.

« Il y avait bien là, couchés, vautrés sur les marches, une « centaine de citoyens armés, qui constituaient la garde du « Ministère.

« Factionnaires au premier, à tous les coins.

« — On ne passe pas ! »

« — Courrier, — documents diplomatiques. »

« La réponse fait son effet, et j'arrive, avec mon homme, « dans le cabinet du citoyen Bastide.

« Oh ! là, là, mon Dieu ! pensai-je en entrant, — comment « ça va-t-il se passer ?

« — Monsieur le Secrétaire général, je viens mettre à exé- « cution la demande que je vous ai faite ce matin, et vous prier « de faire poser les cachets du ministère sur ce paquet.

« — Mais vous m'avez parlé d'un paquet et c'est une vraie « malle. Ça n'est pas possible ! »

« — Mon Dieu ! Monsieur le Secrétaire général, pour un « petit bout d'homme comme M. Thiers, ça serait une malle, « mais voyez comme je puis prendre ça sous mon bras, c'est « un paquet sous forme de malle.

« Et j'enveloppai d'un de mes grands bras la malheureuse « malle.

« — Du reste, ne vous dérangez pas, moi j'ai l'habitude de « ces expéditions-là ; je m'en charge.

« Il ne répond rien.

« Je voyais les sceaux nouveaux de la République, dont le « cuivre, tout neuf, ressemblait à de l'or fraîchement gravé ; « il y avait là cire à cacheter, cachets, bougies, et, sur tous « les coins, je fourre force paquets de cire avec : République « Française.

« Quand j'ai usé plus d'un bâton de cire, je remercie le ci- « toyen Bastide, qui m'avait laissé faire sans rien dire et qui « s'occupait d'autre chose, et mon homme recharge sa malle, « laquelle avait pris un aspect des plus respectables sous ses « nombreux cachets.

« Pendant que nous descendions l'escalier avec précaution « pour ne pas écraser les dormeurs, je riais à part moi en me « disant :

« Il y a peut-être parmi eux des pillards des Tuileries qui « ne se doutent guère de ce qui leur passe sous le nez.

« Nous remontons en voiture et, au chemin de fer du Nord, « on me met sur un truc ; je renvoie Jean et me voilà parti.

« A la frontière — passeport pour sortir — passeport pour « entrer en Belgique.

« — Courrier diplomatique.

« Personne ne visite la voiture, — on m'attache à un train, « — nous filons.

« En me réveillant le matin, au lieu de me trouver à « Bruxelles, c'est à Malines que j'étais. On m'avait expédié à « Malines, par erreur.

« C'était un retard seulement et j'eus l'ennui de courir la « poste quelques heures fort doucement sur les chaussées « pavées de briques qui longent les canaux belges.

« Arrivé à Bruxelles, je me fis conduire au palais ; la Reine, « à laquelle je voulais m'adresser, était à Laken, mais elle « devait revenir à la fin de la journée.

« On me fait demander mes dépêches, du Secrétariat ; je « réponds que je ne puis les remettre qu'à la Reine en per- « sonne.

« J'étais connu d'elle depuis mon enfance.

« On m'annonce son retour, je lui fais passer un petit mot : « je fus reçu immédiatement.

« Elle savait déjà, par les journaux, le concours que j'avais « prêté au départ de la duchesse de Montpensier, et m'ac- « cueillit de la manière la plus affectueuse. Elle était bien in- « quiète, la pauvre Reine, bien affligée par tout ce qui venait « de se passer, et pleurait sur le sort de sa famille et peut- « être aussi en pensant à ce qui la menaçait elle-même.

« Je la mets au courant du but de mon voyage ; elle me fait « conduire, alors, avec un mot de sa main, chez le Ministre « de la Maison du Roi, qui habitait le palais même, l'invitant « à faire tout ce que je désirerais pour l'exécution du voyage « que j'accomplissais.

« Le Ministre, immédiatement, se met à ma disposition, je « lui dis que je désirais que mon passeport de courrier de la « République fût changé en un passeport de courrier du cabi- « net belge, et que les cachets républicains fussent remplacés « par des cachets aux armes de Belgique.

« Tout cela fut rapidement fait.

« J'avais laissé ma voiture sous la garde d'un homme de « police, lui disant qu'elle contenait des documents diploma- « tiques importants.

« Tout à coup le Ministre me dit :

« — Mais vous aurez des droits énormes à acquitter en « Angleterre, 8 à 10 %, et je doute fort que la douane an- « glaise accepte, comme dépêches, votre malle. »

« — Documents diplomatiques, — lui dis-je. »

« — Oui, je sais ; mais les Anglais sont difficiles et je crains « bien que vous ne puissiez pas passer. Il vous faudra alors « laisser en douane votre malle, mais en prévenant le Direc- « teur général, à Douvres, afin que toutes les précautions de « sécurité puissent être prises. Je vous donne un passeport « diplomatique, nous allons couvrir votre malle de cachets, « je vous donnerai un mot pour le chef de gare du chemin de « fer d'Ostende, afin que vous soyez seul dans votre wagon, « mais je ne puis rien en Angleterre. »

« Les circonstances actuelles, vous le comprenez, exigent « une grande réserve.

« Je fus assez ennuyé de cette communication que je n'at- « tendais pas. Enfin ! A la grâce de Dieu !

« Je m'embarque à Ostende.

« Mer du diable !

« Arrivé à Douvres (c'était un dimanche, je me souviens), « voilà le moment critique ! Il faut payer d'audace ! Ma malle « avait bien une vingtaine de cachets, elle était aussi respec- « table que possible, à l'œil, mais elle dut subir le sort com- « mun des colis et être portée sur les tables d'examen de la « douane.

« J'estropiais l'Anglais suffisamment pour me faire com- « prendre à peu près, — mais je le comprenais fort mal.

« Je demande le Directeur général de la douane et lui dis, « en dépliant mon passeport :

« — Courrier de Cabinet. »

« Et en montrant ma malle :

« — Documents diplomatiques des plus importants : *Very* « *very importants.* — Voulez-vous bien les surveiller vous- « même pendant que je vais au télégraphe annoncer leur « arrivée ? — Je vous les confie. »

« Ce qu'il me répond, je ne le comprends pas bien, mais,

« très poliment, il me fait conduire au télégraphe : j'expédie « une dépêche à l'ambassade belge :

« Courrier attendu, — bien arrivé avec dépêches. »

« Je reviens trouver le Directeur de la douane ; je me con« fonds en remerciements pour l'embarras que je lui cause et « le prie de me donner un homme pour m'accompagner au « chemin de fer avec recommandation pour que je puisse « avoir, dans mon compartiment et avec moi, mes documents « diplomatiques *very very importants*.

« Il s'y prête de la meilleure grâce, et enfin je suis installé « sans encombre dans un wagon en route pour Londres.

« Quand la portière fut fermée, je fis un ouf ! ! dont je me « souvins !

« Je croyais tout fini... Pas encore !

« J'arrive à Londres au milieu de la nuit ; je me fais « conduire à Waterloo, station pour aller à Claremont, où la « famille royale venait de s'installer depuis quelques heures.

« — A quelle heure le premier train pour Esher et Clare« mont ?

« — Demain matin, à sept heures.

« — Allons, bon ! Il ne me manquait plus que cela ! Où « vais-je aller coucher avec mon chargement ?

« Je ne connaissais pas Londres et j'avais entendu dire que « l'ambassadeur de Belgique demeurait à la campagne près « de Londres. Impossible d'y aller.

« L'ambassade de France était maintenant occupée par « l'envoyé de la République.

« Je réfléchissais ; — le cocher demandait :

« — Où allons nous ? Je ne puis pas attendre ! »

« Je ne savais que dire...

« Conduisez-moi dans un bon hôtel, c'était facile, mais « quand on a une responsabilité comme celle que j'avais, on « aime à savoir où l'on vous conduit, surtout quand on ne « connaît pas une ville.

« En face du chemin de fer, je vois sur une lanterne rouge « ce mot : *Beds* (lits).

« Ça doit être une auberge. — Je frappe :

« — Avez-vous une chambre ?

« — No, sir. »

« Mon cocher s'impatiente ; je refrappe à tour de bras ; on « me rouvre la porte et un colloque, moitié anglais, moitié « français s'établit entre le maître de l'hôtel et moi ; enfin, il « ouvre une porte de salle à manger, me montre le tapis et « me dit :

« — Couchez-vous là, si vous voulez ; voilà tout ce que je « peux faire pour vous. »

« Tout heureux d'être enfin à l'abri, je m'installe, la malle « comme oreiller, enveloppé de mon manteau, une paire de « pistolets à côté de moi, la porte barricadée.

« Le lendemain, j'étais à la gare, et à huit heures à « Claremont.

« Là, j'apprends que le duc et la duchesse de Montpensier « viennent de partir pour la Hollande et sont à Rotterdam.

« Allons, bon ! c'est complet ! Mais Monseigneur le duc de « Nemours voulut bien recevoir le dépôt qui m'avait été « confié. Il fit couper les cordes et sauter les cachets, et j'ai « eu le plaisir de voir passer sous mes yeux plus de dia- « mants, de perles et d'émeraudes que je n'en ai vus de ma « vie.

« — Est-ce tout ? » — me dit le prince.

« — Monseigneur, c'est tout ce que l'on m'a donné ; j'ignore « s'il en est resté en route ; j'ai apporté, telle quelle, la malle « que voici, sans l'ouvrir. »

« J'étais aussi chargé d'une partie des diamants de Madame « la duchesse de Nemours, mais l'aide-de-camp du Prince, « M. Borel de Brétizel, qui m'avait apporté le paquet, avait « été plus avisé que les valets de pied du duc de Montpen- « sier : le tout était contenu dans une boîte en fer-blanc plate, « facile à mettre dans une grande poche et à dissimuler. Je « l'ai même conservée comme souvenir de ce voyage, et elle « m'a été fort utile depuis. Elle avait été aussi cachetée « soigneusement.

« Voilà, mon cher Monsieur, comment les choses se sont « passées ; vous le voyez, ces détails n'ont guère d'intérêt que « pour les parents ou les amis.

— Je ne suis nullement de votre avis ; je n'y retrancherai

rien, car je trouve tout, même les plus petits détails, si précis que c'est la photographie d'une page de roman-vrai.

« — Le Roi venait d'arriver à Claremont; il n'avait même « pas de serviteurs avec lui, sauf un ancien sous-officier, « surveillant au palais des Tuileries, qui l'avait accompagné « dans sa fuite, et nommé Supply.

« Le général de Rumigny était aussi débarqué de la veille.

« La vue du Roi et de la Reine me fit venir les larmes aux « yeux, tant le changement de leurs traits indiquait les « douleurs et les anxiétés de ces derniers jours. Et cette « misère relative!... Moi qui étais habitué à les voir entourés « de tout le prestige et de tout le cérémonial de la royauté!

« On me retint à Claremont jusqu'au lendemain, où je « devais repartir pour la France, chargé de papiers de la part « du Roi, mais en passant par la Hollande, où je devais « retrouver, à Rotterdam, le duc et la duchesse de Mont- « pensier.

« Leur départ précipité d'Angleterre avait été causé par « une impertinence de lord Palmerston, heureux de se venger « mesquinement, par un manque d'égards, de sa déconvenue « politique des mariages espagnols.

« Je passai, ce jour-là, à Claremont, une des plus doulou- « reuses journées de ma vie... Ce Roi et cette Reine, que « j'aimais profondément et que je n'avais vus que revêtus de « l'auréole du pouvoir royal, je les voyais sans suite, abattus, « dans ce château vide de maîtres, comme de serviteurs, par « un temps gris, sombre, temps de deuil exactement...

« C'est ce jour-là que j'eus avec le Roi une scène dans « laquelle je fus malmené par lui, sans l'avoir absolument « mérité cependant.

« Le Roi était arrivé sain et sauf en Angleterre, et toute la « famille royale également; mais on était sans nouvelles « d'Algérie : on ne savait pas comment la proclamation de la « République y avait été accueillie.

« Les uns espéraient, comme moi, que la République n'y « avait pas été reconnue, et que l'armée d'Afrique allait « rétablir la dynastie d'Orléans. Les autres, les républicains, « redoutaient un mouvement qui eût singulièrement mis en « danger leur établissement révolutionnaire.

« A cinq heures du soir, Supply entra dans le salon de « Claremont avec des journaux (c'était la seconde édition du « *Times*).

« Il y avait dans le salon : le Roi, la Reine, le général de « Rumigny et moi.

« Supply remet les journaux au général, qui y jette un « coup-d'œil et s'écrie :

« — Des dépêches d'Algérie !

« — Lisez-nous cela, général, — dit le Roi. »

« Jamais de ma vie, je n'oublierai la scène qui se passa « alors :

« L'immense salon de Claremont avait un aspect lugubre ; « il était éclairé par deux bougies ; les meubles étaient « couverts de leurs toiles d'emballage. — A droite et à gauche « de la cheminée, deux tables ; à celle de droite, la Reine « tricotait, à la lueur d'une unique bougie.

« Le général de Rumigny s'assied près de la seconde bougie, « à la table de gauche, pour lire les journaux. Le Roi « s'assied près de lui, et moi, plus loin, à une distance res- « pectueuse.

« Les dépêches contenaient la proclamation du duc « d'Aumale à l'armée d'Afrique et les adieux en termes si « élevés qu'il lui adressait, et annonçaient son départ.

« C'était, en ce qui me concernait, l'effondrement de toutes « mes espérances...

« A chacune des phrases de la proclamation que lisait le « général, d'une voix coupée par des sanglots, le Roi disait :

« — Très bien ! Très bien ! »

« Moi, je ne disais rien, mais d'impatience, de regrets, je « me remuais sur ma chaise.

« Quand il eut fini, le Roi ajouta :

« — Très bien ! très bien ! C'était là le langage que devait « tenir Aumale. »

« Moi, je m'agitais plus vivement sur ma chaise, mais sans « rien dire.

« Le Roi se tourna alors vers moi et me dit d'une voix très « calme, mais cependant un peu mordante :

« — Il ne vous va pas, ce langage-là, Monsieur Estancelin ? »

« Je réponds, à voix basse, respectueusement :

« — Non, Sire. J'en demande pardon à Votre Majesté.

« — Et qu'est-ce qu'il fallait faire, selon vous?

« — Sire, déchirer la lettre de M. Arago et mettre l'épée à « la main. »

« Le Roi alors bondit, se lève violemment et me dit :

« — Vous êtes un enfant! Vous n'avez pas le sens commun! « Vous ne savez pas ce que vous dites! Et moi aussi, n'est-ce « pas, j'ai eu tort de faire ce que j'ai fait? »

« Le Roi se promenait à grands pas...

« — Eh bien! le duc de Wellington, qui était ici cette après- « midi, et qui en sait probablement un peu plus long que « vous, me disait que c'était un mouvement auquel on ne « pouvait résister... »

« Je m'étais levé. La Reine m'appelle; je m'approche de sa « table :

« — Louis — me dit-elle — ne continuez pas cette conver- « sation, vous voyez combien elle est pénible au Roi... il n'a « pas voulu faire verser le sang. »

« — Hélas! Madame, pour n'avoir pas fait verser le sang « de quelques bandits, ce sera peut-être celui de bien des « milliers d'honnêtes gens qui va couler. »

« La Reine, je vous l'ai dit, tricotait. En entendant ces « paroles, elle laisse tomber sa laine, ses aiguilles, son tricot, « lève ses deux mains en l'air et s'écrie, en les joignant :

« — Que le Ciel ne vous entende pas! »

« Et elle reste une minute, les mains levées et croisées, « dans l'attitude de la méditation...

« La suite n'appartient pas à l'Histoire; mais il résulte de « cette scène, que j'appelle historique, que le duc d'Aumale, « dont l'attitude en Algérie a été, alors, blâmée par les uns, « approuvée par les autres, était en parfaite communauté « d'idées avec le Roi, son père, et qu'il n'a fait, à tort ou à « raison, que traduire, en actes, les sentiments et la volonté « du roi Louis-Philippe. »

« Le lendemain, je devais quitter Claremont et rentrer en « France, en passant par la Hollande, pour voir, à Rotterdam,

« le duc et la duchesse de Montpensier, qui s'y étaient ins-
« tallés en quittant l'Angleterre.

« Le Roi avait eu la bonté de me confier quelques missions « délicates, au nombre desquelles celle de tâcher de lui « trouver quelque argent chez ses agents et de voir M. de « Montalivet qui, avec un dévouement complet, faisait tout « son possible pour que le Gouvernement envoyât au Roi « une somme suffisante aux premiers jours de son existence « en Angleterre.

« Hélas! j'ai vu combien les événements troublent les « hommes! Je me souviens de m'être présenté, avec une « lettre *ad hoc*, chez un des agents du Roi dont la caisse « devait être assez garnie; il me répondit qu'il n'avait rien!

« Peu d'heures après, les agents du Gouvernement répu- « blicain s'en emparaient... il y avait 20.000 francs!

« J'ai vu, depuis, ce même individu faire parade de son « dévouement!

« Le Roi me fit demander à huit heures du matin; il venait « de se lever, — la Reine était près de lui. Ils paraissaient « tous deux accablés par une douloureuse insomnie... J'eus, « en vérité, les larmes aux yeux à la vue de ce triste spec- « tacle.

« Le Roi était très calme; il commença la conversation, « dont je ne raconterai que le commencement, parce que « ce que j'entendis alors ayant été depuis répété à d'autres « personnages et imprimé, je ne commets pas une indis- « crétion.

« — Vous paraissiez blâmer, hier, ce que j'ai fait, Monsieur « Estancelin?

« — Dieu me garde, Sire, d'avoir une pareille prétention...

« — Retenez bien ceci : Roi élu par la Garde nationale de « Paris, le jour où la Garde nationale s'est déclarée contre « moi, mon règne était fini.

« — Mais, Sire, la Garde nationale ne s'est pas déclarée « contre Votre Majesté; les cris de quelques braillards « n'étaient que l'expression d'une faible minorité..., et, « d'ailleurs, il y avait la France.

« — Oh! quand un mouvement a réussi à Paris, la France « suit toujours!... »

....

« Le lendemain, je débarquai à Rotterdam, où je retrouvai « le duc et la duchesse de Montpensier, dont l'accueil fut « aussi affectueux que possible.

« — Nous n'oublierons jamais votre dévouement, et partout « où nous serons, vous serez chez vous. »

« Et pendant quarante ans, ils m'ont prouvé que leur « mémoire était fidèle, car elle était inspirée par les sentiments « de leur cœur, si élevé, si généreux!

« Par eux, la reine Isabelle m'a fait grand'croix de son « Ordre d'Isabelle-la-Catholique et m'a traité, à Madrid, « comme l'ami de sa famille.

« Son nom me rappelle une maladresse, dont elle a été « victime de ma part, et qui ne m'est jamais arrivée dans ma « vie qu'avec elle :

« C'était au dernier déjeuner où j'assistai chez ce pauvre « duc de Montpensier, quelques mois avant sa mort. Il « était descendu à Paris, dans un hôtel de la place Ven-« dôme, et avait réuni à sa table une compagnie royale.

« Au nombre des convives se trouvaient la reine d'Espagne « et son mari le roi d'Espagne, don Francisco, dont j'avais « été le camarade d'enfance, et qui m'a toujours donné les « preuves d'une constante bienveillance.

« J'avais l'honneur d'être assis à la gauche de la reine « Isabelle; en face de moi était le Roi. Il m'adresse une « question, et, comme vous le voyez, j'ai l'oreille très dure, « je fais alors ce geste familier aux sourds qui se servent de « leur main, à moitié fermée, comme d'un cornet acoustique; « je me penche en avant, j'avance le coude et... patatras!... « je renverse un verre de vin sur la nappe...

« La Reine reprend gaiement : « *Allegria! Allegria!* »

« C'est ce que l'on dit en Espagne.

« — Majesté, c'est tout à fait de saison aujourd'hui! »

« Mais j'étais fort ennuyé, cependant, de mon étourderie.

« La conversation continue. — Un maître-d'hôtel répare le « désastre : une serviette blanche sur la table et il n'y paraît

« plus... Mais le malheureux a la funeste idée de remettre le « verre à sa place et de le remplir de vin... Je continuais à « écouter le Roi, le bras levé pour venir au secours de mon « oreille paresseuse; je n'avais pas fait attention au service; « je baisse le coude, il attrape ce malencontreux verre, et, « grâce au mouvement de recul de mon bras, le vin qui, la « première fois, avait été répandu, projeté en avant sur la « nappe, est, cette fois, répandu sur la robe de la Reine « (une superbe robe de velours.)

« Vous dire mon ennui est inutile.

« La Reine gaiement : « Ce n'est rien! Ce n'est rien! Ce « n'est qu'une robe! »

« Alors, ma foi! l'inspiration me vient pour me tirer d'affaire « le moins mal possible :

« — La plus grande flatterie qu'on puisse faire à un sou- « verain, c'est de perdre la tête devant lui. Vous êtes Reine, « vous êtes femme! J'ai perdu la tête près de vous! J'ai droit « à votre indulgence! J'ai gâté une robe, c'est vrai... Mais « quand on jette, comme Votre Majesté, ses bracelets dans « la rue, une robe de plus ou de moins n'a pas grande « importance...

« — Comment?...

« — J'ai entendu raconter, dans un de mes voyages en « Espagne, qu'un jour, à Aranjuez, Votre Majesté était sortie « à pied avec deux gentilshommes et une dame d'honneur. « En rentrant au palais, sous cette avenue de platanes, unique « au monde, une femme vint se jeter aux pieds de Votre « Majesté; elle était en deuil, traînait deux enfants accrochés « à sa robe; un autre petit était dans ses bras... Elle « explique, en pleurant, à Votre Majesté, qu'elle est veuve, « chargée d'enfants, etc., etc.

« Votre Majesté fait signe à ses gentilshommes de donner « un secours à cette femme... Les aumônes avaient été « abondantes pendant la promenade; ils font signe, à leur « tour, à Votre Majesté, que les bourses sont vides. Elle se « retourne vers la dame d'honneur qui, elle aussi, était à sec. « Alors, Votre Majesté détache un de ses bracelets et le « donne à cette pauvre femme! Valait-il mille francs? ou dix « mille francs?... Je l'ignore... Votre Majesté, sans doute « aussi... et la pauvre femme, en larmes, baisa les mains

« royales, en s'écriant : « *Que bonita la Reyna! Que bonita!* »
« Et, dans le pays, quand le fait fut connu, on répétait : « *Que bonita la Reyna! Viva la Reyna!* »
« Eh bien! Majesté, quand on jette ses bracelets dans la « rue, j'avais raison de dire qu'une robe de plus ou de moins « ne signifie pas grand chose, et, sûr d'être pardonné, je dis : « *Que bonita! Que bonita la Reyna! Viva la Reyna!* »
« Et mon étourderie fut pardonnée par la royale compagnie, « mais pas par moi, j'en fais l'aveu.

« En somme, et je m'en fais honneur, j'ai été comblé par le « duc et la duchesse de Montpensier des attentions les plus « charmantes, des souvenirs matériels les plus précieux.
« Peu après la Révolution, quand le Gouvernement eut « rendu au Prince ses biens personnels, il m'écrivit que, « désirant m'offrir un souvenir, il me donnait à choisir, dans « sa galerie de tableaux, celui qui me plairait, ou, à mon « choix, les vases qui ornaient son salon de Vincennes, « cadeaux de l'empereur de Chine au roi Louis-Philippe, « rapportés par M. de Lagrenée, et uniques de leur espèce.
« J'ai choisi les vases, ne pensant pas alors qu'après sa « mort sa fille s'inspirerait des mêmes sentiments et m'adres- « serait de sa part un souvenir précieux que vous avez pu « voir en entrant ici.
« Voilà, Monsieur, comment les choses se sont passées. « Je vous ai raconté, avec un luxe de détails, puérils parfois, « des incidents de peu d'importance, mais dont vous ne « prendrez que ce qui vous intéressera quelque peu. »
— Je ne suis nullement de votre avis. J'ai fidèlement sténographié ce que vous m'avez raconté, et je suis convaincu que je n'aurai rien à retrancher, car vos récits sont vivants et se déroulent au milieu des pages les plus sombres de notre histoire; ils apportent une clarté singulière par leurs détails même, qui semblent faire revivre et les incidents et les personnages.
Et Robert-le-Fort? Est-ce que vous ne m'en direz rien? Car vous avez fait Robert-le-Fort?
« — Je n'ai pas plus fait Robert-le-Fort que le concierge du « théâtre, qui ouvre la porte de la scène à un bon auteur et « lui donne le mot de passe.

« Le Prince voulait servir son pays pendant la guerre ; je « lui ai trouvé un poste et un nom, et c'est tout.

— On m'a raconté des anecdotes, vraies ou inventées, mais, en vérité, assez piquantes pour en faire un roman complet.

« — Je ne sais ce qu'on a pu vous dire ; ce que je sais, c'est « qu'on n'a pu vous dire que des choses qui prouvent le sang- « froid, le courage et l'entre-gent du soldat le plus accompli « qu'on puisse voir.

« J'ai assisté parfois à des scènes plus drôles que celles « qu'inventent les faiseurs de romans. Une seule, en passant, « vous donnera une idée des autres : c'était à propos de lui, « mais il n'y assistait pas.

« J'étais dans tout l'embarras d'une situation unique : « 40.000 mobilisés à armer, équiper, encadrer; plus, « 200.000 gardes nationaux sédentaires à satisfaire. Et « l'ennemi à quelques lieues !

« J'étais installé à la Préfecture de Rouen, où j'avais fait « caserner des compagnies de mobiles. Le préfet, ancien « député, homme des plus honorables, républicain honnête et « de vieille roche, occupait une autre aile de l'hôtel. Nous « avions été à la Chambre ensemble ; son fils avait le « commandement d'une compagnie de francs-tireurs, qui « était aux avant-postes, au milieu de la forêt de Lyons.

« Depuis quelques jours, nous étions sans nouvelles. Un « matin, j'entre dans son cabinet ; je lui trouve un air tout « solennel et tout grave.

« — Quoi de nouveau, ce matin, mon cher collègue ? (vieille « habitude). »

« Il assujettit ses lunettes sur son nez, me regarde bien en « face et me dit d'un ton magistral :

« — Il y a que le comte de Paris est à la Préfecture. »

« — Oh ! là, là ! (à part moi) ; ça brûle ! »

« Heureusement, je ne bronche pas.

« Je me mets à rire — c'est toujours le meilleur moyen « pour dissimuler l'expression du visage.

« — Ah bah ! vraiment ? Je ne l'ai pas vu dans vos salons, « en passant. »

« — Ce n'est pas chez moi qu'il est, c'est chez le général ! »

« Pour le coup, c'était complet. Il sait tout!

« — Eh bien ! nous allons faire une visite domiciliaire et nous « irons le chercher ensemble tout à l'heure ; mais ce qui est « plus sérieux que cette plaisanterie, c'est d'avoir des nouvelles « de votre fils et de nos francs-tireurs ? En avez-vous ? »

« — A l'instant, je viens d'en recevoir : une lettre apportée « par un de vos officiers, qui arrive de Lyons-la-Forêt, un « homme charmant, le capitaine... Le Fort. »

« Avouez que c'était drôle.

« Naturellement, bien rassuré, j'ai proposé, en riant, la « visite domiciliaire au préfet, qui, enchanté des nouvelles « de son fils, a terminé gaiement l'entretien.

« Mais... comme il brûlait !

« Comment, diable ! lui était venu un soupçon? Je ne l'ai « jamais su.

« Les journaux anglais, peut-être, qui avaient annoncé « que les princes étaient en Normandie.

« C'était un terrain trop peu solide sous moi, pour m'y « aventurer sans nécessité.

« Il fallait être en garde, mais ne pas se découvrir, et « j'évitai la conversation.

« S'il avait dit : le duc de Chartres..., je ne sais, en vérité, « comment je m'en serais tiré !... En riant toujours, peut-« être?... J'aime mieux n'avoir pas été mis à l'épreuve.

— Mais c'est une vraie scène de comédie que vous me racontez là ; il n'eût plus manqué, pour qu'elle fût complète, que le duc de Chartres fût présent et qu'il entendît, devant vous, les remerciements adressés au capitaine Le Fort !

Vous devez bien avoir dans vos souvenirs quelques incidents où l'incognito gardé par le Prince devait donner un intérêt extrême à de certaines situations, alors qu'il était présent et acteur !

« — Certainement. — Tenez, le soir du même jour, je fus « témoin d'une scène bien douloureuse pour lui : J'avais « offert un dîner à un vaillant soldat arrivé d'Afrique pour « prendre le commandement supérieur ; un de ces hommes « fermes et sages dans le conseil et courageux dans l'action. « Je m'honore d'avoir servi sous lui.

« A ma table se trouvaient avec lui un certain nombre d'of-

« ficiers supérieurs, entr'autres le colonel Lapérine, ancien « officier aux chasseurs d'Afrique et colonel des mobilisés de « la Seine-Inférieure.

« Un de ses fils fut ce brave capitaine Lapérine, criblé de « blessures au Tonkin, dont la mort a causé de si vifs regrets « dans l'armée et en France.

« J'avais invité aussi le capitaine Robert-le-Fort, qui de- « vait dans la nuit retourner aux avant-postes, où il était de « service avec un détachement de guides à cheval.

« Le dìner avait été animé ; on était au dessert ; les souve- « nirs de l'armée d'Afrique étaient ravivés par les Africains « présents. Tout à coup le colonel Lapérine me dit :

« — Mon général, avez-vous connu le duc d'Orléans ? »

« — Certainement oui ! »

« — J'ai servi sous ses ordres, en Afrique.

« Quel homme c'était ! Comme il était brave et aimé des « soldats ! »

« Je jette un coup d'œil rapide sur le capitaine Le Fort « qui, au bout de la table, coupait un fruit en baissant la tête « pour cacher sa rougeur et son trouble.

« Le colonel Lapérine continue :

« — J'étais à Paris quand il est mort, et je n'oublierai « jamais et l'émotion de la population et le triste spectacle « dont j'ai été le témoin.

« J'étais allé, quelques heures après sa mort, pour m'inscrire « à Neuilly, au petit château de Villiers, où habitait la du- « chesse d'Orléans.

« En sortant du vestibule, qu'est-ce que je rencontre ? Cette « pauvre duchesse d'Orléans elle-même, rentrant d'une pro- « menade dans le parc, en grand deuil, donnant les mains à « ses deux pauvres enfants, le comte de Paris et le duc de « Chartres... Je n'ai pu retenir mes larmes...

« Ce triste spectacle, cette pauvre femme, ces pauvres « petits Princes orphelins ! Cette vue m'avait bouleversé... ! »

« Et, sous le coup de l'émotion rappelée, on voyait des « larmes tomber sur les moustaches du colonel...

« Quand au capitaine Le Fort, il avait, à la lettre, le nez sur « son assiette et je voyais aux contractions de sa poitrine « soulevée par ce récit palpitant, qu'un mot de plus... et les « sanglots étouffés allaient s'échapper malgré lui !...

« Il eut la force de se contenir, mais son cœur avait été mis « à une rude épreuve ! vous en conviendrez.

— On dirait vraiment que cette scène a été inventée, tant elle est émouvante et de circonstance.

« — Il n'y a pas un mot qui ne soit la plus exacte vérité, « et nul ne se doutait autour de ma table, excepté mon « chef d'état-major, que ce jeune capitaine, auquel personne « ne faisait attention, fût l'un de ces pauvres orphelins dont « le colonel Lapérine racontait la rencontre si touchante dans « les conditions où elle se produisait.

« Si vous le permettez, nous arrêterons là notre entretien « sur Robert-le-Fort; j'y trouve quelque inconvénient; c'est « de l'histoire trop moderne. Un jour viendra, je l'espère, « où je pourrai parler et dire la vérité. Mais, dès aujourd'hui, « je peux vous nommer deux hommes de cœur qui ont su « garder inviolablement un secret partagé, et que j'ai toujours « trouvés prêts pour les missions les plus délicates ou les plus « dangereuses, le lieutenant-colonel Hermel, mon chef d'état-« major, et le capitaine de Beauminy.

« Ce que je puis dire, c'est que d'avoir enlevé au duc de « Chartres, un de mes aides-de-camp, un grade conquis « devant l'ennemi, en combattant pour défendre son pays, est « une violation flagrante de la loi qui l'avait confirmé dans « son grade dans des conditions de légalité et d'égalité civique « absolues, et ça été un des actes les plus odieux de la « République.

« Le jour où cette question a été débattue à la Chambre, si « j'y avais été, j'aurais trouvé, sous l'inspiration de mon « cœur, des accents dont l'expression aurait, je le pense, « touché une fraction de la majorité.

« Je n'aurais eu qu'à rappeler les paroles que je lui adressai « quand il vint demander à prendre du service, consentant à « cacher son nom sous celui de Robert-le-Fort pour servir « comme simple volontaire.

« J'ai été en rapport, à la Chambre, avec les chefs les plus « considérables du parti républicain; je crois les connaître « assez pour être convaincu que pas un ne me blâmera « d'avoir facilité à un français qui ne demandait qu'une « chose : un fusil pour défendre son pays, les moyens de le « faire. Ce sont des patriotes qui me comprendront.

« J'ai alors tiré une lettre de change sur votre parti tout « entier; que celui qui veut la renier se lève, sans se cacher « honteusement derrière un bulletin de vote, et me dise à la « face du pays : Vous avez eu tort!

« C'est peut-être une illusion de ma part qui eût été dissipée « par le scrutin.

« Assurément, le Prince ne doit pas regretter ce qu'il a « fait, mais, s'il avait eu un bras cassé ou une jambe brisée, il « aurait pu dire, comme dans certaine pièce : « Je me suis « battu pour mon pays sous la République... et j'ai été bien « bête! »

« Qui sait?... Son patriotisme lui eût peut-être fait par- « donner à la France égarée, et son ingratitude, et le bras, ou « la jambe perdus à son service? Il ne l'eût peut-être pas « regretté.

« Il ne se doutait pas, le pauvre Prince, en m'écrivant le « 4 Juillet 1870, à propos du discours que j'avais prononcé « pour la rentrée des Princes d'Orléans[1], *que ce qu'il désirait « le plus c'était de servir à côté des armées de sa patrie,* que « quelques mois après il verrait se réaliser plus complètement « qu'il ne l'avait espéré le rève qu'il avait fait, et que ses « désirs seraient exaucés.»

— Je me souviens de ce discours qui fit, à l'époque, un bruit extrême. J'étais étudiant, et notre génération n'avait jamais entendu parler des princes d'Orléans que comme un souvenir historique. Je me rappelle avoir vu mes parents ne pouvoir achever la lecture de votre discours, arrêtés par l'émotion qu'il leur produisait.

« — Mon Dieu! le discours n'était pas autrement remar- « quable : il pouvait se résumer en ces trois mots : Souvenez- « vous! Comparez! Jugez! Mais j'avais deviné la corde « sensible de la Chambre et du Pays et je l'avais fait vibrer « sans blesser en rien, dans l'expression, le pouvoir établi. »

— Et vous trouvez cela tout naturel? Mais c'est le plus grand mérite de l'orateur et de l'homme d'Etat! Vous êtes difficile!

« — Je me suis souvenu que je parlais devant une Chambre

---

[1] Voir aux Annexes.

« dont la majorité était composée presque entièrement d'an-
« ciens orléanistes, et que le lendemain, mes paroles allaient
« réveiller, au milieu du Pays, les souvenirs de ces jeunes
« Princes, qui avaient quitté la France entourés de la popu-
« larité la plus légitime.

« Sous l'Empire, *pas une fois,* à la tribune, après le dernier
« discours de M. de Montalembert, on n'avait prononcé le
« nom des Princes d'Orléans, et pendant toute une après-
« midi, la lecture de leur pétition, les développements dont
« j'ai cru devoir l'accompagner, avaient remué tous ces sou-
« venirs, passés mais pas éteints... Cela a fait l'effet d'un
« coup de soufflet sur des charbons couverts de cendre.

« Je m'étais souvenu d'un mot de Lamartine : « On prend
« la France plus par le cœur que par la raison. »

« J'avais cherché à frapper au cœur, et on me raconta, le
« lendemain, un mot du baron de X..., ministre de X...; il
« se trouvait dans la tribune diplomatique, et, dans le
« moment où la Chambre était remuée par une émotion
« vraie, et où je voyais couler des larmes sur plus d'un visage,
« *même au banc des ministres*, il se tourna vers l'ami qui me
« raconta le fait, et lui dit en souriant et à mi-voix :

« — Eh! mais, dans cette Chambre impériale, ils sont tous
« orléanistes! »

« Et ne croyez pas que ce que je vous dis soit l'exagération
« du sentiment d'amour-propre de l'auteur, c'est le sentiment
« de l'homme politique qui croyait, et croit encore, que,
« malgré toutes les fautes, la France, au fond du cœur, est
« restée orléaniste, et que c'est là le vrai sentiment national.

« Tenez, j'ai là un carton rempli de tous les journaux qui
« ont parlé, le lendemain, de cette séance du 2 Juillet, et
« vous allez voir la vérité de ce que je vous dis. »

Et M. Estancelin prit un des casiers de sa bibliothèque, d'où s'échappa une foule de journaux, les uns encore vivants, les autres ayant disparu sans laisser de traces de leur passage :

Le Figaro, le Gaulois, la Gazette de France, l'Union, le Parlement, l'Histoire, la Cloche, la Liberté, le Constitutionnel, l'Opinion nationale, le Rappel, la Presse, l'Univers, le Français, Paris-Journal, le Temps, le Public, la Patrie, l'Avenir national, le Siècle, le Soir, la France, le Monde, le Journal de Paris, le Moniteur et *le Centre-Gauche.*

C'était un inventaire politique assez curieux que cette revue rétrospective, oú les morts étaient mêlés aux vivants. Nous les parcourûmes, et je fus frappé de leur intérêt.

A l'exception de M. Grévy, toute l'opposition d'alors appuyait la demande des Princes d'Orléans. Ils devenaient la tête de colonne, bien autrement dangereuse pour l'Empire que les attaques des républicains; et, je dois le dire, l'unanimité des journaux à constater l'immense succès de M. Estancelin m'a prouvé la force des souvenirs laissés par la famille d'Orléans.

— Vous me permettez de prendre quelques copies partielles?...

« — Tout ce que vous voudrez. »

Et dans le tas, au hasard, je puise :

Le Centre Gauche. — L'enseignement de la séance d'hier a été aussi profond que nous l'avions prévu.

Les Princes d'Orléans en seront consolés, car, pour la première fois depuis vingt-deux ans, une place s'est ouverte dans tous les esprits, pour le Gouvernement de la France, entre la République et l'Empire. — Le discours de M. Estancelin, il faut le lire en entier. — Le compte-rendu officiel contiendra en même temps que les nobles paroles prononcées par l'orateur, des citations curieuses, conviant à des rapprochements que, dans sa modération, l'orateur a dédaigné de faire...

Ce que ne peut rendre la sténographie, c'est l'émotion violente de l'orateur et de la Chambre ; il peut se vanter d'avoir ému tous ceux qui l'ont entendu, tant l'émotion sincère est communicative.

C'est un homme de cœur... Saluons !

Les hommes de cœur sont rares par le temps qui court.

Cette phrase, cent bouches l'ont murmurée dix fois pendant que M. Estancelin était à la tribune.

Lorsqu'il en descendit, la plus grande partie de la Gauche se précipite à sa rencontre pour lui serrer la main, même plusieurs de ceux qui avaient résolu de s'abstenir.

Le Figaro, lui, publie, *in extenso,* aux premières pages, la séance, et ajoute :

Lisez et jugez.

Et M. de Villemessant écrit :

M. Thiers avait une belle occasion de racheter toutes les erreurs dont la dynastie, qui fit sa fortune, a seule porté la peine.

Son devoir était de prendre la parole au Corps législatif et de demander, avec sa puissante éloquence, la rentrée en France de ces Princes, que son incapacité politique avait précipités dans l'exil.

Le Gaulois. — Ils étaient 31 à voter en faveur de la rentrée des Princes d'Orléans, parmi lesquels M. Thiers qui n'a pas parlé !

On a su ce silence vers sept heures du soir. Avant, on ne voulait pas y croire.

M. Estancelin a demandé la parole.

De tous les spectacles, le plus émouvant, à mon sens, c'est celui d'un homme énergique, viril, prêt, par tempérament, aux audacieuses entreprises et qui pourtant, sous l'impulsion d'un sentiment noble et élevé, s'attendrit et parle avec de véritables larmes dans les yeux.

Il disait sa jeunesse, où l'ami était devenu le partisan d'une cause perdue, et dans cette évocation d'un passé déjà lointain, nous sentions, nous autres des tribunes, circuler les généreuses ardeurs d'un homme dont on serait heureux de mériter l'amitié.

Il raconte une charmante anecdote sur le duc de Chartres à l'armée d'Italie ; à ce passage du discours de M. Estancelin, je parcours d'une lorgnette toutes les tribunes de la Chambre... Allons ! C'est bien toujours le même peuple ! Ils sont tous là, vieux, jeunes, qui se regardent, émus et craignent de le paraître... mais le sont, pourtant !

Bons cœurs ! Quand ils ne gouvernent pas, ces Français.

Le Parlement. — Ils ont trouvé un défenseur éloquent ces Princes d'Orléans, à l'honneur et à la probité desquels tout le monde s'est plu à rendre hommage.

Ce n'a pas été M. Thiers ;

Ce n'a pas été M. Daru ;

Ça été un de leurs anciens camarades d'école, un de leurs amis, M. Estancelin.

Félicitons-le de n'avoir pas trahi l'amitié ; dans une circonstance aussi solennelle, son langage a été celui d'un honnête homme, chaleureux, ému, éloquent. Il m'a vivement impressionné, et ce qui émeut le cœur ne trompe jamais.

Je ne doute pas de l'impression que produira partout le discours de M. Estancelin.

Il a su, aux inspirations du cœur, ajouter la force du raisonnement, et son argumentation vive, habile, péremptoire, devait demeurer sans réplique.

La réponse que le Garde des Sceaux a essayée n'a pas eu, malgré son admirable péroraison, tout l'effet qu'on en attendait.

Le Rappel. — M. Estancelin a exposé la requête des Princes, simplement, légalement, avec une modération pleine de dignité et une émotion cordiale.

Cet éloquent plaidoyer pour les personnes a produit, même sur cette Chambre impérialiste, une sensation... dynastique.

Le Français. — Qui va répondre ? — M. Thiers ou M. Jules Favre ? — Non ; ce sera M. Estancelin.

Pour être éloquent, le jeune député de Dieppe n'a eu besoin que d'obéir aux élans de son cœur. Il a trouvé des accents pleins d'une émotion chaleureuse lorsqu'il a décrit les qualités des Princes et qu'il a parlé de leur exil.

Les anecdotes qu'il a racontées sur leur enfance, sur les exploits militaires du duc d'Aumale, sur le manifeste du duc de Joinville, sur l'attitude du duc de Chartres pendant la guerre d'Italie, ont profondément ému l'auditoire. Le tout a été dit avec un tact et une modération tels que les plus susceptibles n'y ont trouvé rien à redire.

On se sentait heureux de voir tant de courage au service de tant de constance.

Disons-le avec M. Ollivier : le discours de M. Estancelin est un de ceux qui feront le plus d'honneur à son caractère. Lui répondre n'était pas facile. M. Emile Ollivier s'est tiré de la difficulté par une argumentation qui a, sinon satisfait, du moins déterminé la majorité de la Chambre.

La Cloche. — La discussion va s'engager.

Le plus profond silence règne.

On voit Estancelin se diriger vers la tribune.

A ce moment Kératry se lève et d'une voix forte, et que l'émotion fait vibrer de façon singulière, il adjure le Garde des Sceaux, au nom de la loyauté, au nom de l'honneur, de déclarer s'il a trouvé dans les archives gouvernementales, une seule pièce, une seule, constatant que les Princes d'Orléans ont jamais conspiré contre le pouvoir établi en France.

Rien de plus ; mais ces simples mots ont produit une impression profonde à laquelle personne n'a pu se soustraire.

Ollivier n'ayant rien à répondre, déclare tout bonnement, assez lestement même, qu'il n'a rien à répondre.

Estancelin commence. — Bonne attitude, très crânement campé ; — il est l'ami des Princes d'Orléans, il s'en glorifie et il fait l'éloge de ces Princes en termes excellents, très chaleureux, très émus, d'une émotion si communicative, que, Dieu me pardonne ! à plusieurs reprises, je me suis senti les larmes aux yeux. — Quoique républicain, ennemi, par conséquent de toute race royale ou impériale, je ne m'en cache pas, j'ai été touché !

La Liberté. — M. Estancelin monte à la tribune :

Sa voix a perdu cet accent sarcastique et narquois qu'elle affecte ordinairement.

Il est ému ; il émeut même les Mameluks de la Droite.

Avec une grande éloquence et une habileté qui lui font honneur, M. Estancelin a prononcé à la tribune du Corps législatif un discours qui servira mieux les prétentions des quatre Princes que leur rentrée en France.

L'Opinion Nationale. — Toutefois, ils ont été bien défendu.

C'est un beau discours, en même temps qu'un acte de courage, que le discours de M. Estancelin.

Son langage a été celui d'un homme de cœur, droit et ferme, loyal et fidèle, ému jusqu'aux larmes et franc jusqu'aux aveux.

Lui, si souvent agressif et dont la parole ardente est sujette à manquer de mesure, il est resté, hier, dans une modération irréprochable, dans une élévation à la hauteur de ses sentiments et de ses convictions.

Il a obtenu le plus beau succès que puisse obtenir un orateur : l'estime sans réserve de tous et les regrets de ceux-là mêmes qui l'ont combattu.

M. le Garde des Sceaux avait sa réponse toute dictée. Ce qu'il a fait, ce qu'il a dit était de son devoir et de sa charge ;

Si lourde que fût la situation, il l'a supportée.

Dans la Gauche, on s'est divisé, non sans colère. Les paroles de M. Grévy ont eu la portée d'une rupture et d'un éclat. Les irréconciliables ont affirmé la République avec des paroles impitoyables.

Le discours de M. Grévy, c'est la formule de la République de droit divin.

L'émotion a été vive, et, pendant un instant, sur les bancs de la Gauche, la discorde s'est révélée par les plus ardentes apostrophes.

Le Moniteur Universel. — La bataille a commencé par M. Estancelin ; je me trompe : c'est M. de Kératry qui a tiré le premier coup de feu en interpellant directement le Ministère pour lui demander :

— S'il existait dans les Archives de l'Empire une preuve quelconque que jamais, depuis 1848, les Princes d'Orléans eussent conspiré ? —

— Le Gouvernement n'a rien à dire, — répond M. Emile Ollivier.

Traduction : — « Nous ne voulons pas entrer les premiers en lice, » ou bien — « Messieurs les Anglais, tirez les premiers. »

« — Avant de prendre part à cette discussion, je me suis demandé si je ne ferais pas mieux de garder le silence » — dit d'abord M. Estancelin.

— Oui ! oui ! — s'est écrié la Droite, confirmant ainsi les dispositions qu'on avait annoncées.

(Réclamations à gauche.)

Et voilà que s'éclaire la situation ; on comprend que l'opposition ne se désintéresse pas dans la lutte.

Le discours de M. Estancelin est un long éloge des Princes d'Orléans : tous sont de grands citoyens, chacun est un héros. L'éloge de la vertu des femmes dans la Maison d'Orléans ne passe point inaperçu ; en un mot, les pétitionnaires doivent une belle chandelle à leur ancien condisciple qui leur a fait, du haut de la tribune française, une réclame soignée, comme on dirait en argot parisien. »

Le Temps. — Il reste trop de générosité en France pour que le discours de M. Estancelin, si touchant à la fois et si loyal, et les paroles émues du vieux général Lebreton, n'y produisent pas une sensation nécessairement peu favorable aux intérêts de ceux qui n'ont pas voulu se laisser toucher, et qui ont cru devoir s'abriter derrière la raison d'Etat, contre des dangers parfaitement imaginaires.

C'est ce qu'un député très dynastique, M. Laroche-Joubert, a eu le bon sens de comprendre et d'exprimer.

Si les princes d'Orléans avaient voulu faire une manifestation dynastique, si leur pétition avait eu pour objet de faire naître l'occasion d'un contraste favorable et de mettre dans un grand relief la dignité constante de leur attitude, si leur démarche avait été inspirée par le désir d'éveiller des sympathies nouvelles chez une nation qui répugne profondément aux doctrines impitoyables des sectaires, et qui finit toujours par se ranger du côté des opprimés, on serait en droit de dire que la séance d'hier, qui les constitue à l'état de prétendants perpétuels, a comblé tous leurs vœux et dépassé leurs espérances.

Soutenue avec une chaleur et une émotion contagieuses par M. Estancelin ; par les orateurs de l'opposition, avec l'éloquence qu'ils apportent toujours à la défense des principes, leur protestation a encore eu cette bonne fortune de rencontrer en face d'elle les vains et cruels sophismes de l'égoïsme dynastique et de la démocratie intolérante, réunis par une terreur commune.

La Presse. — Cette séance sera mémorable. Elle était émouvante, sans être troublée.

Le débat a été digne de l'événement. Il avait été précédé d'un rapport, parfait de convenance, rédigé par M. Dréolle.

Il a été ouvert par une adjuration éloquente d'un homme qui s'inspirait de ses plus hautes et de ses plus fidèles affections : M. Estancelin.

Nous avons dit que ce n'était pas là une affaire de droit commun ; il fallait encore une preuve à l'appui de cette opinion, n'est-elle pas toute entière dans cette séance ?

Est-ce qu'un étranger pénétrant, hier, dans cette salle comble et attentive, n'aurait pas été averti par l'émotion générale, que ce n'était pas une cause ordinaire qui allait se débattre, et qu'il s'agissait de quelque intérêt supérieur à celui de simples citoyens?

Est-ce que toutes les paroles prononcées à la tribune ne réveillaient pas des souvenirs, des grandeurs, des titres, qui ne sont pas faits seulement pour remuer en nous la fibre humaine, mais qui ravivent toute notre histoire et qui font repasser devant nos yeux tout le drame de nos révolutionnaires?

Ces noms d'Orléans et de Bourbon, qui revenaient sans cesse, touchent à la Patrie dans son passé le plus agité et le plus glorieux; et la situation particulière des Princes, fils d'un Roi que notre génération a fait connaître, ne pouvait pas rester indifférente à une Assemblée où l'on retrouve encore ceux qui les ont laissés se diriger vers l'exil, ou ceux qui les y ont poussés.

Ce débat aura en Europe un grand retentissement; c'est un signe sérieux de l'apaisement des esprits, qu'il ait eu cette gravité et qu'il ait été entouré de ce calme.

On peut faire un grand éloge du vote qui l'a terminé; il a été, de la part de la Chambre, l'expression libre d'une volonté réfléchie.

La Gazette de France. — M. Estancelin a prononcé un discours plein de mesure, de tact et de cœur; s'élevant aux plus hautes considérations de la politique, il a dit :

« La Monarchie a revêtu, dans notre pays, depuis le commencement « de ce siècle, des formes diverses et obéi à des principes différents.

« Nous avons eu la Monarchie du droit héréditaire et la Monarchie « élue, dans laquelle le suffrage universel du peuple sanctionne le « choix d'un Souverain.

« M. le comte de Chambord est la représentation la plus haute, la « plus noble et la plus digne du principe d'hérédité. Il conserve pré« cieusement intact le droit monarchique héréditaire; et, comme « personne ne peut sonder les impénétrables mystères de l'avenir, qui « sait s'il ne sera pas, un jour, pour le Pays, une ressource suprême? » (Mouvements divers.)

« Me rappelant les paroles de ce grand orateur, dont la voix « dominait le tumulte de nos Assemblées, je dirai comme l'illustre « Berryer, que nous regrettons tous : « Que M. le comte de Chambord « ne peut rentrer en France que comme le Roi. »

Le Siècle. — L'effet du discours de l'honorable député a été immense.

A diverses reprises il a fait couler des larmes sur plus d'un visage, dans les tribunes et dans la salle.

Ce n'était plus le combattant léger s'attaquant au libre-échange, le cœur avait fait de lui un grand orateur!

« — Tenez, me dit M. Estancelin, voilà un journal inconnu « aujourd'hui, *l'Histoire :*

« C'était un journal rédigé, je crois, par Ganesco. En tout « cas, cet article est des plus graves ; bien peu de gens se « doutent de son importance et peuvent en comprendre la « portée.

« Il y a là un mystère que je ne veux pas dévoiler. Une seule « personne le connaît.

« Tout ceci vous paraît étrange... Je ne puis en dire plus, « et je ne parlerai pas.

« Mais celui qui a écrit cet article était un homme politique « qui avait un fameux flair — ou qui était complice.

Le Sacre des d'Orléans. — Il nous serait difficile de traduire, dans toute leur vérité, les pénibles et tristes impressions que nous avons rapportées de la séance d'hier.

Ce débat, qui semblait devoir provoquer des orages et qui avait conduit au Palais-Bourbon une affluence considérable, rempli les tribunes, encombré les couloirs, ce débat n'a point amené d'incidents passionnés, ni de récriminations violentes, il est resté relativement calme, courtois, modéré ; mais c'est précisément cette tournure inattendue de la discussion qui nous inquiète et qui donne à la question engagée une gravité exceptionnelle.

Pour qui ne s'arrête point aux apparences et vise à la réalité ; pour qui néglige la forme et va droit au fond des choses ; pour qui sait voir et prévoir, la séance d'hier est l'un des événements les plus sérieux qui aient menacé depuis longtemps l'histoire du second Empire.

Le 2 juillet, si nous ne nous trompons, sera l'une des dates mémorables du régime actuel.

En résumé, depuis vingt-deux ans, personne ne songeait plus aux Princes exilés ; on les avait oubliés ; on ne savait même plus leurs noms.

Rentrés en France, ils auraient passé inaperçus au milieu de nous, comme de simples citoyens.

Le vote des 174 vient de les élever sur le pavois, de leur mettre au front une auréole[1].

Le Gouvernement et le Corps législatif viennent de les sacrer prétendants.

« Je vous l'ai dit, relisez en homme politique les lignes

---

[1] 31 membres ont voté en faveur de la pétition des Princes d'Orléans 174 ont voté contre; il y a eu près de 100 abstentions.

« qui précèdent... et songez aux conséquences de cette situa-
« tion.

« J'ai déjà trop parlé.....

« Vous venez de lire l'opinion de la presse de toutes
« nuances politiques — ou à peu près — sur l'importance de
« cette séance du 2 juillet; elle se passe de commentaires.

« La discussion fut aussi soutenue par des députés de
« nuances d'opinions différentes qui, à des points de vue di-
« vers, prouvaient, sur cette question, l'unanimité de l'oppo-
« sition (sauf M. Grévy).

« Le parti orléaniste ne fut représenté que par M. de Ké-
« ratry et moi; mais, à côté de nous, le parti bonapartiste
« figurait aussi : marquis de Piré, général Le Breton,
« M. Laroche-Joubert, s'associèrent à la demande des Princes,
« comme MM. Jules Favre, Esquiros, Ernest Picard, etc., etc.

« Ils montrèrent, les uns et les autres, leur talent ordinaire
« et ne craignirent pas d'affirmer publiquement leurs sympa-
« thies.

« Eh bien, il arriva, — à propos de ce discours, où, comme
« vous le voyez, preuves en main, j'avais porté le poids prin-
« cipal de la discussion et avec un certain succès, — un inci-
« dent fort singulier.

« Un très galant homme, fort conservateur, ami particulier
« du comte de Paris, où, tout au moins, de son intimité, fit
« une histoire du comte de Paris, histoire très bien faite et
« pleine de documents d'une complète exactitude. Il raconta
« tout au long cette séance; il parla de l'intervention de M. de
« Kératry et publia la lettre si digne que lui adressa le comte
« de Paris et qui lui était légitimement due, par sa vigoureuse
« interpellation au ministre du Gouvernenement impérial;
« mais, dans le compte-rendu de cette séance, dont vous
« avez pu juger l'importance (sans tout savoir,) il avait sup-
« primé — non seulement la mention de la part principale que
« j'avais prise au débat, mais il n'avait même pas prononcé
« mon nom.

« Un journaliste du pays, assez surpris de ce silence, au
« moins singulier, vint m'en demander la cause.

« Je n'avais pas encore lu le livre en question, et nous
« eûmes ensemble la conversation qu'il reproduisit dans son
« journal du 18 décembre 1887, et que voici :

Messager Eudois, du dimanche 18 décembre 1887.

UNE VISITE A M. ESTANCELIN

Comme nous l'avons dit dans notre précédent article, sur le livre de M. de Flers[1], nous avons voulu connaître la cause de la singulière omission qu'il avait faite en supprimant, du compte-rendu de la séance du 2 juillet 1870, le nom de l'orateur qui avait lu la pétition des Princes d'Orléans et prononcé, pour la défendre, un disconrs dont l'effet fut si considérable à l'époque.

Nous avons donc demandé un *interview* à M. Estancelin, puisque c'est le mot consacré aujourd'hui par les *reporters* de la presse (pour écrire en français, il va bientôt falloir absolument savoir l'anglais), et nous allons, suivant l'usage adopté, reproduire aussi complètement que possible notre conversation avec lui.

Nous avons été reçu dans sa bibliothèque, encombrée de dossiers où toutes les affaires du jour, soigneusement étudiées, nous prouvent que notre compatriote passe son temps à autre chose qu'à tirer des bécasses.

« — Avez-vous lu le livre de M. de Flers, sur le comte de Paris ?

« — Pas encore ; je l'ai là, mais je voulais finir la *Terre*, de Zola, « avant de le commencer.

« — Donc, vous n'avez pas encore lu le livre de M. de Flers ?

« — Non.

« — Eh bien ! il parle de la fameuse séance du 2 juillet 1870, où fut « discutée la pétition des Princes d'Orléans ; il publie une lettre du « comte de Paris, pour remercier M. de Kératry de son intervention « dans le débat, mais votre nom n'est même pas prononcé par lui !

« — Allons donc ! Ce n'est pas possible ! Kératry a dit quelques mots « très nets, mais c'est moi qui ai lu la pétition des Princes et prononcé, « pour la défendre, un discours qui m'a valu de nombreuses félici- « tations. »

Je me le rappelais parfaitement, et cette inscription que je lis sous le socle de cette statue de bronze qui vous fut offerte, à ce sujet, par des habitants de Paris : *A Estancelin, l'éloquent défenseur des Proscrits*, est une preuve matérielle de l'émotion qu'il produisit alors.

Nous examinons ensemble le passage en question. Nous n'y trouvons aucune mention de l'intervention si utile de M. Estancelin.

« — A quoi attribuez-vous ce silence trop absolu pour n'être pas calculé ?

« — Mon Dieu ! les hommes, dit-on, ont toujours autour d'eux le « bon et le mauvais génie. Ils écoutent plus souvent les conseils du « second que les avis du premier.

---

[1] *Le Comte de Paris*, par le marquis de Flers.

« Il en est de même des Rois et des Princes; ils ont des amis et des « conseillers de diverses sortes, tous sont aussi dévoués, j'en ai la « conviction, mais leurs avis sont absolument différents :

Le flatteur qui nous perd est mieux venu souvent
Que l'ami qui nous sauve en nous désapprouvant.

« Les uns disent : Vous avez des droits, et le devoir, c'est de ménager « l'avenir et de songer d'abord à votre sécurité. D'autres disent : Vous « avez des droits, mais vous avez des devoirs qu'il faut accomplir, sans « cela les droits seront bien compromis !

« Vous citez, dans votre précédent article, ce cri de Madame la « duchesse d'Orléans, disant : « Allons à la citadelle de Lille ! » Elle « en fut empêchée, elle, par des amis bien fidèles assurément, mais « bien mal inspirés !

« Si — au lieu d'avoir l'honneur d'accompagner, à cette époque, « Madame la duchesse de Montpensier, j'avais été près de Madame la « duchesse d'Orléans, est-ce que vous croyez que, loin de la dissuader, « je n'aurais pas applaudi à une résolution qui, en sauvant la dynastie, « eût sauvé la France et nous eût évité, et Sedan, et la Commune, et « la République actuelle ?

« Les Princes ont une situation exceptionnelle. Leurs droits, les « honneurs qui les entourent, les mettent hors du droit commun. Le « réclamer pour eux, c'est une généreuse erreur : on ne peut pas « accepter les droits et se soustraire aux devoirs. Ce serait trop « commode, en vérité.

« Aussi, en plaidant leur cause, en glissant sur la question de droit, « j'avais surtout cherché à réveiller, dans le cœur de mes collègues et « du Pays, les souvenirs personnels si vivaces pour cette famille royale « si aimée... et le succès a été aussi complet que possible, car j'ai vu « des larmes couler des yeux d'un des ministres de l'Empereur, pendant « que je rappelais la vie des Princes qu'il avait servis.

« Depuis, la même question a été traitée à la Chambre et au Sénat, « au point de vue du droit seulement. Eh bien ! malgré le grand talent « des orateurs qui ont pris la parole, l'émotion du Pays n'a pas répondu « à tout ce que l'on pouvait espérer de leur éloquence.

« La France écoute plutôt la voix du cœur que celle de la froide « raison, même quand elle a raison.

« M. de Flers a sans doute voulu qu'on ne pût pas comparer les « deux manières de servir la même cause, et je suppose que c'est là le « motif de cet oubli un peu singulier pour un historien qui avait le « *Moniteur* sous les yeux.

« Cette séance où, après un silence absolu de dix-huit ans sur les « Princes d'Orléans, on entendit retentir à la tribune, en face du Gou- « vernement impérial, tous ces grands noms d'Orléans, Nemours,

« Joinville, Aumale, fut la plus importante du régime impérial, car « c'était une séance dynastique; aussi, je comprends les remerciements « adressés si légitimement par le comte de Paris à M. de Kératry, et « que M. de Flers a publiés. »

— Mais vous aussi — ai-je dit alors — avez dû recevoir des lettres des Princes à cette époque? Est-ce une indiscrétion que de vous prier de vouloir bien me les communiquer?

« — Je ne vois aucun inconvénient à vous les montrer. »

Et M. Estancelin ouvrit un grand carton fermé à clef, où se trouvaient renfermées des masses de lettres et les cartes qui lui furent adressées de tous les points de la France, à cette époque.

« — Tenez, voici des lettres du comte de Paris, du duc de Chartres, « du prince de Joinville, du duc d'Aumale, du duc de Montpensier, etc., « etc. »

Et il voulut bien me les lire.

— Mais elles sont admirables, ces lettres! C'est le cœur des Princes qui a parlé dans un langage qui rappelle les traits de l'esprit du Béarnais! Ce sont des documents historiques qui ne doivent pas rester enfouis dans vos cartons, car ils sont aussi honorables pour leurs auteurs que pour celui à qui ils ont été adressés.

Permettez-moi d'en prendre copie. Quand on aura lu ces expressions si éloquentes d'une royale reconnaissance, on sera bien mal venu à parler de l'ingratitude des Princes.

Et si M. de Flers publie une nouvelle édition de son livre, il pourra la compléter avec des documents nouveaux.

Lettre du Comte de Paris

Le 4 juillet 1870, York-House, Twickenham, Middlessex.

Mon cher Monsieur Estancelin,

Je vous écris sous le coup de la plus profonde émotion.

Plusieurs personnes, arrivées hier, m'avaient raconté la grande impression que vous avez produite sur tous vos auditeurs, à la séance d'avant-hier.

On m'avait dit avec quelle éloquence sincère et communicative vous aviez parlé de ces Français absents, dont vous êtes venu si souvent serrer la main sur la terre d'exil. Mais elle n'avait pu m'apporter que l'image affaiblie du souffle généreux, et, j'ose le dire, vraiment patriotique, qui inspire votre magnifique discours.

Les compliments ne vous manqueront pas, vous les avez bien mérités, et je vois déjà avec joie l'hommage que vous rendent les journaux de nuances les plus diverses et qui ne font que succéder à ceux que vous avez déjà recueillis dans la Chambre.

Mais je suis sûr que votre meilleure récompense sera dans le sentiment que vous avez fait une bonne et belle action.

Je ne puis insister sur ce que vous dites de moi, mais je vous remercie maintenant d'avoir cité le passage de ma lettre qui définissait le terrain sur lequel nous nous plaçons. En pareil cas, l'orateur, qui d'un coup d'œil, juge la disposition des esprits, peut seul apprécier l'opportunité de pareilles citations.

Ma crainte, en vous écrivant à ce sujet, était qu'une lettre, ainsi apportée à la tribune, n'effarouchât bien des gens. Vous qui étiez dans le feu de la lutte, vous en avez jugé autrement et vous avez bien jugé.

En pareil cas, on est heureux de trouver un ami comme vous.

Mais je suis plus à l'aise pour vous dire combien j'ai été touché de la manière dont vous avez parlé du « quatrième conspirateur ».

L'épisode de la guerre d'Italie est amené d'une manière charmante, et était bien fait pour émouvoir tous ceux qui vous entendaient.

J'ajouterai, pour résumer mon sentiment, que si quelque chose pouvait consoler de l'exil, ce serait d'être défendu comme nous venons de l'être par vous. Et si je cherche à dégager une conclusion de tout ce qui s'est dit autour de la question des lois d'exil, depuis dix jours, c'est que cette question a été posée et non résolue d'une manière conforme à la justice et aux principes du droit moderne.

Et nous pouvons nous féliciter en songeant que les récentes discussions dans la presse et la Chambre auront contribué à hâter le jour où l'on verra disparaître le dernier reste des mœurs politiques d'un autre temps.

L'arrêt inspiré à la Chambre par une volonté supérieure ne sera accepté par personne comme une condamnation définitive des « privilégiés. »

En attendant que je puisse vous remercier de vive voix, je vous serre de loin la main et je vous prie de me croire

Votre bien affectionné,

LOUIS-PHILIPPE D'ORLÉANS.

Lettre du Prince de Joinville

Twickenham, 4 juillet 1870.

Mon cher Monsieur Estancelin,

Vous vous êtes battu pour nous.

Ça vous dit tout ce que j'ai dans le cœur en ce moment-ci.

Je savais que notre cause était en bonnes mains dans les vôtres, mais vous y avez mis tout votre cœur et je ne puis vous dire assez avec quelle émotion profonde je viens de lire le compte-rendu de votre discours. (Mon *Moniteur* ne m'est pas encore arrivé.)

Vous savez que nous n'oublierons jamais quel ami vous avez été, alors que personne n'a rien osé risquer pour nous.

Vous avez fait un beau et magnifique discours, mais vous avez fait surtout un acte honnête et courageux, deux vertus dont le pays a soif aujourd'hui.

Cela vous sera compté, soyez-en sûr.

Déjà je vois dans une lettre d'une dame présente à la séance : « Je l'aurais embrassé ! »

Je fais comme elle aurait voulu faire ; cela vous sera moins agréable, mais c'est de tout mon cœur.

F. d'Orléans.

Lettre du duc d'Aumale

Bruxelles, 4 juillet 1870.

Mon noble et courageux ami,

Je viens de vous lire ; j'ai les larmes aux yeux. Je vous remercie et je vous félicite.

Vous vouliez remplir un devoir d'honnête homme et de fidèle ami : Dieu vous a inspiré et récompensé.

Vous avez eu un grand succès, un très grand succès, non seulement de cœur, mais de talent.

Vos belles paroles sont des semences qui porteront leurs fruits, un jour.

Je vous écris bien en hâte, entre deux trains. Je serai à Wiesbaden, hôtel des Quatre-Saisons, jusqu'au 19 ou 20 juillet.

Je vous embrasse du fond du cœur.

H. d'Orléans.

Lettre du duc de Chartres

Morgan-House, 4 juillet 1870.

Mon cher Monsieur Estancelin,

En ma qualité de cadet, j'ai cru devoir, jusqu'ici, m'abstenir de vous écrire ; mais après la lecture du magnifique discours que vous avez prononcé avant-hier, il est impossible de vous taire ce que j'éprouve.

Comme ami, je veux vous dire tout le plaisir que m'a causé votre grand succès oratoire ;

Comme exilé, je veux vous féliciter d'avoir trouvé des accents si nobles et si touchants pour soutenir la cause de la justice et du droit, la cause des proscrits et des malheureux.

Comme Orléans enfin, j'ai à cœur de vous remercier de tout ce que vous avez dit de bon sur nous et particulièrement de m'avoir présenté devant le pays sous l'aspect que je tiens le plus à conserver : en soldat désireux de servir à côté des armées de sa patrie, chérissant sa qualité de Parisien plus que toute autre chose.

Le résultat du vote a été, à bien peu de chose près, ce que l'on nous avait prédit ; mais l'effet produit par la campagne des journaux, et surtout par cette séance de la Chambre que le *Journal Officiel* va répandre à profusion, dépasse de beaucoup ma prévision.

Ce résultat me confirme dans ma conviction que ces lois de proscriptions sont contraires aux mœurs, aux habitudes et aux goûts de la société moderne, qu'elles sont en opposition ouverte avec les principes de liberté conservatrice qui font, tous les jours, plus de progrès en France ; enfin, que, condamnées déjà par l'opinion publique, elles seront aussi, un jour, condamnées dans la pratique.

Je vous prie, mon cher Monsieur Estancelin, de croire aux sentiments bien sincères de votre

Très affectionné,

ROBERT D'ORLÉANS.

« — Enfin la lettre de mon pauvre ami le duc de Montpensier m'ar-
« riva de Madrid pour m'apporter, à son tour, l'expression du plaisir
« qu'il avait éprouvé en lisant le compte-rendu d'une séance qui avait
« si profondément ému la représentation politique de la France : »

Lettre du duc de Montpensier

Je suis tellement ému, mon cher Louis, que je ne sais que dire, et que ne pas dire !

Votre discours est admirable.

J'espère qu'on l'imprimera à part et qu'on l'enverra en France, en Europe, dans le monde entier.

Je suis fier de ma vieille amitié pour vous et je vous en aimerais davantage, si c'était possible.

Il a produit un très grand effet ici, malgré les graves préoccupations de la politique intérieure.

Merci encore une fois ! Vous savez quelle est ma vieille amitié pour vous.

Tout à vous,

A. D'ORLÉANS.

Nous continuons de feuilleter les lettres émanées d'une foule de personnages connus ou inconnus, dont quelques-unes sont fort curieuses ; entr'autres une d'Odilon Barrot, qui est une vraie consultation résumée avec beaucoup de logique, — et une d'un Préfet de l'Empire, alors *en exercice* — il est mort — ; lorsque, tout à coup, au milieu des cartes de visites qui furent adressées à M. Estancelin, à la même époque, j'en vois une sur laquelle je lis :

MARQUIS DE FLERS

352, Rue Saint-Honoré.

J'ai été bien heureux de vous entendre hier ; je tenais à vous faire mes sincères compliments pour votre beau et excellent discours.

— Est-ce que ce serait l'auteur du livre ?

— « Mais je le crois bien, » - répond M. Estancelin.

— Il faut convenir que c'est assez piquant et que, pour un historien, il n'a pas beaucoup de mémoire.

— « Que voulez-vous ? — reprit M. Estancelin. — Vous savez que « le parti conservateur a la mémoire courte, c'en est une preuve nou- « velle. »

Et j'ajouterai, moi, c'est comme cela qu'on est battu : en négligeant les hommes qui peuvent rendre des services... et on ne l'a pas volé. — D'HOCQUELUS.

« Averti de son oubli, M. de Flers, dans une nouvelle édi- « tion, a bien voulu faire mention du discours qu'il avait « entendu.

« Ces lettres, curieuses et touchantes dans l'expression « variée du même sentiment, dormaient depuis vingt ans « dans mes cartons; elles n'en seraient jamais sorties sans « l'oubli de M. de Flers.

« Avec moi, on ne perd rien. Quand on a de la mémoire, « j'en manque; quand on en manque, j'en ai pour deux. »

— C'eût été grand dommage que la France ne connût pas des lettres si honorables pour les Princes, et j'ajoute si précieuses pour vous et votre famille. Vous me permettrez d'en prendre copie, comme je vous demande aussi votre discours du 2 juillet. Je le reproduirai.

« — Mais c'est de l'histoire ancienne, sans opportunité « aujourd'hui... »

— Vous êtes dans la plus grande erreur, permettez-moi de vous le dire; les idées justes et vraies sont commes les lames de Tolède : le fourreau peut être faussé, mais, quand elles en sortent, elles brillent et touchent avec la même force. Tout ce que vous avez dit est frappant de vérité et de justesse; les Princes, aujourd'hui...

« — Mais ils sont encore en exil; le comte de Paris en Angle-

« terre et les autres sont exilés, en France, de l'armée, de toutes « les situations où leur valeur pouvait être utile au Pays... »

— Jamais opportunité n'a été plus grande, vous dis-je ; au milieu du dégoût des spectacles que nous offre la République actuelle, il est bon que la France se souvienne qu'il n'y a pas longtemps les républicains honnêtes applaudissaient à vos paroles et soutenaient de leurs votes les hommes dont vous faisiez un portrait si ressemblant.

« — C'est vrai ; et quand je suis descendu de la tribune, « Jules Favre, lui-même, est venu me serrer la main en me « disant : « Mon cher collègue, vous m'avez fait verser des « larmes ! »

— Et le duc de Chartres qui, quelques semaines après avoir écrit : « J'ai à cœur de vous remercier de m'avoir présenté, devant le Pays, sous l'aspect que je tiens le plus à conserver : du soldat désireux de servir à côté des armées de sa patrie... », venait vous demander un fusil pour défendre cette même patrie, prêt à tout sacrifier pour ses devoirs de soldat... C'est admirable de sincérité patriotique et de courage. Et le duc de Chartres, aujourd'hui, en est réduit à tromper, sur les routes, l'amer chagrin d'avoir été enlevé à l'armée qui l'estimait à sa juste valeur. Tout cela est bon à dire — à redire... et je n'y manquerai certainement pas.

« — Faites ce que vous voudrez. »

— Puisque vous ne voulez pas me parler, avec détails, de la campagne de Robert-le-Fort, il ne me reste qu'à vous remercier de votre gracieux accueil et à prendre congé de vous, en vous disant toutes mes félicitations sur une conduite si courageuse, et j'ajoute si intelligente, qui vous a valu de si légitimes amitiés.

« — Vous allez rester à dîner avec moi ? »

— Impossible ; je veux prendre le dernier train ; je dois être sans faute à Paris demain, dans la matinée.

« — Vous n'arriverez jamais pour le train ; dînez, couchez « à Eu ; il y a un train à cinq heures du matin ; vous serez à « Paris à onze heures. »

Et j'acceptai de grand cœur cette invitation qui me donnait l'occasion de causer quelques heures de plus avec un homme qui, depuis bientôt cinquante ans, a pris part à la vie publique et a toujours vécu, même dans ses jours d'éclipse, dans ce milieu social où se meuvent tous les hommes mêlés aux grandes affaires du Pays.

J'ai entendu, mais sous le sceau du secret, bien des choses cachées qui éclaireraient singulièrement certaines questions encore bien obscures..., et nous sommes arrivés à causer de la situation du parti royaliste, depuis la chute de la dynastie de Juillet, et surtout depuis celle de l'Empire.

« — Hélas! ce qui se passe était indiqué, — me dit-il, — « non pas avec certains détails qui naissent de l'imprévu, « mais d'une manière générale, comme conséquence d'une « faute première; et cette faute a été d'habituer la nation à « la forme républicaine, à lui faire voir que, bien ou mal, on « pouvait vivre en République, et que la République pouvait « être acceptée par les Gouvernements monarchiques de « l'Europe, en montrant qu'on pouvait se passer de sou- « verains.

« Voilà une vingtaine d'années que la République est « proclamée, sommes-nous plus près de la Monarchie que « le jour où l'Assemblée nationale, ayant une majorité « royaliste, l'a employée à fonder la République? Si Dieu « s'était fait homme, et qu'il eût réuni autour d'un tapis vert « les chefs des divers partis qui divisent la France, il eût pu « justement leur tenir le langage suivant :

« Mes enfants, on se plaint souvent dans le monde de « l'abandon, par Dieu, de la nation qui fut la fille aînée de « l'Eglise; c'est un grand tort. Je vous ai donné, ces derniers « temps, tous les exemples qui pouvaient mettre sous vos « yeux les moyens de salut, et je vous ai donné le droit et la « force de les employer.

« Un homme, l'empereur Napoléon III, fut appelé, par ma « permission, à être dans la situation la plus élevée du « monde, le chef de la nation française. Cet immense pou- « voir, à quoi l'a-t-il employé? A combattre l'Eglise, à « dépouiller le successeur de saint Pierre, le représentant du « pouvoir céleste sur la terre...

« Cet acte d'ingratitude a eu sa punition; jamais chute « plus douloureuse n'a été imposée à un homme : elle a été « aussi éclatante que sa fortune. L'exemple a dû frapper les « plus aveugles.

« Un pouvoir révolutionnaire lui a succédé, qui vous a « montré immédiatement où il pouvait conduire la nation « qui s'abandonnait à sa discrétion.

« Il a été combattu dans ses excès, mais le principe fatal « est demeuré.

« Vous avez vu, au nom de la République, vos prêtres, « vos généraux massacrés, vos palais, vos demeures, devenir « la proie des flammes.

« Je vous ai donné, par une majorité d'honnêtes gens, le « pouvoir de retirer la France du chaos dans lequel elle se « débattait. Qu'avez-vous fait? Vous avez, malgré les « exemples que je mettais sous vos yeux, sanctionné, en « faisant usage de votre liberté, le principe fatal pour votre « peuple, dont vous aviez pu juger, dès l'origine, les résul- « tats naturels.

« Un homme avait été réservé par moi pour sauver la « France : il avait la foi, l'honnêteté, la ferme volonté « d'arrêter les progrès du mal qui ronge votre Pays... Cet « homme, vous l'avez repoussé. Vous avez préféré sanc- « tionner le principe républicain et lui donner la forme « légale.

« Les Juifs, il y a dix-huit cents ans, furent aussi appelés « à se prononcer dans une occasion unique : ils avaient à « choisir entre le fils de Dieu et Barrabas... *Barrabas autem* « *dixerunt!* Ils répondirent : « Nous voulons Barrabas! » « Comme les députés français ont répondu : « Nous voulons « la République! »

« Je vous ai donné tous les exemples et tous les moyens « d'action : Vous n'avez voulu ni voir, ni profiter; la Provi- « dence a tout fait pour vous, et vous, rien pour l'aider! »

« Eh bien! Monsieur, tout ce qui se passe est la consé- « quence de cet aveuglement.

« Dans la sphère où mon action peut s'exercer, j'ai fait « tout mon possible pour empêcher ce résultat. Le jour où « Paris brûlait, où l'on fusillait les otages, je suis parti pour « l'Angleterre dire au comte de Paris : « Il faut aller demain « chez le comte de Chambord, et la Monarchie est faite. « L'heure est venue. A la Commune, la France doit répondre « par la Monarchie. »

« Malheureusement se trouvait alors près du Prince un « homme croyant à M. Thiers, et on ne voulait rien faire « que d'accord avec lui.

« — Mais M. Thiers vous trompe. » — disais-je. Je ne fus « pas écouté, et l'occasion fut perdue.

« Plus tard, la situation s'était singulièrement modifiée.

« Il faut savoir, dans ce monde, saisir les occasions, le « moment psychologique marqué pour le succès.

« M. le duc de Chartres, présent à l'entretien, partageait « mon avis.

« Depuis le jour où, à Claremont, j'avais entendu le roi « Louis-Philippe s'exprimer comme je vous le racontais, « j'avais compris que la Monarchie des Bourbons était seule « possible, avec l'union des Princes d'Orléans et du repré- « sentant du droit héréditaire.

« A l'Assemblée nationale de 1850 (j'étais alors repré- « sentant), je me souviens de m'être précipité au pied de la « tribune, au moment où Berryer venait de répondre à « *l'exécrable* discours de Marc Dufraisse.

« Il s'agissait de la prise en considération de la proposition « de M. Creton, demandant l'abrogation des lois de bannisse- « ment de la famille royale.

« Marc Dufraisse avait développé, avec le physique de « l'emploi, teint jaune, cheveux plats, lunettes bleues, parole « glaciale, cette phrase révolutionnaire :

« Quand on a tué la louve, il faut tuer les louveteaux ; il « faut frapper les races royales dans tous leurs descendants. »

« Berryer s'élance à la tribune..., comme un lion ; il s'y « promène au milieu d'un tumulte épouvantable causé par « les doctrines émises devant la Chambre... Avant de parler, « il écumait de colère. — Puis, de cette voix qui retentissait « comme un tonnerre, il commence son discours par ces « mots :

« *Je ne viens pas répondre, je viens protester contre l'exé- « crable discours que vous venez d'entendre!...* »

« Toute l'Assemblée est debout. La droite quitte ses bancs « et vient dans l'hémicycle faire une ovation à Berryer.

« Léo de Laborde, un des plus purs légitimistes, se trouve « près de moi et me serre la main. « C'est la fusion qui va

« sortir de cette séance...», me dit-il. Hélas! après un discours « qui aurait dû commencer par ces mots : « Devant de pareils « hommes et de pareilles doctrines, une seule réponse est « à faire : l'union de tous les hommes qui siègent sur ces « bancs; votons tous la prise en considération de la propo- « sition qui nous est soumise. » Ce n'était qu'une *prise en* « *considération*; donc, entre ce vote préparatoire et le vote « final, on avait le temps de discuter les conditions du « rétablissement de la Monarchie...

« Après un superbe discours, Berryer conclut, comme « Marc Dufraisse..., à l'ajournement de la prise en considé- « ration! Et, désolés, nous sommes remontés sur nos bancs.

« L'occasion était perdue.

« Et plus tard, quand M. le comte de Paris a fait sa visite « à M. le comte de Chambord, nous avions eu l'Empire, et « nous n'avions plus l'Alsace et la Lorraine.

« Aussi, est-ce guidé par cette pensée politique que le réta- « blissement de la monarchie avec le comte de Chambord « était le salut de la France, que le 2 juillet 1870, à la tribune « du Corps législatif, je prononçai cette phrase à laquelle les « événements bien rapprochés donnèrent presque l'apparence « d'une prophétie, quand elle n'était que l'effet d'une lueur « de bon sens, qui avait d'avance éclairé mon esprit :

« *M. le comte de Chambord est la représentation la plus* « *haute, la plus noble, la plus digne du principe d'hérédité* « *monarchique. Il conserve précieusement intact le vieux droit* « *héréditaire, et, comme nul ne peut sonder les mystérieuses* « *profondeurs de l'avenir, qui sait s'il ne sera pas, pour le* « *Pays, à un moment donné, une ressource suprême ?*

« Il l'a été. — Et, comme je le disais plus haut, on a choisi « la République.

« Et dans ce *on*, il y a une foule de conservateurs, ou soi- « disant tels.

« Puis les uns, en se ralliant à la République, en en « acceptant le titre, ont rendu la Monarchie impossible. « D'autres, par les conditions qu'on voulait faire au comte « de Chambord, par les engagements qu'on lui demandait, « ont blessé le Prince dans sa légitime susceptibilité.

« Et remarquez que ces grands politiques, si susceptibles « envers M. le comte de Chambord, si méfiants de lui, étaient « les mêmes qui acceptaient sans protestation les faits « accomplis par la République, et qui avaient oublié, en « Février 1848, de défendre le Gouvernement de leur choix.

« Je me souviens qu'à l'un d'eux, qui me parlait de ses « principes libéraux et qui ne voulait accepter le comte de « Chambord que si, d'abord, on le passait au bleu, je répondis :

« — Vos principes libéraux ! Vos principes ! Il fallait les « défendre au 24 Février. Les fuyards de cette journée « néfaste ne peuvent pas avoir la prétention d'être traités « comme les héros de Juillet. »

« M. le comte de Chambord avait dit dans ses lettres :

« *Je suis et veux être de mon temps... Je ne veux pas être* « *le Roi d'une classe, ni d'un parti... Le mérite et les services* « *rendus au Pays sont les seules distinctions à mes yeux.* »

« Aussi, lorsque chargé par lui de présider au grand « banquet, le 2 juillet 1883, qui devait être le signal d'une « campagne royaliste nouvelle, dans laquelle j'aurais joué « un rôle actif, je m'étais inspiré de ces paroles et j'ajoutais « cette phrase, préparée d'avance :

« *Agriculteurs, industriels, honnêtes travailleurs, hommes* « *d'épée ou de plume, soldats de Dieu et de la patrie, il y a* « *place pour vous tous autour du Roi de France.*

« *Nous avons sa parole.* »

« Je dois dire que la liberté la plus complète m'avait été « laissée et qu'on n'avait, ni directement, ni indirectement, « mis aucun obstacle à l'expression de sentiments traduisant « ma pensée personnelle.

« Et une lettre qui m'est singulièrement précieuse m'a été « écrite à ce sujet par un homme entouré de l'estime et du « respect de tous les partis, le marquis de Dreux-Brézé, qui « représentait M. le comte de Chambord en France. La voici :

A Monsieur Estancelin, au château de Baromesnil,
par Eu (Seine-Inférieure).

Monsieur,

Ma carte vous aura déjà appris la réception par moi du journal *le Nouvel Eclaireur*, et apporté tous mes remerciements de votre bonne grâce pour moi.

Je tiens aujourd'hui à vous transmettre toute ma gratitude de la lettre dont vous avez bien voulu faire suivre votre envoi.

J'ai retrouvé, dans cette lettre, comme j'avais reconnu hier dans le texte de votre discours, l'écho, le témoignage des sentiments que j'avais vivement apprécié en vous, alors qu'une même pensée, qu'un même vœu de restauration monarchique et de relèvement pour la France nous avait conduit l'un vers l'autre et unis.

Le souvenir de ce passé est resté, je vous assure, tout entier dans mon esprit et dans mon cœur : Je serai toujours heureux de ce qui nous rappellera l'un à l'autre.

Agréez, je vous prie, Monsieur, la nouvelle expression de mes sentiments de sincère dévouement pour vous.

DREUX-BRÉZÉ. »

« La maladie, puis la mort du Prince, empêchèrent et le « banquet et la campagne pendant laquelle j'aurais parcouru « la France, comme je l'ai fait plus tard pour la question « économique; cette fois, soutenu par le parti légitimiste « si dévoué et si fidèle, et au cri de : « Vive le Roi! » Avec « Mazas en perspective... si c'eût été nécessaire.

« C'était là un programme complet, mais par les mesquines « conditions qu'on voulait imposer, avec l'air de douter de « la parole du Prince, on préparait l'échec de la Monarchie.

« Et comme le Prince l'a bien fait sentir dans la lettre du « 27 octobre, quand, parlant de la démarche si noble du « comte de Paris, il a dit :

« On parle de conditions! M'en a-t-il posé ce jeune Prince « dont j'ai ressenti avec tant de bonheur la loyale étreinte « et qui, n'écoutant que son patriotisme, venait spontanément « à moi, m'apportant, au nom de tous les siens, des assu- « rances de paix, de dévouement, de réconciliation? »

« On prétend qu'une phrase que j'aurais prononcée a été, « après mon discours du 2 juillet 1870, la cause du choix « qu'aurait fait de moi M. le comte de Chambord pour « présider le banquet du 2 juillet 1883.

« J'aurais dit, dans je ne sais plus quelle circonstance, au « milieu d'une discussion politique dans un salon de Paris :

« Depuis que l'union de la Maison de France est faite d'une « manière aussi complète et aussi loyale, le devoir des « anciens orléanistes est tout tracé : ils ont contribué acti- « vement au renversement de la Royauté légitime, ils doivent

« contribuer activement à sa Restauration. *S'abstenir, ou* « *rester neutre, c'est déjà un commencement de félonie.* »

« Eh bien! si l'abstention était déjà, à mes yeux, un « commencement de félonie, que dire de ceux qui, tout en « ayant l'air de vouloir la Monarchie, la rendaient impossible « par les conditions blessantes que, dans leur méfiance, vraie « ou fausse, ils voulaient exiger du comte de Chambord?

« Certainement, il y avait des hommes politiques qui, « comme moi, désiraient franchement, loyalement, la res- « tauration de la Monarchie aînée, mais combien d'autres, « sans s'y opposer ouvertement (car il faut toujours ménager « l'avenir...), mettaient, pour me servir de l'expression « familière, des bâtons dans les roues, soulevaient d'avance « des questions irritantes, sans comprendre que la force des « choses amène à son temps la solution nécessaire, insistaient « sur des questions inutiles à poser, mais blessantes... en « un mot, faisaient tous leurs efforts pour rendre la solution « monarchique impossible, et se sont réjouis de l'insuccès, « en répétant : « Nous l'avions bien prévu! » Car le succès « eût été la critique la plus sanglante de leur vie politique « passée et l'amoindrissement de leur situation actuelle.

« M. Thiers et ses amis formaient le noyau le plus dange- « reux de cette opposition, car leurs rapports anciens avec « le parti orléaniste faisaient déteindre sur le parti les « méfiances qu'ils inspiraient.

« La situation avait ses délicatesses, mais l'habileté des « hommes politiques, c'est précisément de savoir tourner ou « aplanir les difficultés, et elles sont rarement insurmon- « tables.

« J'ai peine à croire que M. de Talleyrand qui, à Vienne, fit « faire à la France vaincue si grande figure, eut échoué à « faire l'union de la Monarchie et de la France, quand le Roi « le voulait, et que la France, qui en sentait le besoin, le « désirait comme le terme de ses douloureuses épreuves.

« Je lisais dernièrement, dans les *Mémoires de Sully,* ce « chef-d'œuvre de bon sens, de patriotisme, quelques lignes qui « s'appliqueraient merveilleusement à cette situation. C'était « le lendemain de la mort de Henri III; son successeur se « trouvait dans la plus difficile de toutes les situations, entre

« protestants et catholiques, avec les Espagnols mêlés à « toutes nos affaires. Sully disait au nouveau Roi :

« En effet, sans vouloir juger l'avenir qui dépend de trop « de choses, encore moins prétendre l'assujettir à notre « précipitation, dans les grandes et pareilles entreprises, il « ne faut que s'attacher à vaincre les obstacles l'un après « l'autre, et ne point se rebuter parce qu'ils sont grands et « en grand nombre. On ne doit jamais désespérer de ce qui « a été possible à quelqu'un : *et combien de choses auxquelles « on attache l'idée d'impossibles* deviennent *faciles* à qui sait « tirer parti du *temps*, des *occasions*, des fautes d'autrui, des « moments heureux, des différentes dispositions et d'une « infinité d'autres circonstances... »

« Comme c'est vrai!

« Et le Roi huguenot est entré à Paris Roi catholique et, « dans son cortège, figuraient bon nombre d'échappés, « comme lui, à la Saint-Barthélemy, mais restés fidèles, « comme Rosny, aux prêches des Parpaillots!

« En quelques lignes, le comte de Chambord avait tracé « son programme; les événements le rendaient nécessaire, « indispensable; *c'était la ressource suprême.*

« M. le comte de Paris avait fait sa visite au comte de « Chambord sans réserve et sans conditions. Le comte de « Chambord l'avait accueilli sans qu'il eût été question, ni « de pardon, ni d'oubli; cette démarche et cette entrevue « avaient été aussi nobles, aussi dignes de part et d'autre; « ni soumission d'un côté, ni amnistie de l'autre. Reconnais- « sance du droit légitime héréditaire de la part du comte de « Paris, et, en fait, le comte de Chambord a ouvert les bras « à son héritier, sans conditions.

« Mais il y avait bien des gens dont cette démarche déran- « geait les combinaisons et qui auraient voulu en analyser les « conséquences.

« *Car M. le comte de Chambord voulait régner, accomplir « la mission imposée par son patriotisme; mais, pour qu'il « pût régner utilement, il fallait qu'il ne fût pas paralysé « par des exigences soulevées par des méfiances intéressées à « faire échouer le rétablissement de la Monarchie. C'est quand « il lui a été posé des conditions qu'il jugeait incompatibles*

« *avec la liberté d'action qui lui paraissait indispensable,* « *qu'il a publié la lettre du 27 octobre.*

« Les hommes qui avaient contribué à renverser la « Monarchie légitime en 1830 ont fait ce qu'ils ont pu pour « empêcher son rétablissement, malgré l'exemple si loya- « lement donné par les Princes, et ils y ont réussi. Parmi « les hommes politiques mêlés aux négociations, ou les « inspirant, les uns allaient loyalement au comte de Cham- « bord et voulaient lui prouver l'ardent désir qu'ils avaient « de contribuer à son rétablissement. Mais combien d'autres, « moins loyaux, cherchaient à rattraper, en détail, les « concessions que les événements, malgré eux, les avaient « forcés d'accepter *en gros* (si je puis ainsi dire).

« J'ai regretté, une fois de plus, que la démarche conseillée « par moi, en 1870, n'ait pas été accomplie alors. Que de « choses sont possibles sous le coup de certains événements, « qui rencontrent ensuite des difficultés qui ne se seraient « pas présentées au moment opportun !

« La lettre du 27 octobre a été la fin des tentatives de « restauration monarchique, et la République est devenue le « Gouvernement établi du Pays.

« Puis, le comte de Chambord est mort.

« Je pensais que ce grand événement allait être le signe du « réveil militant du parti royaliste, avec un Prince d'Orléans « comme chef.

« M. le comte de Paris a suivi une politique plus sage peut- « être, plus prudente assurément, peut-être aussi plus habile, « — l'avenir le dira...

« Je me suis permis de la blâmer à l'époque, et cette « prudence et cette sagesse n'ont pas empêché le Prince, « comme je le lui avais prédit, de reprendre le chemin de « l'exil.

« La France a été surprise de la prudence d'une politique « qui la déconcertait un peu en trompant son attente, et qui « a eu pour résultat un certain découragement dans le parti « royaliste.

« M. le comte de Chambord ne pouvait rentrer en France « que *comme le Roi,* — avait dit Berryer.

« M. le comte de Paris, en revenant habiter le château

« d'Eu, électeur éligible, citoyen de la République française, « a un peu modifié la situation prise par son prédécesseur « royal.

« Ce n'était plus le roi de France par droit héréditaire; « c'était un prétendant au trône, ayant tous les droits possibles à arriver au trône, mais ayant aussi, en face de lui, « sur le terrain de la consultation nationale, le principe « électif d'où sont sortis les Bonaparte.

« Il est difficile de dire à une nation : « J'accepte votre « verdict, s'il m'est favorable; — si non, — non! J'ai un « droit, voulez-vous le sanctionner? — Non, nous le « reconnaissons pas! » Le droit ne se discute pas.

« Je disais au comte de Paris : La Constitution du Pays « devra être discutée entre les représentants du Roi et ceux « de la nation, mais le Roi ne doit être ni discuté, ni livré au « hasard du scrutin. Le droit héréditaire est un principe qui « ne peut pas être discuté.

« Le roi Louis XVIII est rentré en France *comme le Roi;* « s'il avait été un prétendant soumis à l'élection populaire, « le roi de Rome eût eu beaucoup de chances de lui faire « obstacle d'une manière sérieuse.

« Nous avons eu un exemple frappant d'une situation analogue à de certains égards : Le duc d'Aumale avait dit à « M. Grévy une parole superbe de vérité et de dédain :

« — Je suis et je reste le général Henri d'Orléans. »

« Puis, cédant à des conseils mal inspirés, il a consenti à « accepter la juridiction républicaine du Conseil d'Etat, qui « lui a répondu :

« — Vous n'êtes plus le général Henri d'Orléans. »

« M. Grévy a eu raison devant le Conseil d'État.

« C'est un peu comme Bazaine aurait dû faire, s'il avait « répondu :

« Nommé maréchal par l'empereur Napoléon, c'est son « Gouvernement seul que je reconnais pouvoir me donner « des juges; jusque-là, je vous souhaite le bonjour et vais « me promener. Je ne vous reconnais pas le droit de me « juger. »

« Un voyage en Belgique, ou en Angleterre, lui eût évité

« d'être jugé à Versailles en personne, et il serait resté le « maréchal Bazaine,au moins pour beaucoup de gens.

« Je me souviens d'avoir assisté, à Versailles, dans une « tribune, à la fameuse séance où M. Thiers jeta au parti « royaliste, formant la majorité, cette phrase cruelle et « perfide :

« Oui, la Monarchie serait possible, si vous étiez unis..., « mais vous êtes divisés! »

« Je regardais cette Assemblée, et, comme lorsque dans une « salle d'armes on assiste à un assaut, et qu'on voit un tireur « découvert et son adversaire ne pas profiter de l'avantage, « on a envie de lui dire : « Passez donc au dégagement! » — « de même, j'avais envie de crier : « Mais répondez donc! « C'est le moment de faire faire la Monarchie par l'Assemblée, « au grand jour, en dehors de toutes les petites combinaisons « de salons ou de couloirs. Si un homme politique s'était « levé, à ce moment, et eût dit, en s'adressant à la majorité :

« M. Thiers nous dit : La monarchie serait possible, si « vous étiez unis .. mais vous êtes divisés! .. Sommes-« nous divisés pour défendre la patrie? Sommes-nous divisés « pour défendre la religion? Sommes-nous divisés pour « défendre nos libertés? Sommes-nous divisés pour défendre « l'ordre? Eh bien! nos Princes, aussi patriotes que nous, « nous applaudiront quand, au nom de la France que nous « représentons, nous viendrons leur dire :

« Votre union, c'est notre salut, et nous venons vous en « apporter la preuve en vous demandant de la sanctionner, « en ne formant plus qu'une seule famille politique. »

« On avait la majorité. Quel spectacle qu'une séance après « de telles paroles!

« Hélas! rien n'a été dit. L'occasion a été perdue. On a « renversé M. Thiers pour faire comme lui... mais pire que « lui!...

« Puis, le comte de Chambord a disparu.

« On avait beaucoup dit qu'il était le seul obstacle au réta-« blissement de la Monarchie... Et le comte de Paris est « revenu habiter le château d'Eu, pour quelques mois, avant « d'être renvoyé de France comme un citoyen prétendant « embarrassant...

« Sommes-nous plus près ou plus loin de la Monarchie « que lorsque M. le comte de Chambord la présentait au « Pays avec les conditions nécessaires pour en rendre le « rétablissement durable et conservait intact le droit tradi- « tionnel héréditaire?

« Les incidents de Goritz, où le comte de Paris a montré, « une fois de plus, toute la dignité de son caractère, ont « produit un résultat ignoré jusqu'à présent et dont je puis « parler, sans toutefois révéler les noms des acteurs, sauf « peut-être celui d'un des écrivains royalistes des plus consi- « dérables, et qui occupe avec tant de talent la place du « regretté M. de Pène, M. Cornély.

« Il fut averti, sinon de tout ce qui se préparait, au moins « des principales scènes qui devaient se produire, et son « concours empressé et courageux nous était promis, ainsi « que la publicité de son journal, feuille royaliste d'avant- « garde, le *Clairon*.

« Comme je devais prendre la parole, le 2 juillet, dans le « grand banquet dont je vous ai parlé, je m'étais trouvé en « rapport avec les chefs du parti royaliste dans le monde « parlementaire.

« La maladie du Prince fit ajourner le banquet, et les « préoccupations de sa fin prochaine nous forcèrent à penser « à la situation qui allait être faite au parti royaliste.

« Il fut décidé qu'on ne pouvait pas proclamer le roi de « France sur la terre étrangère, et que c'était au centre de « Paris même que devait être salué l'héritier royal de la « couronne de France.

« En conséquence, tous les sénateurs, députés, tous les « rédacteurs de journaux royalistes de France, tous les « hommes politiques connus, auraient été invités, au retour « de Goritz, à se réunir à Paris, et là, une adresse au « nouveau Roi eût été signé par tous.

« Une première proclamation au Peuple français aurait été « affichée partout :

« Français,

« Le roi Henri V est mort.

« Le roi Philippe VII lui succède. »

« Et on aurait trouvé des hommes ayant assez de cœur et « de courage pour la signer, au nom de l'Assemblée.

« Puis une Adresse, assez courte, aurait été envoyée au « nouveau Roi :

« Sire,

« Nous venons saluer en vous le représentant de l'héritier « de nos rois.

» Le droit héréditaire, si précieusement conservé par le « Prince que nous pleurons et si noblement reconnu par « vous, vous appelle à lui succéder.

« Nous saluons en vous le Roi, dont le courage a montré « sur les champs de bataille que l'épée de la France ne peut « être en de meilleures mains.

« Vos sentiments, bien connus, nous sont un gage que les « libertés de la nation et l'ordre public, comme son honneur, « seront assurés et défendus par vous.

« Sous votre règne, Dieu — nous l'espérons — accordera « sa protection à la nation qui a toujours, depuis tant de « siècles, mérité le nom de la Fille aînée de l'Eglise.

« Votre Majesté se souviendra que la politique économique » des princes de la Maison de Bourbon a assuré à la France, « depuis le commencement de ce siècle, une prospérité dont « nous espérons voir encore, sous votre règne, se développer, « s'accroître les heureux résultats. »

« Voici, autant que ma mémoire fidèle peut me les rappeler, « et les points principaux et presque les termes de la rédac- « tion de l'Adresse projetée.

« Mais à Goritz, dans un élan de fidélité royaliste excité « par les mesures prises par Madame la comtesse de Cham- « bord, M. le comte de Paris avait été déjà salué comme « l'héritier du comte de Chambord.

« Cette réunion n'avait plus sa raison d'être, et M. le comte « de Paris, sachant que je devais y assister, me pria de « m'abstenir en me déclarant qu'il ne recevrait pas d'Adresse, « en ayant reçu une signée à Goritz par les représentants du « parti royaliste.

« Je compris parfaitement la force de l'objection et je me « rendis aux désirs du Prince, désirs qui furent formulés de « la manière la plus nette.

« Madame la comtesse de Chambord avait voulu que le « deuil fut conduit par son neveu; son désir fut satisfait : « avec beaucoup de dignité, le Prince a préféré se retirer que « d'accepter le second rang.

« Mais si le comte de Paris avait dit : « — Personne que je « sache n'a jamais passé avant le Roi de France... Marchons, « Messieurs! » on lui aurait fait place.

« Je crois que l'acte aurait eu un fameux retentissement en « France... Le Prince n'y serait probablement pas rentré, « mais quelques mois après, il en sortait...

« Enfin! nous nous traînons péniblement jusqu'à la crise « Boulanger. »

— Eh bien! que pensez-vous de Boulanger? Etiez-vous boulangiste?

« — Je n'ai jamais cru que Boulanger travaillât pour la « Monarchie et, par conséquent, j'étais au balcon, regardant « sans confiance.

« Boulanger, appuyé par les républicains, les royalistes, les « bonapartistes, devait jouer deux des trois partis, s'il se « déclarait pour l'autre.

« Il lui était si facile de répondre à la demande d'exécuter « des promesses plus ou moins complètement faites : « Je « suis prêt à m'exécuter, mais mettez-vous d'accord; je ne » puis pas tromper les bonapartistes et les républicains. Il « faut vous entendre... »

« Et il aurait gardé le pouvoir. Lui eût-il été possible de « faire autrement?...

« On comprend, à la rigueur, un général royaliste mettant « la République à la porte, par conviction, ambition, si l'on « veut, — Monck ou Pavia; mais un général républicain « faire la Monarchie pour une dotation, ou un titre?... Il eût « été, ou tué par les uns, ou méprisé par tous comme instru- « ment payé.

« Quant à la question de légalité, les républicains parlant « légalité me font vraiment rire. Ils me font l'effet d'un « monsieur ayant enlevé la femme de son ami et appelant le « commissaire, parce qu'elle le trompe avec le voisin d'en « face.

« La légalité républicaine! Quand donc ces deux mots ont-
« ils passé ensemble par la même porte?
« La République de 48, comme celle du 4 Septembre, sont
« issues d'un acte révolutionnaire.
« La force les a installées; la force les fait vivre. Quant à
« la légalité... c'est une plaisanterie.
« Boulanger a vécu et est mort comme un sous-lieutenant,
« sans idées politiques, avec un courage personnel incontes-
« table, mais une absence de sens politique, et pour sa vie,
« comme pour sa mort.
« C'est très touchant de se tuer pour une femme... mais
« c'est jeune...
« Voulant mourir, il n'avait qu'à aller à Fourmies se faire
« tuer au milieu des mineurs; c'était finir politiquement, ou
« se préparer une rentrée en scène éclatante.
« Mais se tuer pour une femme, ce n'est pas la fin d'un
« chef de parti.
« Le jour où il a accepté la candidature de Paris, il était
« perdu, selon moi. Je l'ai dit, écrit, à l'époque, à la duchesse
» d'Uzès, sa grande amie :
« Ou il échoue : c'est un grand affaiblissement à son pres-
« tige; ou il est nommé, et, ayant effrayé le parti au pouvoir,
« il va être la tête de turc sur laquelle on frappera jusqu'aux
« élections générales : on aura le temps de la casser. »
« — Votre homme sera arrêté, — dis-je un jour à la
« duchesse d'Uzès, M. de la Trémoille présent.
« — Tous les pavés de Paris se soulèveraient. »
« — Pas un ne bougera... »
« Les pavés n'ont pas bougé, et le général est parti.
« Peut-on absolument blâmer les députés qui ont poussé
« le parti royaliste à emboîter le pas derrière Boulanger?
« C'est difficile à dire, en voyant les masses électorales
« entraînées vers lui; n'ayant plus d'objectif, ils ont mis en
« action le dicton : « Puisque nous sommes leurs chefs, il
« faut bien les suivre. »
« Comme les tentatives ratées, elle a été fâcheuse; mais la
« colère légale des républicains m'amuse.
« Un des députés les plus courageux et les plus éminents a
« eu le franchise de dire :
« Nous avions cru avoir un homme, nous nous sommes

« trompés ! Nous avions fait un pont, il s'est trouvé trop « court... »

« C'est fâcheux de se tromper, et sur la valeur de l'homme « et sur la longueur du pont, quand il risque de vous faire « tomber à l'eau.

« Mais, *errare humanum est.*

« Le parti royaliste a vécu, sans grande figure, jusqu'à » l'équipée du duc d'Orléans. Là, il y a eu, à mon avis, une « situation dont on aurait pu profiter.

« Comme j'aime beaucoup les Princes et que j'ai une indé- « pendance absolue, qui tient un peu à ma position maté- « rielle, et beaucoup à mon caractère et à mon expérience « politique justifiée, depuis plus de quarante ans, par les « événements au milieu desquels je me suis trouvé, j'ai cru « qu'il y avait alors une évolution utile à faire dans le parti « royaliste.

« Je l'ai écrit à Monseigneur le comte de Paris, dans une « lettre politique, que je vais vous lire, car elle a été commu- « niquée d'avance à plusieurs de mes amis, et j'ai publié, « alors, sans nom d'auteur, une petite brochure signée : « *Un Tricolore*, qui a été discutée par les journaux radicaux, « et sur laquelle, naturellement, les journaux royalistes ont « gardé le silence.

« Cette lettre et cette brochure avaient pour but d'engager « le comte de Paris à profiter de la popularité du duc d'Or- « léans pour le mettre en avant, — et non pas d'abdiquer « en sa faveur, puisqu'il n'avait pas le titre de Roi, — mais « à charger le duc d'Orléans de la direction du parti et en « faire l'objectif populaire.

« Voici quelques lignes de la brochure, qui me paraissent « encore de circonstance, car les événements n'ont fait que « justifier mes indications, même dans les actes qui n'ont pas « été accomplis comme je le désirais, et qui auraient pu « l'être, si mon plan avait été suivi :

Extrait de la brochure : HAM ET CLAIRVAUX

. . . .

Le duc d'Orléans a eu une entrée en scène plus modeste que le prince Louis-Napoléon ; le Sénat ne s'est pas réuni pour le juger ; il est venu seul, entre deux gendarmes, s'asseoir sur le banc sali la veille par les plus crapuleux voyous de Paris... Le descendant de Henri IV ! le petit-fils du roi Louis-Philippe !

Mais le peuple ne s'y est pas mépris, il ne s'est pas trompé, il a compris que plus le théâtre était ignoble, plus éclatante devait être la manifestation de l'opinion publique, il a applaudi ce jeune Prince qui a eu la crânerie de tout faire et de tout dire ; et, quand les journaux ont annoncé qu'il avait demandé la Messe, j'ai entendu dans un groupe d'ouvriers : « Eh ! bien, c'est un gaillard qui a le courage de son opinion ! »

C'est ce que l'on aime en France ; et l'un des orateurs et des publicistes des plus éminents de notre époque, a dit lui-même, malgré ses opinions bien connues :

« La France cherche un homme, si c'était lui !... »

Le duc d'Orléans a conquis, non seulement tous les royalistes, mais il a excité aussi de très vives sympathies chez tous les *Tricolores*.

Les *Tricolores*, ce sont ces dix millions de Français qui veulent l'ordre, l'égalité, la liberté et le travail ! Leurs rangs s'étendent du sein de l'aristocratie jusqu'à ces Jacobins sur le dos desquels il y a toujours place pour......... *un habit de sénateur !*

Le roi Louis-Philippe, si calomnié et si bon roi cependant, avait groupé autour de son gouvernement, avec une extrême habileté, cette masse populaire énorme ; il n'avait alors contre lui que les légitimistes fidèles au principe et les quelques républicains, cachés dans les sociétés secrètes, dont l'existence était constatée par des attentats ou des émeutes : Fieschi ou Barbès ; ou les lecteurs rares, plus pacifiques, du *National*.

Après la révolution de Février, qui fut une surprise pour tout le monde, aussi bien pour les républicains arrivés que pour le Roi qui, de Dreux, demandait qu'on lui envoyât ses voitures à Eu, mais surtout pour la Garde nationale épouvantée d'avoir contribué à renverser le Gouvernement qui la personnifiait, le parti des *Tricolores* s'est divisé : les uns sont passés à la République, la masse s'est ralliée au nom de Napoléon, et un état-major d'esprits d'élite, fort goûté du faubourg Saint-Honoré à l'Institut, et ayant partout de nombreuses ramifications dans la bourgeoisie éclairée, a constitué ce qu'on appelait le parti *Orléaniste*.

Depuis la chute de l'Empire et la mort du Prince Impérial, le parti des *Tricolores* hésite et flotte, incertain ; les uns sont républicains de circonstance, les autres, mécontents, cherchent à qui se rallier et restent indifférents. M. de Cassagnac a inventé le mot des *n'importequistes* ; d'une manière plus triviale, en descendant plus bas, on en arrive aux *Je m'enfoutistes*. Cette disposition de l'esprit publie tient à l'habileté de certaines combinaisons politiques, les *Chinoiseries*, si subtiles, si déliées que, n'en comprenant pas le mécanisme et n'en pouvant pas voir les résultats (par un excellent motif), le gros public s'est détaché des hommes et des choses, attendant de nouveaux acteurs. Un instant il a cru en Boulanger et l'a suivi. Celui-ci a laissé échapper les occasions. Il a manqué d'esprit politique et de résolution... et puis le désenchantement est arrivé, et il est complet.

Ayant déjà pour lui les royalistes qui, après la mort du comte de Chambord, se sont ralliés au chef de la Maison de France, le duc d'Orléans, aujourd'hui, peut profiter de cette situation. Il n'y a pas de prévention contre lui ; au contraire, ses débuts ont plu. Le nom du duc d'Orléans ne réveille au sein des masses que des souvenirs sympathiques. Au 24 Février, le peuple vainqueur, qui pilla les Tuileries, respecta les portraits et les appartements du duc d'Orléans. Sacre populaire[1] d'une espèce nouvelle dont son petit-fils pourrait profiter !

Républicains et Bonapartistes peuvent, en faisant un retour sur le passé, se rappeler l'époque où ce nom les ralliait presque tous. On n'a pas d'objections pour le passé et, dans le moment actuel, on est sympathique au jeune homme qui le porte. Dans quelques mois, son mariage avec la fille de Robert-le-Fort, justifiera ce mot : « C'est la France qui épouse la France ! »

Cette situation constitue une force morale incontestable, la plus grande qu'aucun homme ait réuni depuis longtemps. Si l'on mettait aux voix le nom du duc d'Orléans, Dieu sait les surprises que les urnes nous réserveraient ! ! Il est jeune, c'est vrai ; mais il a montré qu'à la hardiesse et à la décision, il savait joindre l'à-propos et la juste mesure dans cette représentation donnée à la France sous l'œil des juges de la police correctionnelle.

Il en a appelé, de sa condamnation, au verdict des deux cent mille conscrits de sa classe ; et ce verdict a été rendu aussi par l'opinion publique d'une manière éclatante et incontestable.

Aujourd'hui, il tient la corde.

Les royalistes sauront-ils tirer parti de cette situation ? Cette situation, le Prince saura-t-il la conserver ?

Ce que je sais, c'est qu'il est sorti de prison intact et grandi dans l'opinion.

Et quand le Comte de Paris a serré son fils dans ses bras, il a reçu la plus douce récompense pour le cœur d'un père, récompense bien due à sa haute valeur et à sa sollicitude paternelle : c'est d'avoir si bien élevé son fils, que la France acclame dans le fils les sentiments inspirés par le père !

---

[1] Voir *Anecdotes sur la Révolution de Février*, aux Annexes.

La faiblesse du prince Victor-Napoléon, c'est son père qu'il n'a pas eu la hardiesse de jeter complètement par dessus bord, au point de vue politique.

Il devait dire au Pays :

« Comme fils, je respecte profondément, dans mon père, l'homme « privé ; comme homme politique, d'autres devoirs me sont imposés ; je « le combats respectueusement, mais résolûment. »

Tout ceci a été *à peu près dit*, *à peu près fait*, mais mollement. Le père vivant, le fils ne se débarrassera pas du poids qui pèse sur lui.

Le duc d'Orléans est dans une situation toute différente. Il a pris, par la force des choses, la première place dans l'opinion parmi les Prétendants, ou plutôt parmi les Candidats qui, avec des titres divers, sont discutés et seront soumis à la consultation nationale ; sa situation est fortifiée par son union respectueuse avec son père ; c'est le cas de dire : un et un font *un*. A lui la jeunesse, l'audace, la décision, pondérées par l'affection prudente de son père.

L'autre jour, dans le *Figaro*, M. Halanzier disait que notre public se fatiguait vite des meilleures troupes ; qu'est-ce donc quand les acteurs ne sont pas goûtés du public et que leurs rôles sont médiocrement interprétés ?

Depuis vingt ans, que d'acteurs politiques ont été sifflés !

La France veut de nouveaux acteurs, des hommes plus jeunes, des noms moins politiquement décriés ! Feront-ils mieux que leurs devanciers ! Espérons-le ! Mais, en tout cas, ils ne pourront faire pis !

Toutes les combinaisons politiques, inventées par les Sous-Burgraves de l'époque, se sont écroulées au souffle des événements ; toutes leurs combinaisons ont été déjouées. Quand ils ont eu le Pouvoir, ils n'ont su ni le conserver ni même en profiter.

Les jeunes sauront-ils prendre le Pouvoir, le garder, s'en servir ? A l'œuvre, on les verra.

Qu'ils honorent leurs devanciers, mais qu'ils ne les imitent pas !

L'Institut offre des retraites honorables. La culture des plantes est le délassement des grands esprits fatigués. Mais c'est avec des hommes nouveaux que le Pays voudra voir se jouer la pièce nouvelle.

Tous les hommes de la République actuelle sont des hommes inconnus hier encore ; est-ce à dire qu'ils vaillent mieux que les anciens ? Je ne me prononce pas. Mais M. Carnot fait meilleure figure que M. Grévy, et M. Constans n'est pas des plus maladroits...

Le duc d'Orléans a des commencements qui rappellent le prince Louis-Napoléon, et le public dit de lui : « Le cas échéant, le duc d'Orléans n'hésiterait pas !... » A quoi faire ?... Qui sait ?... Mais il a prouvé qu'il était un homme d'action ; cela suffit pour le moment, et c'est la cause de la popularité qui s'attache à son nom.

Sans copier le Prince Louis-Napoléon, dont il a l'audace, qu'il songe que tout n'est pas à dédaigner dans la façon de faire des Bonaparte. Il peut voir dans l'histoire comment les Bourbons sont tombés et comment les autres sont arrivés !

Que le jeune Prince sache, comme l'Empereur, choisir son personnel, c'est le point essentiel. A l'époque, on l'a plus ou moins justement dénigré, mais un fait incontestable : Louis-Napoléon savait inspirer des dévouements absolus, et il a trouvé, dans la fidélité de son entourage, ces dévouements si nécessaires qui ont aidé à sa fortune.

Avec lui on était sûr de ne pas être abandonné en route, et si le duc d'Orléans profite des loisirs forcés que lui fait la République, pour lire et méditer l'histoire du passé, il verra que les souverains qui ont sacrifié leurs plus fidèles serviteurs ont payé, par la perte de leur tête ou de leur trône, les défaillances politiques qui alors paraissaient des habiletés.

Strafford a précédé Charles Ier sur l'échafaud.

En laissant partir M. de Villèle, Charles X a permis que la Dauphine lui dise : « Vous abandonnez M. de Villèle, c'est la première marche du trône que vous descendez. »

Et la chute de M. Guizot a précédé de quelques heures seulement celle du Roi Louis-Philippe !

Le duc d'Orléans trouvera des dévouements jeunes et actifs, le personnel ne lui manquera pas ; qu'on ait la conviction qu'il ne manquera pas aux dévouements qui voudraient aller avec lui jusqu'au bout !

Il a fièrement porté, sans le déployer encore, le drapeau tricolore royal, et les masses, comme la jeunesse, suivront le premier Conscrit de France !

Mais qu'on ne laisse pas refroidir l'opinion publique.

Le duc d'Orléans doit rester l'objectif populaire.....

Ce qu'il a à faire est indiqué .... et Clairvaux deviendra comme Ham, ainsi que le pressent déjà le bon sens populaire, l'étape qui conduira un jour le prisonnier d'hier à la Salle du Trône !

.... Quand ? ?

« M. le comte de Paris est certainement un homme dont la « haute valeur et l'expérience sont supérieures à celles de « M. le duc d'Orléans, mais les qualités sérieuses ne suffisent « pas en France; il faut, pour plaire à la nation, autre chose.

« La prudence et la sagesse du comte de Paris, fort « appréciées par les gens qui peuvent connaître le Prince, « sont des vertus qui n'ont pas l'éclat et ne font pas le bruit « d'un coup de tête heureux.

« Le duc d'Orléans avait fait un coup de tête : il avait été « heureux ; c'était d'en profiter.

« J'avais communiqué, et la lettre et le plan d'action qui « devait suivre, à plusieurs hommes politiques, et entre « autres à un des rédacteurs des plus répandus des grands « journaux ; il avait approuvé, et la pensée qui me guidait « et le plan jalonné d'avance. Il avait même commencé la « campagne ; mais, voyant que le comte de Paris ne l'approu- « vait pas, il n'a pas cru devoir la continuer.

« Ce fut peut-être une faute.

« Quant à moi, après avoir accompli mon devoir d'homme « politique clairvoyant et d'ami fidèle, j'ai fait tristement « mon deuil d'une occasion perdue et qu'on ne retrouvera « plus.

« Quant aux moyens d'action, maintenant que la chose « est manquée, je n'ai pas de raison pour me cacher de ce « que je croyais utile et pratique.

« Je partais de ce principe :

« Un duc d'Orléans n'a pas d'âge pour le peuple. A vingt « ans, un duc d'Orléans est un personnage comme un roi de « vingt ans.

« Dans tous les départements, après une lettre du comte « de Paris à son fils, nous aurions fait acclamer, dans des « réunions publiques, le jeune homme dont le nom était tout « un passé, dont l'acte unique était un acte hardi de patrio- « tisme apprécié par les masses populaires. Puis, ayant agité « ainsi l'opinion publique... Inutile de dire le reste... Une « autre fois, cela pourra servir...

« Voici la lettre que j'écrivais, à ce sujet, au comte de « Paris ; elle fut accompagnée d'une lettre d'envoi dans la- « quelle je prévenais le Prince que cette lettre serait répandue « dans le monde politique.

Monseigneur,

Je profite d'une occasion sûre pour vous faire parvenir une lettre politique un peu longue... Je vous vois d'ici... une longue lettre politique d'Estancelin !

Le temps est froid, le feu brûle peut-être dans la cheminée, et ma lettre a de certaines chances de s'envoler en fumée ; mais, comme je crois utile qu'elle soit lue et méditée, je vous préviens que j'en envoie copie à votre oncle, le duc d'Aumale, et à votre frère, le duc de Chartres, et qu'elle a été communiquée à un certain nombre d'hommes politiques qui en approuvent et l'esprit et les termes.

Je ne vous demande pas de réponse, car : ou elle aura le bonheur de vous plaire, et le témoignage de votre satisfaction ne ferait qu'augmenter le nombre de ceux que je possède déjà ; ou elle aura le malheur de vous déplaire, et vous m'obligerez à me rappeler que le plus fidèle serviteur d'un des plus grands rois de votre race savait braver la colère de son maître, quand il s'agissait de défendre son honneur ou ses intérêts, si complètement unis à ceux de la France.

Je n'ai ni sa situation, ni sa valeur, mais les sentiments qui me guident sont les mêmes.

Je vous prie d'en agréer le plus respectueux hommage, ainsi que l'expression de mon affectueux dévouement.

Estancelin.

Monseigneur,

Lorsque des incidents politiques graves se sont produits, depuis une vingtaine d'années, puisant dans mon cœur et dans mon affection indépendante et désintéressée pour votre famille, les inspirations qui guidaient ma conduite, je vous ai apporté l'expression de mes convictions et le fruit de mon expérience politique. Vous avez toujours bien voulu en accueillir la manifestation, car vous saviez que les intérêts de la France, auxquels les vôtres sont si intimement liés, étaient les seuls motifs qui me faisaient agir.

Je tiens à préciser les faits en les rappelant :

Lorsque Paris brûlait et qu'on fusillait les ôtages, je suis venu à York-House vous dire, le duc de Chartres présent :

« — Il faut être demain chez le comte de Chambord, et la Monarchie est faite : L'heure est venue ! »

Est-ce vrai ?

A votre rentrée en France, quand vous m'avez fait l'honneur d'être mon hôte à Eu, après vous avoir exposé l'état du Pays, pendant le cours d'une longue promenade, je finis cette conversation politique, devant le pavillon de chasse de Béclonde, par ces mots que la princesse se rappelait si tristement la veille de votre départ du château d'Eu :

« — Vous occuperez, en France, la place qui vous est si légitimement due, ou, *Ticket for Twickenham*, vous retournerez à Twickenham. »

Vous n'êtes pas à Twickenham, mais vous êtes à Shenn-House !

Est-ce vrai ?

Au moment de la mort du comte de Chambord, je déjeunais au château d'Eu, le jour de votre retour. J'étais tellement convaincu de la gravité de la situation que, dès la veille, je m'étais permis d'écrire à la Princesse une lettre politique, dont les premiers mots étaient ceux-ci :

« — Vous êtes femme et vous êtes mère, Madame ; les destinées « de votre mari et de votre fils se jouent dans la semaine où nous « entrons... »

Je me permis, à l'instant même de votre arrivée au château et le lendemain, en forêt, où, pendant deux heures, nous avons oublié les sangliers, de vous développer mon sentiment sur la situation que les événements venaient de vous faire :

« Vous ne pouvez vous appeler Louis-Philippe II. Vous devez « reprendre la tradition monarchique renouée par votre visite à « Froshdorf et dire au Pays :

« Le Roi de France est mort, mais il a un successeur, et c'est moi. »

« Vous serez immédiatement expulsé, mais l'exil sera pour vous « le chemin du Trône.

« Dans le cas contraire, vous serez expulsé quelques mois plus « tard, diminué peut-être dans l'opinion publique déçue dans ses « espérances, et avec un Bonaparte dans les jambes... »

Est-ce vrai ?

Il n'était pas encore question de Boulanger.

Me suis-je trompé sur la question écononomique, alors qu'après avoir présidé les réunions des Sociétés agricoles de France, j'ai parcouru la France, de la Méditerranée à la Manche, vous disant quel mouvement de l'opinion allait se produire ?

Est-ce vrai ?

De tout ceci il résulte, avec quelque apparence de réalité, que lorsque des journalistes (que je ne subventionne pas) écrivaient, il y a quelques mois : « Notre conviction est que si les conseils de « M. Estancelin avaient été suivis, M. le comte de Paris ne serait « pas à Sheen-House, mais qu'il serait à l'Elysée et s'appellerait « Philippe VII ! », leurs espérances les rendaient peut-être indulgents, mais l'exposé des faits et les événements accomplis prouvent qu'il y avait certains motifs de penser qu'ils n'étaient pas absolument dénués de bon sens.

Aujourd'hui, si je rappelle un passé que je n'ai pas à renier, c'est pour me donner le courage, et peut-être le droit, de vous exposer une situation dont j'apprécie toute la délicatesse.

Une des qualités qui vous font aimer de tous ceux qui vous connaissent, et chérir de tous les vôtres, c'est la bonté d'un cœur prêt à tous les dévouements comme à tous les sacrifices.

C'est ce sentiment admirable de courage et d'abnégation qui vous a fait accomplir les actes les plus importants de votre vie, alors que vous avez cru que les intérêts de la France l'exigeaient.

La plus douce récompense que Dieu accorde à l'homme sur cette terre, c'est de voir l'hérédité de sa race assurée chez ses descendants. Cette pensée adoucit les dernières heures de sa vie... Mais quel bonheur pour lui, quelle jouissance pour un père, si, lui vivant, il voit ses enfants recueillir les fruits de ses soins, de ses travaux ! S'il lui est donné, si je puis ainsi parler, de tromper la mort en se voyant se survivre dans son fils...

La conduite du duc d'Orléans a touché le cœur de la France. Il s'est créé une popularité qui peut singulièrement aider au rétablissement de la Monarchie.

Inspiré par vos sentiments, guidé par votre expérience, il réunit aujourd'hui tout ce qui peut plaire à ce Pays et satisfaire ses plus légitimes préoccupations.

Dieu, en vous conservant, peut vous donner le bonheur d'avoir contribué, plus que personne, au rétablissement de la Monarchie en France, et d'en avoir assuré l'hérédité traditionnelle pour vos enfants.

Le comte de Paris peut être pour l'Histoire le vrai restaurateur de la Monarchie française. C'est un rôle aussi beau et aussi grand que celui que vous auriez pu jouer en portant la couronne.

Comme Père, comme Prince, comme Français, Dieu vous aura tout donné.

Tels sont, Monseigneur, les motifs qui me font sortir de la retraite que je m'étais imposée et vous dire, une fois de plus :

« Le moment opportun est venu. »

L'heure sonnera le jour où les représentants royalistes, réunis autour de vous, s'associeront à vos joies de famille, alors que le duc d'Orléans vous demandera, pour lui et la duchesse d'Orléans, votre bénédiction.

Vous pourrez, à ce moment, faire à cette jeune génération élevée par vos soins, un cadeau royal auquel la France, soyez-en sûr, applaudira et qui ne surprendra personne : c'est quand vous lui direz qu'aux mains du duc d'Orléans vous confiez désormais le soin de porter le drapeau royal et national, à l'abri duquel il voulait courageusement verser son sang.

17 Juillet 1890.

« Le comte de Paris, dans une lettre qui suivit, me fit « comprendre qu'il ne partageait pas mon sentiment, tout « en rendant justice aux motifs qui inspiraient ma conduite;

« et la cordialité de son accueil, depuis, m'a bien prouvé, « qu'avec l'élévation de cœur de son aïeul il savait apprécier « la sincérité de dévouement de ses vrais amis.

« J'ai parlé, dans cette lettre, du mariage du duc d'Orléans, « qui me paraissait réunir, autant que possible, toutes les « conditions désirables dans la situation actuelle. Après « l'annonce officielle qui en avait été faite, j'ai été profon- « dément affecté de sa rupture, et je l'ai dit très vertement à « ceux qui y avaient contribué.

« Je crois que si une inspiration, qui m'était venue quand « la communication de ce projet de mariage me fut faite, « avait été suivie, la situation eût pu être modifiée; et voici « comment :

« Le 30 mai 1889, le comte de Paris donnait, à Sheen- « House, une grande fête pour célébrer l'anniversaire de son « mariage.

« Il avait eu la gracieuseté de m'inviter.

« En me recevant, il me dit :

« — Je suis heureux de vous faire part du mariage de « Philippe avec sa cousine Marguerite. »

« Je restai quelques secondes stupéfait de cette nouvelle, « que rien ne me faisait prévoir... Cependant, avec la rapi- « dité de l'éclair, ma conviction se fit dans mon esprit, et je « répondis :

« — Monseigneur, je vous offre toutes mes félicitations; le « Prince ne pouvait pas faire un mariage plus populaire en « France. »

« — Je suis heureux de vous entendre, car je sais la vérité « de vos sentiments. »

« Puis, je me mêlai à la foule des invités.

« Parmi eux se trouvait un aimable homme, rédacteur du « *Gaulois*, que je ne veux pas nommer et avec lequel j'étais « dans les meilleurs termes.

« Naturellement, je lui parlai du mariage, qui était la grande « nouvelle du jour.

« — Il n'a pas le sens commun, ce mariage, — me dit-il, — « mariage de cousin et cousine! Dieu seul sait quelle lignée « en sortira!... Puis, pas d'alliance en Europe!... »

« Je fus étonné et frappé de cette sortie, que je combattis

« par des raisonnements qui ne changèrent pas l'opinion de « mon interlocuteur.

« Je vis immédiatement que ce mariage annoncé soulevait « certaines objections qu'il fallait, à tout prix, faire dispa- « raître avant qu'elles aient été jetées dans l'opinion publique « et qu'elles aient fait leur chemin.

« Le lendemain, les Français venus à la fête offraient au « duc d'Orléans un grand déjeuner par souscription à l'hôtel « du Star, à Richemond.

« J'avais vu la liste de souscription : députés, sénateurs, « généraux, grands propriétaires et industriels, le prince de « Léon, M. Baspt, le général Human, le général de Charette, « M. La Chambre, le prince de Broglie, etc..., etc...; toute « la France, en un mot, y était représentée par les sommités « de toutes les classes.

« Je pensai que ce banquet était une occasion toute natu- « relle, à la fois de féliciter publiquement le Prince et en « même temps de combattre, sans en avoir l'air, les objec- « tions qui venaient d'être faites. Je quittai la fête et me fis « donner, dans un cottage voisin, une plume et de l'encre, et « je rédigeai l'Adresse suivante :

Monseigneur,

Les Français réunis ici étaient presque tous venus, il y a vingt-cinq ans, assister au mariage dont nous fêtions, hier, l'heureux anniversaire.

Votre Père, en écoutant la voix de son cœur, a uni sa destinée à la Princesse, sa cousine, qui, depuis lors, a partagé, avec autant de dévouement que d'affection, sa bonne et sa mauvaise fortune.

Dieu a béni cette union.

En voyant cette belle lignée de Princes qui les entourent, et dont vous êtes l'aîné, nous nous rappelions que l'Angleterre est justement fière de son prince de Galles, que nous avons salué il y a quelques heures, non-seulement pour les qualités remarquables de son esprit et de son cœur, mais aussi par cette santé de fer qui a fait l'admiration de l'Europe et de l'Asie.

Vous aussi marchez sur ses traces. Nous vous avons suivi, avec la plus affectueuse sollicitude, alors que vous braviez impunément, et le climat perfide de l'Inde et la dent meurtrière des grands fauves de ses jungles.

Nous espérons que Dieu répandra sur vous, comme il l'a fait pour votre auguste Père, toutes ses bénédictions dans la vie de famille nouvelle qui va commencer pour vous.

Nous avons appris avec bonheur que vous alliez unir votre destinée à celle d'une jeune Princesse française, si digne d'être aimée, et par sa beauté et par les qualités qui brilleront d'un éclat plus vif encore au rang le plus élevé.

Vous auriez pu choisir parmi les Princesses qui, autour des divers Trônes de l'Europe, montrent aussi aux Peuples les qualités qu'ils aiment à rencontrer chez leur souverain.

Mais vous avez pensé à la France.

Vous avez compris qu'il est une certaine situation où, dans la vie des nations, le recueillement s'impose, et que c'était au milieu de cette race vaillante qui, depuis dix siècles, a fait la France, en versant son sang sur tous les champs de bataille, qu'elle aimerait à voir choisir Celle qui serait appelée à partager votre destinée.

Quand la future duchesse d'Orléans traversera les flots du Peuple français, on n'entendra pas murmurer ces mots : « Voilà l'étrangère! » Mais tous les fronts se découvriront pour saluer la fille de ce brave soldat qui, jetant dans l'ombre son nom royal, pour prendre un fusil, a donné l'exemple du dévouement patriotique le plus éclatant et le plus modeste à la fois.

Si le duc d'Orléans, votre grand-père, enlevé si tôt à l'amour du peuple, regretté du Pays tout entier, pouvait sortir vivant de son tombeau, avec quel bonheur il bénirait l'union qui se prépare et entendrait ces mots qui traduisent notre sentiment à tous.

Ce sera un jour de fête patriotique que celui où la France, puisant dans son vieux sang royal les éléments d'une nouvelle génération de Français, s'associera à vos joies de famille; car ce jour-là, avec de justes espérances, la France, une fois de plus, épousera la France!

2 Juin 1889.

« Je remis ce projet d'Adresse au colonel de Parseval, qui « en parut partager la pensée, le priant de la communiquer « en demandant la permission de la lire le lendemain au « déjeuner. Ma proposition ne fut pas agréée, et il fut convenu « qu'il n'y aurait rien de dit publiquement au banquet.

« Ce fut encore une occasion perdue. A cette Adresse, le « duc d'Orléans eût dû répondre, ne fût-ce que quelques « mots, et l'engagement pris publiquement, à la face de la « France entière, eût été bien difficile à rompre.

« Il y a aussi dans les *Mémoires de Sully* une charmante
« anecdote, à propos du second mariage de Henri IV :

« Son premier mariage avec Marguerite était rompu ; il
« était libre de se remarier.

« Il avait d'abord pensé à épouser sa maîtresse, Mlle d'En-
« tragues. Il lui en avait fait la promesse par écrit. Il
« montra cet écrit à Sully, qui le mit en pièces . .

« — Par la mort Dieu ! — dit le Roi — je crois que vous
« êtes fou, Rosny ? »

« — Dieu veuille, Sire, que je sois le plus grand fou de
« votre royaume. »

« Enfin, à la suite des observations qui lui sont faites, et
« malgré la promesse écrite de nouveau et remise à Mlle d'En-
« tragues de l'épouser, *si elle avait un enfant mâle dans*
« *l'année,* le Roi, pour se débarrasser des importunités de
« Sully et de ses graves conseillers, leur donne permission de
« lui chercher femme dans les Maisons souveraines, pensant
« bien que la mission donnée n'était que *pro formâ*, quoi-
« qu'avec pouvoirs en règle.

« Un jour, Sully se présenta chez le Roi, le matin, à
« Fontainebleau. Il allait partir pour la chasse.

« — D'où venez-vous donc, Rosny ? » — lui dit le Roi.

« — De vous marier, Sire. »

« Le Prince demeura un quart-d'heure comme s'il eût été
« frappé de la foudre.

« Ensuite, il se mit à parcourir la chambre à grands pas, en
« rongeant ses ongles, se grattant la tête et livré à des
« réflexions qui l'agitaient si violemment qu'il ne put, encore
« de longtemps, rien dire. . .

« Enfin, revenant à lui, comme un homme qui a pris une
« dernière résolution :

« — Ah bien ! — dit-il en frappant de l'une de ses mains
« sur l'autre. — Eh bien ! de par Dieu ! soit ! Il n'y a pas de
« remède ! — Puisque, pour le bien de mon royaume, vous
« dites qu'il faut que je me marie... il faut donc se marier ! »

« Et voilà comme Louis XIII naquit... un peu plus tard,
« il est vrai.

« En 1889, rien n'a été fait ; et nous en sommes arrivés à la
« situation actuelle.

« Qu'en sortira-t-il ? Qui sait ?

« Vous souvenez-vous de ma phrase dans ma lettre au « comte de Paris :

« Ne laissez pas mourir le prince Napoléon! Il y a une « place à prendre au plus audacieux, au plus populaire... « Quel sera celui qui réunira audace et popularité? L'avenir « le dira.

« Quant à moi, j'ai fini ma carrière. Du balcon, je regarde, « espérant qu'il ne sera pas bouleversé par la dynamite ou « autre chose...

« Mais j'ai plus de craintes que d'espérances. Quand je « regarde le personnel conservateur, le socialisme qui s'orga- « nise, la Triple-Alliance, assurance mutuelle monarchique « contre la République... puis-je ne pas être vivement « préoccupé?

— Et que dites-vous de l'effondrement du parti royaliste actuel?

« — D'abord, permettez-moi de vous dire que je n'admets, « en aucune façon, l'effondrement du parti royaliste. Il peut « y avoir un certain désarroi, un flottement, si je puis ainsi « parler, du parti monarchique de diverses nuances, en « France, cela tient à des causes multiples bien faciles à « expliquer, quand on a suivi les événements, mais vous « serez tout surpris, le jour où l'occasion se présentera, de « voir de nouveau un groupement dont le parti royaliste « pourra profiter, s'il montre les qualités qui assurent le « succès : l'audace et l'activité qui la rend utile et fructueuse.

« La Révolution de Février a eu un double résultat : elle a « renversé la dynastie de Juillet, mais elle a aussi décomposé « le parti qui, pendant dix-huit ans, l'avait soutenue et que, « dans ma brochure : *Ham et Clairvaux,* j'ai appelé : le parti « des Tricolores. Les uns sont passés à la République, la « masse s'est ralliée au nom de Napoléon, et un état-major « d'élite, fort goûté du faubourg Saint-Honoré à l'Institut, et « ayant partout de nombreuses ramifications dans la bour- « geoisie éclairée, a constitué le parti orléaniste.

« Tout ce qu'il y avait d'énergique, de hardi, d'audacieux, « est passé au parti bonapartiste et a parlé aux masses, « comme l'a fait le Gouvernement impérial, le langage qu'elles « comprennent, et que l'Empereur avait trouvé le moyen de « traduire d'une façon merveilleuse.

« C'est cet état-major d'esprits d'élite qui, depuis vingt ans, « a pris la tête et la direction politique du parti.

« Sans la Révolution du 4 Septembre, pas un d'entre eux « n'aurait paru sur la scène politique, et c'eût été grand « dommage car, avec beaucoup de talent et d'esprit, ils ont « montré les meilleures intentions de bien faire.

« Malheureusement, les événements ont toujours fait dispa- « raître les espérances qu'on avait pu concevoir de leurs incon- « testables talents, avant qu'ils aient paru sur la scène pour « les mettre en pratique; et le Pays n'a jamais rien su des « excellentes choses qu'il aurait pu connaître, et cela, par « une mesure qui a été votée par les parlementaires, et qui « est la ruine de l'influence du Parlement : la suppression du « compte-rendu analytique obligatoire des séances de la « Chambre par toute la Presse.

« Cela n'a l'air de rien pour les esprits superficiels, et c'est « la plus grande faute du parti parlementaire.

« Sous l'Empire, on suivait forcément les débats du Corps « législatif; les discours des membres de l'opposition, les « réponses des ministres, étaient lus dans le dernier des « villages : on connaissait les hommes, dont les noms repro- « duits chaque jour sous les yeux du public, en faisaient de « vieilles connaissances pour le peuple : Jules Favre, Ernest « Picard, Gambetta, Jules Ferry, etc., etc., comme Rouher, « Baroche, Cassagnac, etc...

« Aujourd'hui, qui connaît, en dehors du département qui « les a nommés, la plupart des ministres qu'on voit défiler « successivement à la tribune?

« A moins de lire le *Journal officiel,* qui a jamais lu un « discours complet d'un seul ministre?

« Et, aussi bien à Droite qu'à Gauche, j'entends parler, « dans les salons, d'orateurs de la Droite qu'on dit d'ex- « cellentes recrues...

« Je lis beaucoup de journaux, et je déclare qu'à l'exception « de deux ou trois noms, et dans des circonstances tout à fait « exceptionnelles, je n'ai jamais pu lire un discours me « donnant l'expression complète de la pensée de l'orateur et « de ses développements.

« L'écho des séances du Parlement ne retentit plus au « milieu des populations; il en résulte un désarroi de l'opi-

« nion publique livrée à la direction des journaux qui, selon « leurs nuances, portent, au milieu des masses, des accu- « sations de toutes sortes contre la Monarchie, son passé, ses « hommes, sans que la contre-partie puisse être connue du « public. Lorsqu'on ne peut pas mettre la politique en action, « il faut au moins la faire connaître d'une manière qui frappe « l'opinion.

« Quand le parti conservateur a eu la majorité, en a-t-il « profité pour agir sur l'esprit public d'une manière ferme et « saisissante ?

« Le peuple orléaniste ou bonapartiste n'a pas entendu le « langage qu'il aime et comprend ; et ses sympathies latentes « ne se sont pas encore manifestées par ce qu'il aime : les « actes virils ou les paroles ardentes qui, sous une forme « nette et concise, frappent les esprits.

« *L'Empire, c'est la paix! Que les bons se rassurent et que* « *les méchants tremblent.* » C'était un programme, qui a été « bien démenti par les événements, mais qui avait produit « son effet ; et c'est l'essentiel pour assurer le succès du « moment.

« A ce sujet, laissez-moi vous raconter deux historiettes « assez drôles, et qui prouvent qu'avec un mot et de l'aplomb, « on sort des situations délicates.

« Au moment de la guerre de Crimée, le prince Napoléon, « avant de s'embarquer, donna un grand dîner à divers « chefs de corps, à Marseille ; il prononça un discours où il « y avait cette phrase :

« *L'Empire, c'est toujours la paix; car ce n'est pas la* « *guerre que la lutte de la civilisation contre la barbarie,* « *etc., etc.* »

« Un journal satirique illustré répondit à cette phrase par « un dessin représentant un régiment de zouaves s'em- « barquant, avec armes et bagages, pour la Crimée. Un « Marseillais regardait, du quai, les soldats s'engouffrant « dans le grand transport ; il tenait par la main son fils, un « gamin d'une dizaine d'années, et la légende disait :

« — Mon fils, l'Empire, c'est toujours la paix ! Juge donc « voir un peu ce que ce serait si c'était la guerre ! »

« Hélas ! nous ne l'avons que trop vu plus tard !

« Que voulez-vous? le peuple français est ainsi fait. Il aime « les mots à effet et le panache. Il faut lui parler le langage « qu'il comprend et lui donner le spectacle qu'il aime... et, « d'ailleurs, a-t-il bien tort? Est-ce que vous ne préférez pas « un faisan de la Chine à un corbeau?

« Un jour, à la campagne, un cardinal, ayant fort grand air, « était, comme moi, l'hôte du logis. Un matin, je le rencontre, « au bout du corridor, en robe de chambre, en pantoufles et « en foulard de nuit... Eh bien! quand je le revis la mître en « tête et la crosse à la main, je n'ai pu m'empêcher de songer « au promeneur matinal, dont la figure ne me faisait plus le « même effet depuis que je l'avais vu dépouillé du prestige « de la forme.

« Si vous saviez comme moi qui, depuis bientôt cinquante « ans, ai vécu dans ce milieu si parfaitement honnête, ce que « j'ai entendu de naïvetés toujours démenties par les évé- « nements!

« — *La France ne veut pas être troublée. L'avenir sera au « plus sage.* »

« Napoléon a tout troublé... il a été acclamé! Boulanger l'a « été, et ce n'est pas sa sagesse qui lui eût assuré l'avenir, « s'il avait eu un peu d'esprit politique...

« Je me souviens d'avoir vu et constaté, et dans les assem- « blées, et dans les salons, et dans les villages, cette sépa- « ration, causée par les événements, de ce grand parti qui « de l'orléanisme est passé à l'Empire, et qui aujourd'hui est « encore indécis; d'avoir vu, d'un côté, les illusions généreuses « des uns, et de l'autre, ce bon sens pratique populaire et « trivial, si vous voulez, qui déjoue toutes les combinaisons « académiques et souffle sur toutes les chinoiseries.

« J'aurais des anecdotes à la douzaine à vous citer; deux « ou trois seulement en passant.

« Le jour où le général Changarnier quitta les Tuileries, « sous la Présidence du prince Louis-Napoléon, selon la « parole de M. Thiers, l'Empire était fait. Une discussion des « plus vives avait eu lieu à la Chambre. On avait blâmé le « Ministère, qui avait ôté au général Changarnier le comman- « dement de l'armée de Paris, et avait ainsi livré l'avenir aux « entreprises du Président.

« Nous sortions de la Chambre, et dans les couloirs on « échangeait des impressions diverses, et sur la séance et « sur ses conséquences.

« Un de mes collègues de la Droite, d'une incontestable « valeur parlementaire, M. Jules de Lasteyrie, me frappe « sur l'épaule et me dit :

« — Un bien beau discours et qui fera un grand effet dans « le pays ! »

« Le flot des représentants nous sépare, et, quelques pas « plus loin, quelqu'un me serre le bras en marchant :

« — Eh bien ! mon jeune Estancelin, vous nous avez blâmés. « Nous nous en fichons pas mal, allez ! Changarnier est parti, « c'est l'essentiel ! »

« C'était Persigny.

« Peu de temps après, au moment de la proposition des « questeurs, qui réclamait pour le bureau de l'Assemblée le « droit de réquisition de l'armée, il y eut une séance orageuse. « Le général de Saint-Arnaud avait à répondre de l'enlè- « vement, dans les casernes, d'un ancien décret sur les « réquisitions à adresser, par l'Assemblée, aux chefs de « corps.

« Sa réponse fut presque menaçante, et il lui donna une « signification plus grande en quittant l'Assemblée avant la « fin de la séance.

« Le bruit courut qu'il allait prendre immédiatement les « mesures militaires pour un coup d'Etat, dans la nuit même. « Ce fut une agitation extrême dans le monde politique, et « on fit circuler, sur les bancs de la Droite, l'invitation de se « réunir, à dix heures du soir, chez un des questeurs, le « général Le Flô.

« Nous avions alors, comme chefs, des hommes de grande « réputation qu'on appelait les *Burgraves*.

« Dans leurs réunions, fermées au menu personnel parle- « mentaire, nous pouvions supposer que les résolutions les « plus graves avaient été prises en présence des éventualités « politiques qui étaient à l'ordre du jour.

« Je me rendis donc à cette réunion, qu'on a appelée en « souriant *la Veillée des armes*, bien convaincu que j'allais « apprendre enfin le grand secret si soigneusement caché aux « profanes, et les combinaisons si habilement préparées.

« Le général Changarnier nous avait dit :

« — Mandataires du Pays, délibérez en paix. »

« C'était un avis plein de sous-entendus et gros de menaces « pour le Président.

« J'arrive à onze heures chez le général Le Flô, ques- « teur, un des plus vaillants soldats et des plus honorables « qu'on puisse rencontrer.

« Je vois les *Burgraves* assis comme des sénateurs romains, « avec un air de tristesse et d'abattement qui ne signalait « rien de bon.

« Quelqu'un — je ne sais plus qui — avait posé cette ques- « tion au Général :

« — Sur quelle force pouvez-vous compter ? »

« — Sur la garde de l'Assemblée. »

« — Et puis ? »

« — Eh ! bien, c'est tout, » — répond le Général.

« — Mais vous avez de l'artillerie ? — lui dit un représen- « tant, — j'en ai vu en passant. »

« — Oui, j'ai une section d'artillerie avec quelques coups à « tirer. »

« — Eh ! bien, — dit alors M. Baze, questeur, aussi connu « par sa haine contre le Président que par son accent méri- « dional, — puisque vous avez de l'artillerie et de la poudre, « il faut tirer, de minute en minute, le *canon d'alarme* pour « appeler les faubourgs au secours de l'Assemblée. »

« Quand j'entendis cette proposition, je m'attendais à voir « paraître le fameux plan... pour remplacer l'annonce du « *canon d'alarme* !

« Rien ne parut ; les mines des *Burgraves* s'allongèrent de « plus en plus...

« Les faubourgs appelés au son du *canon d'alarme*, cela « ne leur paraissait pas une solution heureuse, mais on n'en « proposa pas une autre.

« Sur ce, voyant que c'était là qu'avait abouti la guerre « faite au Président, et la grande politique des *Burgraves*, « j'allai me coucher en me disant : c'est pour le coup que « l'Empire est fait !

« Et cependant... !

« On ignore un fait qui aurait pu singulièrement changer « la face des choses :

« Un Général de brigade qui ne s'était mêlé en rien dans la « politique, et dont on ne s'était pas occupé d'avance, reçut « la visite d'un homme de ma connaissance qui joua un cer- « tain rôle (je dois taire les noms, mais le fait m'a été « raconté par lui à l'époque); il alla le trouver le 2 ou le 3 « décembre, je n'affirme pas la date, et lui dit : « Comment « vous, un vieil Africain, laissez-vous à Mazas vos anciens « compagnons d'armes : Changarnier, Lamoricière, etc., etc. « traités comme des voleurs, emprisonnés comme des malfai- « teurs, par un homme qui viole toutes les lois de son Pays, « ses serments, etc., etc., — tout ce que la passion politique « peut inspirer, ce qui — par le fait — était absolument vrai.

« Le pauvre Général était fort ému par ses souvenirs per- « sonnels, par la logique de son interlocuteur... Il se prome- « nait tout agité !

« — Enfin — dit-il, — que voulez-vous que j'y fasse ? Je « n'y puis rien ! »

« — Comment vous n'y pouvez rien ? Faites prendre les « armes à votre brigade, allez à Mazas, délivrez les généraux « et ramenez-les à la Chambre. Tout Paris vous suivra. »

« Le général hésite, continue sa promenade en tirant sa « moutache. Enfin, brusquement, il se décide, boutonne sa « tunique et dit :

« — Eh bien, ça va ! Allons-y ! »

« Au même moment une ordonnance arrive du Ministère « de la guerre avec une dépêche :

« Général,

« Des barricades s'élèvent (à tel endroit), rendez-vous y « avec votre brigade, attaquez-les et occupez les rues voi- « sines, etc. »

« — Vous le voyez, — dit-il à son interlocuteur, — impos- « sible ! Lisez — l'ordre est formel, et devant des barricades « qui s'élèvent, pas d'hésitation. »

« Et si les premiers boutons de la tunique avaient été mis « pour aller délivrer les généraux à Mazas, les derniers furent « boutonnés pour aller faire feu sur les boulevards, ou ailleurs.

« Sait-on jamais les vraies causes des événements ? et « connaît-on le grain de sable qui empêche la meilleure ma- « chine de fonctionner, juste au moment opportun ?

« Une autre tentative, également ignorée et des plus « sérieuses, eut lieu le 3 décembre, à midi, rue Saint-Flo- « rentin :

« Un homme politique, qui n'avait pas été arrêté, s'était « rendu dans une ville du Nord, avait eu une entrevue avec « le maire, les chefs de la Garde nationale, et le général com- « mandant la division, averti, était prêt à soutenir la résis- « tance qui se préparait.

« Arrivez ici cinquante représentants seulement, dit le « maire en terminant la réunion, je fais battre le rappel, la « Garde nationale répondra et les troupes de la division « suivront. »

« Le personnage politique retourna à Paris dans la nuit, il « put faire prévenir ceux des représentants qui n'avaient pas « été arrêtés.

« Une réunion de représentants eut donc lieu, à midi, rue « Saint-Florentin ; on était déjà une trentaine, l'idée était « acceptée, quand M. de la Rochejacquelein arriva et dit :

« — Je vois, Messieurs, ce qui se prépare ; c'est un coup « orléaniste qu'on veut faire dans le Nord ; si l'on veut tenter « quelque chose, il faut venir dans notre fidèle Vendée. »

« Cette proposition jeta un certain froid... *la fidèle Vendée* « faisait réfléchir.

« Au même moment on fait appeler le maître de maison ; « quelqu'un sortait de la Préfecture de police et apportait les « nouvelles suivantes :

« — On est averti de votre réunion ; un conseil de guerre « va être réuni pour vous juger et vous allez être arrêtés au « premier moment. »

« Naturellement, la personne à laquelle la communication « était faite dut en faire part à la réunion ; la dernière phrase « n'était pas terminée que le défilé de départ se commença « avec une précipitation telle, que les trois seuls qui aient eu « le courage de rester furent pris d'un rire homérique qui les « fit se tordre pendant cinq minutes.

« Personne n'est venu pour les arrêter...

« La réunion était finie ; elle ne fut pas recommencée.

« Ce qui n'empêche pas que si le plan préparé avait été « exécuté, et qu'un groupe de représentants ait pu se trans- « porter dans une ville du Nord, avec les dispositions prises, « le Président eût été fort embarrassé... Seulement, il est « probable qu'ils auraient été arrêtés avant de partir, ou en « route.

« Mais bien heureux les gouvernements qui n'ont comme « adversaires que ces braves gens-là !

« Je les connais tous, et je ne fais guère d'exception.

« Ils ont toutes les qualités, toutes les vertus fort appréciées « au banc d'œuvre, ou dans un conseil de fabrique, ou à « l'Académie; mais ces qualités sont moins appréciées de la « masse du peuple qu'elles ne le devraient être.

« Je n'avais pas été en rapport avec un homme nouveau « dans la politique, et qui arrivait à une situation immense « par l'importance exceptionnelle que lui donnaient les « événements, — c'était au 16 Mai, — M. de Fourtou. On « parlait de lui, comme de l'espoir du parti conservateur. Je « priai deux de mes neveux, MM. La Chambre et de La- « doucette, tous deux députés, de me conduire chez lui; il « était au Ministère depuis quarante-huit heures.

« Après dix minutes de conversation, ma conviction était « faite : « C'est un fort honnête homme, c'est possible. Mais « il est absolument au-dessous de sa tâche ; il ne fera rien du « tout et perdra la partie (Inutile d'ajouter le reste...), » — « dis-je à mes neveux, en sortant.

« Ce qui ne m'a pas empêché de suivre mes amis dans « cette campagne, si tristement conduite; et je retrouve, dans « un journal de l'époque, la trace et la preuve de ce que je « dis là :

National (Septembre 1878).

Arrivant à parler des événements de l'année dernière et du 16 Mai, M. Estancelin apprécie ainsi cette période politique :

« Quand on avait débuté par la lettre à M. Jules Simon et la prorogation des Chambres, la conséquence logique et immédiate devait être la proclamation de l'état de siège, non pas un état de siège platonique, mais l'établissement d'un régime légal et vigoureusement autoritaire.

« La proclamation des 363 a paru; le Ministère, mis en accusation moralement devant le pays, est resté inerte. Le comité des jurisconsultes s'est installé, a fonctionné; on l'a laissé faire. Il est vrai qu'on placardait dans les communes un discours en 500 ou 600 lignes, que personne ne lisait, et le *Bulletin des Communes*, qui avait le même sort, mais dans lequel cependant des chercheurs ont fini par trouver des insolences parfaitement inutiles à l'adresse des 363.

« On combat des adversaires, on les frappe si c'est nécessaire; on ne s'amuse pas à les taquiner, à les irriter, sans les affaiblir. C'est insensé.

« Les élections du 14 octobre sont arrivées. C'était un échec pour le Ministère qui, avec une adorable confiance, se croyait sûr de 100 ou 120 voix de majorité.

« L'opposition avait perdu une partie de ses sièges; de formidables minorités menaçaient ses élus. Il fallait agir comme si l'on avait gagné une demi-victoire, et se préparer résolûment à la compléter par une seconde victoire en jouant une partie nouvelle.

« Il fallait renforcer le personnel dans un sens résolûment conservateur, non en paroles, mais en action, et d'abord montrer cette assurance, qui est la première condition d'existence d'un Gouvernement.

« Au lieu de cela, qu'avons-nous vu? S'il y avait encore un Ministère, il n'y avait plus de Ministres. Les plus avisés faisaient leurs malles; les autres, comme des victimes résignées, attendaient l'heure du sacrifice et préparaient leur oraison funèbre parlementaire. Le maréchal était légèrement éperdu. On disait de tous côtés qu'il ne savait que faire, et les seules confidences qui sortaient de l'Elysée étaient des aveux d'hésitation, de faiblesse, à décourager les plus résolus.

« Le parti conservateur, sans direction après la lutte, absolument abandonné, ne comprenait rien à la situation.

« Il s'était battu en prenant le nom du maréchal comme drapeau; il croyait à ce courage qui devait grandir avec le péril, il en attendait une éclatante manifestation.

. . . .

« Indulgent pour les républicains, à qui je n'ai rien à reprocher, je maudis les misérables lâcheurs qui, appartenant au parti conservateur, sont seuls les criminels auteurs d'une situation dont les conséquences commencent à frapper les plus opiniâtrement aveugles.

« C'est leur défection qui a été la cause de notre défaite, et elle ne sera réparée qu'après des épreuves dont personne ne peut prévoir la durée.

« Ayant une occasion de dire à mes concitoyens la vérité sur leur compte, je l'ai saisie, et le retentissement de quelques paroles prononcées dans un modeste comice agricole m'a prouvé que j'avais frappé juste : les échos du parti conservateur tout entier m'ont dit que la malédiction qui était sortie de mes lèvres était dans le cœur de tous. »

« On avait préparé un Ministère qui paraissait destiné à « risquer une aventure; et qui ces braves gens vont-ils « choisir pour Ministre des finances, dans le moment où « l'absence de vote du budget régulier pouvait rendre la « situation du Ministre des finances des plus délicates et « engager provisoirement sa responsabilité?... M. Pouyer-« Quertier! homme d'une valeur hors ligne, mais riche « industriel, ayant une fortune considérable engagée dans « l'industrie et offrant toute la surface nécessaire pour le « rendre absolument un ôtage financier des mieux choisis « pour leurs adversaires... en cas de revendication per-« sonnelle.

« C'est exactement comme si, pour un steeple-chase, on « prenait un superbe percheron, avec un sac de son devant la « selle et un sac d'avoine derrière.

« Aussi, M. Pouyer-Quertier, en vrai Normand, eut-il soin « d'être introuvable quand il s'est agi de lui demander, une « certaine nuit, une signature qui engageait l'affaire.

« Je me souviens du désespoir de certains hommes poli-« tiques sur cette malechance *de hasard* qui les avait privés « de leur Ministre des finances, à l'heure où il fallait signer.

« Je riais de leurs regrets, en pensant à la malice de mon « compatriote.

« Quand on veut faire de ces coups-là, on prend un Ministre « des finances *sans finances*... et, par conséquent, à l'abri de « tout, s'il est un peu résolu et léger de cœur *et d'espèces.*

« C'est toujours dans ce même milieu d'honnêtes gens que « sont choisies les victimes.

« C'est absolument comme ce pauvre roi Louis XVI qui, « partant pour Varennes, s'empêtra d'une femme (la gouver-« nante des enfants) au lieu de donner place dans sa voiture « à un homme énergique, décidé, qu'on avait proposé : le « comte d'Agout, ancien major aux gardes, ou M. de Fersen, « qui avait si merveilleusement tout préparé pour le départ.

« Il en résulte que, quand il fut arrêté à Varennes, ce furent « les femmes de chambre qui étaient avec le coiffeur, dans le « cabriolet de suite, qui discutèrent avec la municipalité. « avec Same et Drouet, la valeur du passeport délivré au « baron de Korff.

« Il y avait bien les trois gardes du corps déguisés en « courriers, mais qui, naturellement, sous la livrée, ne « pouvaient pas parlementer avec les autorités sans sortir « de leur rôle, et ce furent les femmes de chambre qui furent « chargées de la mission d'expliquer à la municipalité la « valeur légale du passeport de la famille royale.

« La mort du comte de Chambord a apporté au comte de « Paris l'appui complet et loyal du parti légitimiste. Mais « tous les hommes investis de la confiance du comte de « Chambord ont disparu de la scène.

« La politique si sage et si prudente du comte de Paris a « rendu le parti légitimiste sage et prudent aussi; il en résulte « une situation nébuleuse, qui est celle où nous sommes « aujourd'hui.

« On met son drapeau dans sa poche, on montre au Pays « qu'on ne veut pas le troubler, et on attend de sa sagesse la « récompense due à une politique aussi honnête et aussi « patriotique.

« Viendra-t-elle? C'est possible.

« Mais...

« M. le comte de Paris est un homme courageux, généreux « à l'excès; les questions d'argent ne comptent pour rien à « ses yeux.

« Il est bon, il est juste, il a toutes les qualités qui le « feraient adorer des Français, s'il était mieux connu. On ne « sait pas tout ce que contient de remarquable cette intelli- « gence hors ligne; seulement, il est trop modeste. Il se « contente d'être; il ne se donne pas la peine de paraître.

« Au lieu de lui citer ces vers si vrais, — surtout en France:

Allons, mon gentilhomme, une superbe audace!
Un train de roi! Cet air qui dit : Faites-moi place!

« il entend trop souvent répéter autour de lui, par un tas de

« braves gens, fort respectables assurément, mais des niais « politiques, toujours surpris et trompés par les événements :

« Prenez garde, Monseigneur! On va vous compromettre! « Ce sont des fous, qui vont trop vite! Attendez! Ne brus- « quez rien... Il faut toujours être possible, etc., etc. »

« Excellents conseils qui me rappellent la fable de La Fontaine : *Le castor, l'hermine et le sanglier.*

« Soyez sûr que plus d'un a conseillé l'essai loyal de la « République pour arriver à la Monarchie.

« Vous figurez-vous une Assemblée où la majorité eût « été républicaine, et où l'un de ses orateurs fût venu dire :

« *Nous avons une majorité pour faire la République, c'est* « *incontestable; mais nous ne sommes pas des égoïstes, nous* « *allons d'abord faire l'essai loyal de la Monarchie, comme* « *Messieurs les royalistes le demandent, et, quand la Monar-* « *chie se sera usée et aura été reconnue impossible, la France* « *alors reviendra à la République et nous tiendra compte de* « *notre abnégation.* »

« Quel succès pour l'orateur...!

« Et pourtant, c'est ce qui a été fait par les monarchistes... « et vous êtes étonné que le Pays, ahuri d'un raisonnement « aussi subtil, ne comprenne plus rien et attende?

« La France attend. Qui attend-elle? Un Prince d'Orléans, « s'il se présente. Et à défaut...

« Il est un nom qui vit toujours comme le charbon sous la « cendre, et que le souffle des événements peut faire briller « de nouveau : celui de Napoléon.

« Quand j'ai écrit au comte de Paris : « *Ne laissez pas* « *mourir le prince Napoléon,* » j'avais instinctivement le « pressentiment de la situation actuelle.

« Je ne sais rien de son fils, mais il a déjà joliment raté son « entrée en scène.

« Quelle tribune lui avait été élevée à Rome pour ses « débuts!

« J'étais alors en Italie. Quelle occasion perdue pour lui de « prendre l'héritage dont il avait d'avance rejeté le côté « révolutionnaire!

« Enfin, le parti royaliste a pour représentant, aujourd'hui, « un homme d'une très grande valeur, qui a parlé à la France « le langage plein d'élévation et de bon sens d'un honnête « homme, et il a obtenu, de tous les partis, un succès « *d'estime.*

« Le jour viendra, je l'espère, s'il y a encore un peu de bon « sens dans notre pays, où nous pourrons applaudir au « succès — sans épithète. — On a dit : Grattez le Russe et « vous trouverez le Cosaque. Eh bien! grattez le Français, « et vous trouverez, chez la grande majorité, un royaliste « orléaniste aujourd'hui. On regrette de ne pas avoir un « Gouvernement qui assurerait l'ordre, la liberté, l'égalité, « qu'on espérait d'une restauration monarchique. Lorsque « l'on voyage, qu'on cause à droite et à gauche, c'est l'im- « pression qu'on recueille.

« Ceci vous explique la popularité du coup de tête du duc « d'Orléans, et je suis loin de désespérer de l'avenir.

« Retiré de la vie publique, je suis bien décidé à n'y plus « rentrer.

« J'ai, en 1885, fait ma dernière campagne. J'ai parcouru « la France, de la Méditerranée à la Manche, prenant la « parole dans une douzaine de départements, jalonnant « une route qui, si elle avait été complètement suivie, eût « assuré le triomphe du parti conservateur.

« La question agricole passionnait alors les populations « rurales, prises entre les engagements anciens et la dimi- « nution du prix de vente des produits qui leur permettaient « d'y faire honneur.

« Elle se mêlait, au moment des élections, à la question « politique.

« On n'a pas assez compris que cette situation n'aurait « qu'un temps, et que la diminution des fermages adou- « cissant, pour partie, les souffrances de la culture, la rendrait « moins ardente dans la lutte ; ce qui est arrivé.

« J'ai recueilli, de cette tournée, les souvenirs les plus « agréables et des témoignages matériels de sympathie des « royalistes de diverses régions.

« Vous avez vu celui qui m'a été offert sur les bords de la

« Loire; j'ai reçu, d'autre part, ce splendide *Testimonial;*
« voyez. »

Et il me montra un vrai chef-d'œuvre d'orfévrerie.

C'était une plume de cygne, en or, de grandeur naturelle, entourée de lys d'argent, avec grand collier de l'Ordre d'Isabelle, merveilleusement ciselé, avec cette légende :

A l'ami vrai,
A l'éloquent défenseur des Proscrits.

Puis, à côté, je vis un splendide buvard, avec un beau portrait de Marie-Antoinette sur porcelaine, merveilleusement peint par un artiste hors ligne.

« — Ceci, — me dit M. Estancelin, — c'est un article sur la « politique des femmes, publié par moi dans le *Figaro*, qui « me l'a valu. Je parlais de la reine Marie-Antoinette, de la « duchesse de Berry, de la duchesse d'Orléans : je rappelais « leur perspicacité et leur courage.

« Il y a encore, en France, des royalistes qui ont de la « mémoire; mais, hélas! le nombre en diminue chaque jour, « et Dieu qui m'a enlevé, à vingt ans, deux fils bien chers et « pleins d'avenir, ne m'a laissé qu'un petit-fils, Louis de « Clercy, auquel je tracerai pour ligne de conduite ces « quelques mots :

Conduis-toi en honnête homme,
Ménage ta santé,
Conserve ta fortune
Et ne sois jamais, même conseiller municipal.

« Voilà, Monsieur, les dernières vérités de notre longue « conversation. Je le répète, élaguez tout ce qui vous paraîtra « sans intérêt, et, pour le reste, c'est le témoignage désinté- « ressé d'un homme qui n'a eu qu'une affection politique « dans sa vie, celle de la famille d'Orléans, dont, plus que « personne, il a pu juger, en tous lieux, en tous temps, la « valeur et les qualités hors de pair, ces qualités devant « lesquelles tout homme doit s'incliner quand il les rencontre « dans la vie : l'intelligence, la bonté, le courage et le patrio- « tisme.

« Evidemment, les Princes ne sont pas des anges; ils ont « les faiblesses de l'humaine nature : ce ne sont que des

« hommes, mais de rudes hommes, de ces citoyens qui, « princes ou bourgeois, honorent une nation et sont faits « pour le premier rang.

« Ils ont entendu souvent de ma bouche de dures paroles; « ils me les ont pardonnées, car ils savaient les motifs qui « les inspiraient.

« Sans me préoccuper de la question de savoir si j'étais « agréable ou ennuyeux, j'ai toujours dit vrai, ayant la « confiance d'avoir vu juste : ce qui est plus facile qu'on ne « croit, quand on ne demande rien et qu'on sait regarder les « orages, à la tribune comme ailleurs, avec curiosité, mais « sans émotion. »

L'heure de la retraite avait sonné.

J'aurais voulu pouvoir entendre encore cette voix vibrante et sympathique, remuant tout un passé politique, si chaudement raconté qu'on semblait voir ou entendre les personnages remis en scène, et, après de chaleureux remerciements, je remontai dans mon fiacre pour retourner coucher à Eu.

L'orage était passé. Les rideaux étaient relevés, et un magnifique clair de lune illuminait le paysage... Et cependant, mon retour fut plus triste encore que ne l'avait été mon premier voyage.

Je songeais, avec douleur, à toutes les occasions perdues, à ces moments où se décident les destinées d'une nation, et qui, disparus, ne se retrouvent jamais.

Je voyais sous mes yeux un siècle entier se dérouler depuis le jour où — comme on me le racontait à Cannes en rappelant les journées d'octobre — ce malheureux Louis XVI fut si faible... jusqu'à ces heures où Paris en flammes devait éclairer, à tout jamais, le tombeau de la République en France.

C'est une belle chose que les vertus privées, mais est-ce là ce que la France demande à ses souverains ?

Ce pauvre Louis XVI les avait toutes : il était honnête, chaste, économe, bon, — il est mort comme un martyr; — mais ce ne fut pas un exemple à suivre, comme Roi.

Il a emporté, comme cortège, à l'échafaud, l'élite d'une société qu'il devait défendre, et qu'il a abandonnée... Il a vu mourir pour lui bien des braves gens pour lesquels j'aurais aimé à lire, dans son procès, un regret... un souvenir.

Il a ouvert, par sa faiblesse, la porte à toutes les catastrophes qui ont conduit la France et la société aux abîmes.

Les Rois savent où les mènent les concessions à la révolution; les armes qu'on leur ôte aujourd'hui, c'est contre eux qu'on s'en sert demain.

Ces Ministres qui, en 1848, laissaient arracher leur épée aux soldats du roi Louis-Philippe, le matin, la voyaient briller de nouveau, dans l'après-midi, pour attaquer ce même Gouvernement qu'ils avaient désarmé.

Ah! si en face de la Commune vaincue la Monarchie avait été faite, quel relèvement pour la France!

Verrions-nous, aujourd'hui, notre pauvre Pays menacé par la ligue des souverains? Car la Triple-Alliance est une assurance contre-révolutionnaire... et pas autre chose.

C'est une ligue des pompiers contre un incendie circonscrit.

Nous applaudissons le Tzar, mais il faut être bien simple pour ne pas voir que sa sympathie va jusqu'à une certaine limite qu'il ne dépassera pas... Et la *Marseillaise* a été promptement réemportée sur la flotte quittant Cronstadt.

. . . .

Encore tout ému de la conversation que je venais d'avoir, où avait brillé tant de bon sens politique, appuyé sur des faits nets et précis, je me disais :

« Ah! pourquoi la Monarchie n'a-t-elle pas su utiliser, à « son profit, les qualités de cet homme de haute valeur, ayant « fait ses preuves dans les jours de révolution, qui sont la « pierre de touche du caractère des hommes, à qui l'on ne « pouvait reprocher, ni le Deux-Décembre, ni Sedan, à qui « le plus populaire des Princes écrivait, le 27 janvier, au « milieu des événements de 1871, cette phrase (la seule qu'il « m'ait été permis de copier) : « Vous savez que nous n'ou- « blierons jamais quel ami vous avez été pour nous, alors que « personne d'autre n'a rien osé risquer pour nous. »

A la tribune, avec une égale indépendance, il avait défendu les Princes d'Orléans, comme il avait engagé le Gouvernement impérial à ne pas poursuivre Rochefort, après l'affaire du prince Pierre-Bonaparte.

Quel porte-drapeau qu'un tel homme!

En le choisissant pour présider un grand banquet royaliste, M. le comte de Chambord, avec un tact politique extrême, avait voulu montrer à la France la place qu'il faisait aux hommes loyaux qui avaient servi la Monarchie de Juillet.

Je m'associe de cœur à l'éminent publiciste qui a signé cette phrase : « Si les conseils de M. Estancelin avaient été suivis, « M. le comte de Paris ne serait pas en Angleterre, il serait « à l'Elysée et s'appellerait Philippe VII. »

Certainement, la Monarchie sera, un jour, fatalement rétablie en France. Mais... laquelle?

. . . .

F. de M.

ANNEXES

Ayant appris, pendant mon voyage en Normandie, que le docteur Le Marchand — dont j'ai reproduit l'acte courageux au moment où le général Bedeau laissait massacrer, devant lui, les gardes, place de la Concorde — habitait ces parages, j'ai voulu avoir, de sa bouche, le récit des événements dont il fut le témoin et où il joua un rôle si honorable.

J'ai trouvé un vieillard de 86 ans, vert, vigoureux, actif, ayant toutes ses facultés et passant encore gaillardement dix heures à la chasse, avec bon pied, bon œil.

Le docteur Le Marchand dirige, au Tréport, un établissement d'hydrothérapie à l'eau de mer, et il est une enseigne vivante du succès du système rationnel qu'il pratique.

Il est Chevalier de la Légion d'honneur, et, après avoir lu la pièce qu'il a bien voulu me communiquer, j'ai pu lui dire ce que tout le monde pensera :

« Voilà une croix bien gagnée et placée sur la poitrine d'un brave « homme. »

Je publie la lettre de l'adjudant sous-officier Fouquet, qui commandait le poste Peyronnet.

Avec quel plaisir, on aime à lire un document de cette espèce! Cela console un peu des infamies dont j'ai raconté le spectacle honteux!

« Je, soussigné, Fouquet, Michel-Jean-Baptiste, adjudant sous-officier « de la Garde républicaine, atteste et certifie :

« 1° Que le 24 Février 1848, jour où je commandais, en qualité de « maréchal-des-logis, un détachement de vingt-sept hommes, au poste « du pavillon Peyronnet, M. Le Marchand, docteur-médecin, demeurant « alors place de la Concorde, n° 8, a daigné prendre sous sa protection « et réfugier dans sa maison, depuis dix heures et demie du matin « jusqu'à dix heures du soir, les militaires ci-après dénommés, qui « faisaient partie de mon détachement, savoir :

« Poulain, brigadier;

« Debiais et Meyer, gardes, tous trois décorés, pour la belle « conduite qu'ils avaient déployée en défendant l'ordre et les « lois;

« Blanc et Streuss, gardes. Ce dernier, mort à la suite de ses « blessures;

« 2° Que, pendant tout ce temps, M. le docteur Le Marchand a pro-

« digué à ces militaires les soins les plus touchants, soit en pansant les « blessures qu'ils avaient reçues, soit en fournissant à leur propre « subsistance;

« 3° Qu'à dix heures du soir, M. Le Marchand leur a procuré les « moyens de se rendre dans leur famille, en leur donnant ses propres « vêtements et en poussant la générosité jusqu'à remettre de l'argent à « ceux qui n'en avaient pas, pour parer aux éventualités du moment.

« En foi de quoi, dans le but de laisser à l'honorable M. Le Marchand « un témoignage de la profonde reconnaissance que lui doivent les « hommes composant le poste du pavillon Peyronnet, le 24 Février 1848, « envers lesquels il s'est montré si noble et si généreux, j'ai signé le « présent.

Paris, le 24 Janvier 1852.

FOUQUET,
Adjudant sous-officier dans la Garde républicaine,
commandant le Poste du Pavillon Peyronnet,
dans les Journées des 22, 23, 24 Février 1848.

Vu pour légalisation de la signature de M. FOUQUET, apposée ci-contre :
Le Colonel de la Garde républicaine,
(Signature illisible).

Parmi les papiers que le Docteur avait sorti de ses cartons, je vis une pièce officielle et j'aperçus le nom de : Marbot.

— Est-ce le général Marbot, dont les *Mémoires* viennent de faire tant de bruit?

« — Je ne sais — me dit le Docteur; — c'est probable; il sera passé « général. Je sais seulement que le colonel Marbot m'a adressé, le « 31 octobre 1832, la lettre que vous avez sous les yeux. »

— Elle est superbe cette lettre — lui dis-je — et bien honorable pour vous, Docteur!

Voilà cette lettre :

14e Régiment
D'INFANTERIE LÉGÈRE
—

Courbevoie, le 31 Octobre 1832.

« Monsieur,

« M. Faure, sergent-major dans le régiment d'infanterie que je com- « mande, ne m'a pas laissé ignorer votre belle et généreuse conduite « envers lui; elle vous fait honneur et vous méritera l'estime de tous les « honnêtes gens qui l'apprendront.

« M. Faure est un très bon sujet, auquel je m'intéresse beaucoup. La « bravoure qu'il a montrée le 6 juin dernier, la blessure qu'il a reçue, « en combattant pour la Patrie, lui ont gagné mon estime et toute ma « bienveillance; j'espère pouvoir bientôt lui faire obtenir la récompense « qu'il a dignement gagnée.

« Et vous aussi, Monsieur, vous avez gagné mon estime, pour la belle

« action que vous avez faite en recevant chez vous le sergent-major « Faure, lorsqu'il fut blessé, en le gardant plusieurs mois chez vous et « en lui prodiguant les soins les plus tendres, comme vous auriez pu le « faire pour un de vos enfants.

« Je vous en écris pour vous en témoigner ma vive reconnaissance, « car je regarde tous les soins rendus aux militaires que j'ai l'honneur « de commander comme s'ils l'étaient à moi.

« Soyez persuadé que si jamais je pouvais vous être utile ou agréable, « j'en saisirais l'occasion avec plaisir et empressement.

« Je vous salue, Monsieur, avec une haute considération.

« *Le Colonel du 14e Régiment d'Infanterie légère,*

« A. MARBOT.

Comme on sent l'homme de cœur dans cette phrase :

« Je regarde tous les soins rendus aux militaires que j'ai l'honneur de « commander comme s'ils l'étaient à moi. »

En voilà un qui n'aurait pas laissé désarmer ses soldats !

Eh bien ! quand je n'aurais recueilli, dans mon voyage, que le plaisir de serrer la main d'un homme de cœur tel que le docteur Le Marchand, ils sont si rares, que je n'aurais pas perdu mon temps.

DISCOURS SUR LE RETOUR DES PRINCES D'ORLÉANS

Prononcé au Corps législatif par M. ESTANCELIN

Dans la séance du 2 Juillet 1870

M. LE PRÉSIDENT SCHNEIDER. — La parole est à M. Estancelin.

M. LE COMTE DE KÉRATRY. — Je demande à M. Estancelin la permission d'adresser une question à M. le Garde des sceaux.

M. ESTANCELIN. — Volontiers.

M. LE PRÉSIDENT SCHNEIDER. — Vous avez la parole, Monsieur de Kératry.

M. LE COMTE DE KÉRATRY. — Monsieur le Ministre, avant que le Corps législatif prononce un verdict solennel qui peut condamner des citoyens français à la peine la plus cruelle, à l'exil perpétuel, au nom de la vérité, au nom de la justice dont vous êtes le premier magistrat en France, je vous adjure de déclarer à la face du pays s'il y a dans les archives de votre département une seule preuve attestant que les princes d'Orléans aient jamais conspiré ou essayé de conspirer depuis 1848.

Le plébiscite, dites-vous, vous a donné la force ; prouvez-nous que vous êtes la justice. (Très-bien ! très-bien ! à gauche.)

S. Exc. M. Emile Ollivier, *garde des sceaux, ministre de la justice et des cultes.* — Je n'ai qu'une seule réponse à faire à l'honorable M. de Kératry, c'est qu'en ce moment le Gouvernement n'a absolument rien à dire. (Très-bien ! très-bien ! — Mouvements divers.)

M. le comte de Kératry. — Votre silence, Monsieur le Garde des sceaux, est la justification de la pétition des exilés. (Très-bien ! très-bien ! autour de l'orateur.)

M. le président Schneider. — La parole est à M. Estancelin.

M. Estancelin. — Messieurs, avant de me décider à combattre les conclusions du rapport que vous venez d'entendre et à prendre part à cette discussion, dont vous pouvez apprécier et la gravité et la délicatesse, je me suis demandé si je ne ferais pas mieux de rester tranquille à mon banc et muet à ma place.

Quelques voix à droite. — Oui, peut-être.

M. Estancelin. — C'est votre avis, Messieurs!... Ce n'est pas le mien.

M. le président Schneider. — Dès le début de cette discussion, je demande à la Chambre de ne pas perdre de vue la gravité et la délicatesse de la question, comme le disait M. Estancelin, et le moyen qu'elle soit traitée avec le calme qu'elle comporte, c'est de garder un silence complet de toutes parts. (Très-bien ! très-bien !)

M. Estancelin. — Je me rappelle que l'honorable membre de l'Assemblée législative, M. Creton, qui, il y a vingt ans, prit la parole en pareille circonstance, a payé par de longs mois d'exil son intervention dans une semblable discussion, et le dépôt qu'il avait fait d'une proposition ayant pour objet l'abrogation des lois relatives au bannissement de la maison de Bourbon.

Voilà ma réponse.

Ancien camarade de collège des princes d'Orléans, j'ai conservé avec eux des relations personnelles dont je n'ai ni à m'excuser ni à me justifier ici. (Très-bien !) J'aurais considéré comme un acte de lâcheté de me taire au moment où une question qui touche à leurs vœux les plus ardents, à leurs intérêts les plus chers, allait être débattue devant vous. Ce sentiment, Messieurs, vous l'auriez tous en pareille circonstance, et cela m'encourage dans ma discussion.

Cependant un scrupule s'est présenté à ma conscience. Je me suis demandé si le serment que j'avais prêté, si mon mandat de député me permettait de venir défendre cette question à la tribune, et si j'allais contribuer à faire rentrer dans mon pays des citoyens respectueux, soumis aux lois établies, ou des factieux capables de troubler la paix publique. Mais je suis bien à mon aise en ce moment, car la réponse que vient de faire M. le Ministre de la justice est la meilleure de toutes les réponses : je ne dis rien, parce que je n'ai rien à dire !

La Monarchie a revêtu dans notre pays, depuis le commencement de ce siècle, des formes diverses et obéi à des principes différents. Nous avons eu la Monarchie de droit héréditaire et la Monarchie élue, dans laquelle le suffrage du peuple sanctionne le choix d'un souverain.

M. le comte de Chambord est la représentation la plus haute, la plus noble et la plus digne du principe d'hérédité. Il conserve précieusement intact le droit monarchique héréditaire, et, comme personne ne peut sonder les impénétrables mystères de l'avenir, qui sait s'il ne sera pas un jour pour ce pays une ressource suprême ! (Mouvements divers.)

M. Prax-Paris. — Vous tournez le dos à l'avenir !

M. Estancelin — Mais, me rappelant les paroles de ce grand orateur dont la voix dominait le tumulte de nos assemblées, je dirai, comme l'illustre M. Berryer, que nous regrettons tous, que M. le comte de Chambord ne peut rentrer en France que comme le Roi.

Quant aux Princes de la maison d'Orléans, acceptant avec toutes ses conséquences le principe de la souveraineté nationale, ils ont mis au-dessus des prérogatives de leur naissance leurs droits de citoyens et princes par le sang. Leur éducation a été celle de tous les citoyens.

Vous les avez vus se mêler, sur les bancs de nos écoles, aux jeunes gens de leur âge, et, il y a quelque temps, un ministre qui siégeait dans cette enceinte, pouvait dire, au collège, — passez-moi ces souvenirs intimes, — pouvait dire à l'un d'eux : « Monsieur d'Aumale, vous ne savez pas votre leçon, allez-vous-en à votre place ! » Et des hommes qui sont aujourd'hui dans l'armée et dans la magistrature, et j'en vois même ici qui pouvaient dire aussi : « Montpensier, passe-moi ton dictionnaire ! — Joinville, prête-moi ta balle ! »

Voilà l'éducation démocratique qu'ont reçue les Princes d'Orléans. Et, après avoir recueilli sur les bancs des écoles ces couronnes qui leur étaient disputées, mais pas contestées, on les envoya alors dans les rangs de notre marine et de notre armée ; et là, mon Dieu ! pour eux les délais légaux furent plus courts, c'est vrai, mais les dangers plus grands.

On les a vus marcher au premier rang. Ont-ils fait plus ou mieux que nos soldats et que nos marins ? Non, mais ils furent dignes du premier rang, car ils appartiennent à cette race vaillante qui aime la poudre. (Très-bien !)

C'est dans cette situation que la révolution de Février arriva et vint surprendre, en Algérie, les ducs d'Aumale et de Joinville, qui ont signé la pétition.

Le premier était à la tête d'nne armée de 60 à 80,000 hommes. Il était brave, aimé, il y avait de quoi tenter un jeune cœur. Il pouvait faire appel à son armée, et, dans un pays comme le nôtre, quand on dit : « Qui m'aime me suive ! » on trouve toujours des courages audacieux.

Mais une image se dressa devant lui : l'image de la France, sa patrie, sa mère, car c'était un vrai fils de France ; et il ne voulut pas porter sur elle une main sanglante et sacrilège. (Très-bien ! sur plusieurs bancs.)

Ce fut peut-être une faiblesse..... (Légères rumeurs.) Mais je n'ose l'en blâmer, car c'était la faiblesse d'une âme noble et généreuse et d'un grand citoyen ; c'était l'amour de la patrie. (Très-bien !)

Il détacha son épée et prit sa plume et alors il écrivit à l'armée et à la population de l'Algérie cette lettre que M. de Lamartine qualifiait d'une de ces pages dignes des premiers temps de la première République, où l'homme s'effaçait devant la patrie.

« *A l'armée, à la population de l'Algérie.*

« Fidèle à mes devoirs de citoyen et de soldat, je suis resté à mon poste, tant que j'ai pu croire ma présence utile au service du pays ; cette situation n'existe plus. M. le général Cavaignac est nommé gouverneur général de l'Algérie ; jusqu'à son arrivée à Alger les fonctions de gouverneur général par intérim seront remplies par le général Changarnier.

« Soumis à la volonté nationale, je m'éloigne, mais, du fond de l'exil, tous mes vœux seront pour votre prospérité et pour la gloire de la France que j'aurais voulu servir plus longtemps.

« En me séparant d'une armée, modèle d'honneur et de courage, dans les rangs de laquelle j'ai passé les plus beaux jours de ma vie, je ne puis que lui souhaiter de nouveaux succès ; une nouvelle carrière va peut-être s'ouvrir à sa valeur, elle la remplira glorieusement j'en ai la ferme croyance.

« Officiers, sous-officiers et soldats, j'avais espéré combattre encore avec vous pour la patrie ; cet honneur m'est refusé, mais, du fond de l'exil, mon cœur vous suivra partout et vous rappellera la volonté nationale, il triomphera de vos succès ; tous ses vœux seront toujours pour la gloire et le bonheur de la France. » (Très-bien ! très-bien ! à gauche.)

On pourrait peut-être croire que ces sentiments généreux sont l'explosion d'une âme de vingt ans. Eh bien ! je vais en ce moment vous dire un chapitre de l'histoire qui est encore inédit.

Au moment où cette proclamation arriva en Angleterre, j'avais l'honneur d'être auprès du roi Louis-Philippe — près de cette sainte femme qui s'appelait la reine Marie-Amélie. — J'assistai à la première lecture de cette lettre, qui venait pour moi, peut-être, détruire certaines espérances ; chacun des passages était souligné par ces mots : *Très bien ! très-bien !* Et quand elle fut finie, le vieux roi nous dit : *C'est là le langage noble et digne que devait tenir Aumale.*

Je retournai en France le lendemain et je lui demandai ses instructions... « Dites à vos amis de servir fidèlement leur pays. » (Très-bien ! très-bien ! à gauche.)

Voilà, Messieurs, quelle a été la devise, la doctrine et des princes d'Orléans et des hommes qui, serviteurs de l'ancien Gouvernement, sont aujourd'hui sur ces bancs, sur ceux du Sénat, dans l'armée, partout. Ils ont servi leur pays, non pas en conspirant, mais au grand jour.

C'est qu'en effet il n'y a pas un parti orléaniste ; il y a un parti libéral auquel ceux qui ont servi la maison d'Orléans se sont mêlés, mais il n'y a pas de parti orléaniste, et la preuve en est dans ces paroles si dignes que je viens de vous lire. Est-ce que, par hasard, on n'aurait pas le droit, dans notre pays, d'honorer le courage chez les hommes et la vertu chez les femmes? Et, comme l'a dit un orateur célèbre : « Dans cette illustre

Maison, tous les hommes sont braves et toutes les filles sont chastes. » (Très-bien !)

Voilà, Messieurs, la cause de la sympathie et des sentiments qui, dans ce pays, existent autour du nom d'Orléans ; c'est que ce sont là des princes vraiment français.

Depuis que l'exil a brisé ces destinées royales, depuis vingt ans, ils sont sur la terre étrangère. Quelle a été leur conduite ? A-t-on jamais pu signaler un acte fait d'une manière directe ou indirecte pour essayer de mentir à ce programme signé par le duc d'Aumale et contresigné par le roi Louis-Philippe? Je défie qu'on puisse dire que depuis vingt ans les princes d'Orléans aient été autre chose que des Français respectueusement soumis aux lois de leur pays, quoique sur la terre d'exil. Or, un jour s'est trouvé dans ce pays où le droit de s'adresser à la nation a été rendu par le Gouvernement : les Princes en ont immédiatement profité.

Oh ! j'ai été étonné tout à l'heure d'un mot qui m'a blessé jusqu'au cœur. C'est celui de « stériles opiniâtretés. » Ah ! l'honorable collègue qui l'a prononcé n'a jamais dû vivre sur la terre étrangère, même pendant peu de temps ! Pour moi, qui ai beaucoup voyagé, je me rappelle que lorsqu'il m'arrive de voir dans une ville étrangère ou dans un port étranger au-dessus de la porte du consulat français le drapeau de mon pays, j'y vais, je ne sais pourquoi... j'y vais, parce que je retrouve là la France ! (Très-bien ! très-bien !)

Et lorsque des hommes qui sont nés en France, qui ont été élevés avec nous, qui aiment leur pays, demandent à y rentrer, on leur répond : « Ce sont de stériles opiniâtretés ! » Ah ! Messieurs, ce mot-là n'aurait pas dû être écrit dans le discours de l'honorable rapporteur, il n'aurait pas dû y paraître. (Approbation à gauche.)

Eh bien, Messieurs, vous avez reçu la pétition des Princes d'Orléans. Je vais la lire, c'est la pièce importante du procès qui s'instruit.

« Messieurs les Députés,

« Vous êtes saisis de la demande d'abroger les mesures d'exception qui nous frappent. En présence de cette proposition, nous ne devons pas garder le silence. Dès 1848, sous le gouvernement de la République, nous avons protesté contre la loi qui nous exile, loi de défiance, que rien ne justifiait alors. Rien ne l'a justifiée depuis, et nous venons renouveler nos protestations devant les représentants du pays.

« Ce n'est pas une grâce que nous réclamons, c'est notre droit, le droit qui appartient à tous les Français, et dont nous sommes seuls dépouillés.

« C'est notre pays que nous redemandons, notre pays que nous aimons, que notre famille a toujours loyalement servi, notre pays dont aucune de nos traditions ne nous sépare, et dont le seul nom fait toujours battre nos cœurs ; car, pour les exilés, rien ne remplace la patrie absente. »

Messieurs, y a-t-il dans la forme de cette pétition quelque chose qui puisse blesser vos sentiments et votre patriotisme ? Les Princes y expriment les sentiments les plus purs, les plus nobles, les plus respectueux pour la volonté nationale, et ils s'adressent à vous, Messieurs, à vous les représentants du pays.

A qui donc auriez-vous voulu qu'ils se fussent adressés ? J'ai été véritablement étonné que M. le Rapporteur ait eu l'air de leur faire un reproche qu'ils se soient adressés à vous. Assurément, il n'a pas lu les documents nombreux qui doivent être considérés comme des précédents dans ces douloureuses questions ; autrement il aurait su que, lorsque le roi Jérôme s'adressa à la Chambre des pairs, en 1847, pour demander de rentrer en France, un membre de cette assemblée souleva la même objection, et qu'il lui fut répondu ce que je vais vous lire par le rapporteur de cette époque :

« Maintenant, pour être équitable, il faut que j'adresse une observation aux personnes qui demandent, dans un motif de rejet, si le pétitionnaire s'est adressé d'abord à Sa Majesté.

« Messieurs les pairs, s'il avait voulu rentrer en France à titre de grâce, c'eût été son devoir de s'adresser au roi ou du moins à ses ministres. Certainement, en pareil cas, tout ce que peut la clémence d'un roi si connu par ce sentiment magnanime, il l'aurait fait. Mais, puisque le prince Jérôme demande la révocation d'un article de loi, ne vous étonnez pas qu'il le demande aux Chambres (C'est cela !) et quand il la demande aux Chambres, ne vous étonnez pas qu'il ne l'ait pas demandée dans un autre lieu. »

Ces paroles furent soulignées par les « Très-bien ! » de la Chambre des pairs.

Et le rapporteur ajouta : « Nous sommes heureux de voir le Gouvernement ne pas réclamer l'ordre du jour et s'associer à nos vœux pour le dépôt de la pétition au bureau des renseignements. »

La forme de la pétition que les Princes d'Orléans vous ont adressée est donc irréprochable pour le présent, elle est justifiée par le passé.

Cependant, on a élevé une objection singulière, tirée de l'ordre dans lequel les signatures des princes sont apposées au bas de la pétition : M. le comte de Paris a signé le premier, c'est donc un prétendant.

Mais, Messieurs, dans toutes les familles, les plus simples, les plus modestes, — à plus forte raison dans celles qui représentent dix siècles de gloire, — dans toutes les familles qui, sans être sur les marches du Trône, existent encore parmi notre aristocratie française, il est d'usage que le descendant de la branche aînée représente la famille dans les circonstances solennelles. C'est une habitude de courtoisie, et qui existe partout. Il n'y a donc rien là qui puisse, en aucune façon, être considéré comme un symptôme quelconque de la rentrée d'un prétendant.

Un prétendant !... Ah ! Messieurs, si je pouvais, si j'osais lire à la Chambre..... Eh ! mon Dieu, j'hésite, je ne sais si je dois le faire....

Sur divers bancs. — Lisez ! lisez !

M. Estancelin. — Eh bien, Messieurs, puisque vous m'y encouragez, je vais vous lire un fragment d'une lettre de ce Prince qu'on vous représente comme un prétendant, un fragment d'une lettre écrite à un de mes amis, qui m'en a envoyé copie :

« .... Le droit de recevoir les réclamations de tous les Français nous offre enfin, après tant d'années de muettes protestations, l'occasion de renouveler celles que mes oncles opposèrent, en 1848, à la loi qui répondait d'une façon si cruelle à la patriotique abnégation de mon grand-père et de toute sa famille.

« Vingt-deux années se sont écoulées depuis lors au milieu desquelles j'ai atteint l'âge d'homme. Plus j'ai vécu, plus j'ai senti les rigueurs de cette dure loi. Devenu père de famille, je me suis promis de ne rien négliger pour rendre à mes enfants leur patrie, avant qu'ils puissent savoir ce que c'est que l'exil.

« En réclamant pour eux, comme pour nous, le droit commun, rien que le droit commun, nous ne faisons que suivre les traditions de famille, et rester fidèle aux principes qui ont fait sa force dans le passé, comme ils seront nos guides dans l'avenir. Ces traditions seront d'être toujours les premiers serviteurs de la cause libérale en France. Ces principes sont le respect des arrêts souverains de la volonté nationale. » (Très-bien ! très-bien ! sur divers bancs.)

Que voulez-vous de plus honorable, de plus complet ?

J'ai là, sous les yeux, un extrait du testament du duc d'Orléans où je retrouve la même pensée que je vous faisais remarquer tout à l'heure dans la pétition du comte de Paris ; c'est le même sentiment national et libéral de père en fils.

« Mais que le comte de Paris soit un de ces instruments brisés avant qu'ils n'aient servi ou qu'il devienne l'un des ouvriers de cette régénération sociale qu'on n'entrevoit encore qu'à travers de grands obstacles ; qu'il soit roi ou qu'il demeure défenseur obscur et inconnu d'une cause à laquelle nous appartenons tous ; il faut qu'il soit avant tout un homme de son temps et de la nation. »

Est-il possible, je le demande à l'homme le plus patriote, le plus sincère, même à l'esprit le plus prévenu, est-il possible de voir dans cette lettre du comte de Paris autre chose que l'expression la plus légitime, la plus naturelle à un jeune homme, gardant le souvenir lointain de la France, du désir d'y revenir, d'y ramener avec lui ses enfants et d'y vivre paisiblement ? (Très-bien ! à gauche.)

Messieurs, après la signature du comte de Paris, je vois celle du prince de Joinville.

Ah ! celui-là, vous connaissez son histoire ; vous savez tous comment il servait bravement son pays sur la flotte française ; celui-là aurait dû être, plus que tout autre, de la part du Gouvernement actuel, l'objet d'une mesure préventive, si je puis ainsi dire.

Comment ! ne vous le rappelez-vous pas ? Au jour où l'on a voulu aller chercher dans une île éloignée les cendres du grand capitaine qui est aux Invalides, on avait chargé de cette mission M. le prince de Joinville ; et, lorsqu'en revenant, on apprit que des bruits de guerre circulaient, et que le bâtiment qu'il commandait pouvait être attaqué par les Anglais, le Prince fit détruire les aménagements intérieurs de ses appartements, fit faire le branle-bas, et dit : « Si nous sommes attaqués, nous nous défendrons jusqu'à la mort, nous ne nous rendrons pas. » (Très-bien ! à gauche.)

Quelle fut la récompense de ce lointain voyage ?

Je ne veux pas faire d'histoire rétrospective, bien qu'il me fût facile de faire un retour offensif sur le passé, mais je désire rester dans les limites de la plus extrême modération.

M. le prince de Joinville était en Algérie avec M. le duc d'Aumale. Là, il recevait de M. Arago une lettre ainsi conçue :

« Paris, 25 février 1848, 8 heures 1/2 du soir.

« Prince,

« Le salut de la patrie exige que vous ne fassiez aucune tentative pour détourner les équipages et les soldats de marine de l'obéissance qu'il doivent au Gouvernement provisoire.

« Il importe que vous renonciez, jusqu'à nouvel ordre, à mettre le pied sur le sol de la France et à ne communiquer avec aucun navire de la flotte. Prince, votre cœur patriotique saura se résigner à ce sacrifice et l'accomplira sans hésiter. Tel est l'espoir que le Gouvernement provisoire met en vous.

« *Signé :* ARAGO. »

M. le prince de Joinville fit cette réponse :

« Alger, le 3 mars 1848.

« Monsieur le Ministre,

« J'ai reçu la dépêche télégraphique que vous m'avez adressée. J'aime trop mon pays pour avoir un instant songé à y porter la discorde.

« Du fond de l'exil, mes vœux seront toujours pour le bonheur de la France et le succès de son drapeau.

« Recevez, etc.

« F. D'ORLÉANS. »

Est-ce là encore un conspirateur ? Est-ce là encore un homme disposé à venir troubler son pays et à jeter au milieu de nous l'agitation et la discorde ? (Très-bien ! très-bien ! à gauche.)

Après M. le prince de Joinville vient M. le duc d'Aumale. Je vous ai déjà parlé de M. le duc d'Aumale, et je pourrais ne rien ajouter à ce que j'ai dit ; cependant un souvenir me reste dans l'esprit. En entrant dans le cabinet de travail de ce Prince, là où il passe son temps à écrire les gloires de la France, on est tout d'abord frappé de voir dans un coin une épée à poignée d'ivoire : c'est l'épée du vainqueur de Rocroi, c'est l'épée du grand Condé. Au-dessous, il y a ce seul mot : J'attendrai ! » C'est la devise prise par le Prince depuis son exil : oui, il attend la justice de la France, et j'espère qu'il ne l'attendra pas éternellement. (Très-bien !)

Le dernier est M. le duc de Chartres.

Mon Dieu, Messieurs, ceux de nos soldats qui étaient en Italie ont pu voir de loin, au premier rang, un jeune homme chargeant à la tête des escadrons piémontais. Hélas ! pour lui, il ne pouvait pas servir dans les rangs de l'armée française. Mais a-t-il essayé de se mettre en rapport avec nos officiers, avec nos soldats, afin de trouver là le noyau d'une sédition militaire possible, — que sais-je, — dans l'avenir ? Non ; on m'a raconté il y a peu d'heures, — je crois même avoir vu dans une de nos tribunes l'officier de qui je tiens le fait que je vais citer, — on m'a raconté que, un jour, une colonne fut envoyée au quartier général français pour y conduire des prisonniers. Un jeune officier la commandait : — Général, voilà des prisonniers que je suis chargé de vous conduire. — On échange quelques mots. — Lieutenant, vous parlez très-bien français, où l'avez-vous appris ? — Ah ! Messieurs, il y avait un sentiment qui était bien dans le cœur de chacun, c'était de dire : « Mais je suis Français, mais je suis le fils du duc d'Orléans. » Mais il craint, je ne dirai pas de compromettre un officier, — un officier ne se compromet pas, — mais d'embarrasser cet officier ; il se contente de dire : « Général, je suis né à Paris. » Puis il met les éperons dans le ventre de son cheval et il se hâte de quitter le général français. Peut-être avait-il des larmes dans les yeux ! (Mouvement.)

Voilà le quatrième conspirateur. (Très-bien ! très-bien ! à gauche.)

Eh bien, vous avez passé en revue ces hommes si dangereux pour la paix publique, ces hommes qui, en présence de la force considérable que vous avez en ce moment, peuvent être encore pour vous une cause d'inquiétude.

Je vais maintenant, Messieurs, reprendre, en quelques mots le rapport que vous venez d'entendre.

Il y a une chose, je le dirai tout à l'heure, qui m'a frappé singulièrement : c'est d'avoir entendu invoquer, non pas directement, mais indirectement, la raison d'Etat.

Ah ! Messieurs, j'ai cherché la définition de la raison d'État dans nos auteurs les plus autorisés. Dans Montesquieu, dans Machiavel, j'ai trouvé peu de chose ; mais l'un de nos honorables collègues, M. Barthélemy-Saint-Hilaire, a dépeint la raison d'État en des termes que je demande la permission de mettre sous vos yeux :

« Raison d'État, raison excellente ; — raison d'État, raison détestable. Si, à l'intérêt légitime de l'État, vous sacrifiez les intérêts particuliers et secondaires, la raison d'État est louable et complètement justifiée ; mais lorsque, sous le spécieux prétexte de l'intérêt de l'État, vous violez toutes les lois de la morale et abusez de la force que vous avez en main, la raison d'État est une iniquité odieuse qu'on ne saurait réprouver trop hautement, quelque vaines d'ailleurs que puissent être les protestations. »

Il a bien raison : il n'y a pas pour la société de légitime défense contre ceux qui ne l'attaquent pas, encore moins contre ceux qui professent la soumission et le respect aux lois du pays.

Cela ne m'a pas suffi. J'ai voulu aller chercher un auteur encore plus considérable, un homme qui est dans cette assemblée une autorité plus grande encore, l'honorable Garde des sceaux. J'ai retrouvé dans un de ces magnifiques discours que j'entends avec tant de plaisir, — je sais que sortant de son cœur, de son esprit, ils ne peuvent que traduire sa pensée véritable, — le passage que voici :

« Oui, vous avez raison, disait M. le Garde des sceaux, il y a peu de temps, l'histoire a condamné des condamnations judiciaires ! mais, vous l'oubliez, ce sont celles rendues d'après vos maximes, celles qu'avaient inspirées les considérations politiques, « la raison d'État. »

« Aussi, Messieurs, bienheureux un gouvernement, chaque fois qu'il peut ne pas s'adresser à ce conseiller changeant et perfide, et n'écouter que le conseiller immuable, celui dont les décisions ne changent jamais, dont les avis ne se contredisent pas, et qui, le lendemain, prononce comme il a prononcé la veille : ce conseiller existe, il s'appelle *le droit.* » (Très-bien ! à gauche.)

« Nous placerons notre orgueil à n'avoir, dans les décisions que nous prendrons, dans tous les actes que nous accomplirons, à n'avoir d'autre conseiller, d'autre guide que *le droit.* » Et, après quelques considérations, il ajoute : « Oui, nous aurons fondé la liberté, car son avènement dans ce pays a été retardé, parce que ceux qui la défendaient se sont trop souvent soumis à la raison d'État, au lieu de ne s'inspirer que de la justice. » (Très-bien ! à gauche.)

Voilà la raison d'État condamnée par les autorités les plus compétentes parmi vous. Et c'est tout ce qu'on peut invoquer, cette raison d'État ; car le rapport qu'on vient de vous faire, mais il est en retard de vingt ans ! j'aurais compris ce rapport il y a vingt ans, mais aujourd'hui !

Dans le passé, je ne citerai que quatre lignes de l'exposé des motifs du rapporteur de 1832, et chacun saisira la différence de situation :

« Qui osera assumer sur lui la terrible, l'immense responsabilité de l'avenir ? Le Midi est agité, l'Ouest a revu la Vendée, partout se pressent les émeutes, les troubles, les séditions ; et vous direz que la loi est inutile ! »

Je n'ai rien à ajouter ; regardez l'horizon autour de vous : est-ce qu'il y a quelque chose qui ressemble à de l'agitation ?

Quelle était la situation en 1848 ? Ah ! je suis bien à mon aise pour parler de la République, mes collègues m'ont vu ; nous nous combattions à visage découvert, et, précisément parce que je l'ai combattue quand elle était debout, je la respecte quand elle est tombée. (Très-bien ! très-bien ! à gauche. — Rumeurs à droite.)

J'ai relu toute la discussion ; mais, Messieurs, cette loi a été rendue, quand ? Le lendemian du 15 mai, le lendemain d'une insurrection, la veille d'une autre insurrection. Eh, mon Dieu ! je comprends que des hommes qui font un gouvernement nouveau veuillent se défendre, se garantir, ils ne savent pas encore où sont les coupables ; quinze jours, un mois plus tard, ils ne l'auraient peut-être pas rendue, mais le lendemain même on frappe sur tout le monde. (Réclamations à droite. — C'est vrai ! Très-bien ! à gauche.)

M. LE COMTE KÉRATRY. — Le Gouvernement l'a bien prouvé.

M. ESTANCELIN. — J'ai lu avec la plus grande attention tous les rapports et la discussion ; j'ai lu M. Laurent, de l'Ardèche, M. Ducoux et autres ; il est dans la pensée de tous que cette loi est une loi temporaire et exceptionnelle. Je prends un homme dont l'honorabilité et le caractère ont, je crois, une autorité suffisante. M. Ducoux a dit :

« J'espère qu'avant peu notre République sera assez forte pour pouvoir ouvrir ses portes à toutes les familles déchues; j'espère que le mot proscription sera prochainement rayé du vocabulaire républicain. »

Voilà l'esprit dans lequel la loi a été rendue.

M. GLAIS-BIZOIN. — C'est notre pensée à tous.

M. ESTANCELIN. — Mais cette pensée n'était pas seulement celle des auteurs de la loi, c'était celle du Cabinet.

Dans le régime inauguré par le Gouvernement actuel, au milieu de ses diverses transformations, une chose assez piquante, c'est de voir tous les ministres se succédant se contredire; on ne sait pas trop où aller chercher la pensée dirigeante.

Dans la séance du 1er mars 1851, M. de Royer, ministre de la Justice, parlant au nom du Gouvernement, disait ceci :

« La pensée de la proposition de M. Creton n'est pas seulement une pensée généreuse et loyale, le Gouvernement vient dire lui-même et bien haut qu'elle est une *pensée juste*, ce qui est bien mieux encore qu'une pensée généreuse et loyale.

« Sur la question de principe, l'opinion du Gouvernement n'a pas changé, et permettez-moi d'ajouter, dans un temps où la parole doit aller jusqu'à l'extrême franchise, que, s'il fallait combattre ici le principe de la loi d'abrogation, ni mes collègues ni moi ne serions à la tribune.

« Si le Gouvernement avait le bonheur que l'état du pays lui permît de courir ces grandes chances qu'il croit aujourd'hui trop fortes et trop vives, *il eût devancé la discussion d'aujourd'hui* par un projet de loi dont il aurait réclamé l'initiative.

« Quant à nous, nous avons la conviction que l'administration qui pourra un jour proposer l'abrogation des lois de proscription fera pour elle un acte de grand honneur et se donnera une incontestable popularité.

« Eh bien! si nous avons résisté à cette tentation, permettez-moi de vous dire simplement, mais très sincèrement, qu'il n'y a que le sentiment de notre devoir et le sentiment de la responsabilité que nous commande l'intérêt du pays qui aient pu nous donner le courage de le faire. »

Voilà le langage qu'il y a vingt ans M. le Garde des sceaux tenait au nom du Gouvernement dont le chef était le même qu'aujourd'hui. Comme nous sommes loin du langage qu'on tient maintenant !

Eh bien, Messieurs, qu'ai-je à ajouter de plus ? On sait les motifs, on sait les dangers. Où sont ces prétendants ? où sont ces conspirateurs, ces hommes qui vont troubler le pays et agiter cette France si calme en ce moment? A vous de les chercher, à vous de les trouver.

Messieurs les membres du Corps législatif, vous êtes en ce moment des juges et des jurés; vous avez à condamner quatre innocents... (Exclamations sur quelques bancs au centre et à droite. — Très bien! à gauche.) Vous avez à condamner quatre innocents; car si la loi que vous allez peut-être empêcher tout à l'heure d'abroger était à voter, pas un de vous ne se lèverait pour la voter, pas un ministre n'oserait aujourd'hui proposer ce projet de loi, si la loi n'était pas votée. Je défie de trouver un argument pour l'exposé des motifs; il serait celui-ci : Depuis vingt ans, les princes d'Orléans ont vécu hors de France, respectant les lois de leur pays; mais cependant, comme il pourrait se faire qu'ils eussent envie de rentrer en France, nous venons vous demander une loi qui les proscrive. Voilà la situation.

Eh bien! Messieurs, c'est à vous que je m'adresse, à votre sagesse, à votre cœur, au pays qui nous écoute et qui demain nous jugera : Y a-t-il là un péril?

Ah! s'il y avait un péril quelconque, si on me disait : Un de ces jeunes gens a essayé d'embaucher un régiment, je ne serais pas là parce que ce ne serait pas d'accord avec mon mandat, avec l'esprit de mes électeurs, avec les sentiments que j'éprouve, avec le serment que j'ai prêté. Mais quand il n'y a rien, quand je vois des hommes qui ont à se faire pardonner, quoi? l'honneur, la loyauté, la fidélité, le respect des lois, alors je me demande si, descendant dans votre conscience, vous pouvez trouver un motif pour déposer un bulletin qui viendrait souligner ces mots cruels dont je parlais tout à l'heure, « d'une stérile opiniâtreté. »

M. ERNEST DRÉOLLE, *rapporteur*. — M. Estancelin se trompe complètement. Ces mots de mon rapport ne s'appliquent pas aux Princes exilés.

A gauche. — A qui donc?

M. ERNEST PICARD. — Au Gouvernement.

M. LE RAPPORTEUR. — Aux partisans à l'intérieur.

M. ESTANCELIN. — Soit; je ne demande pas mieux que d'accepter la rectification de M. Dréolle.

Mais, Messieurs, soyez sûrs d'une chose : c'est que cette proposition qui vous est faite aujourd'hui, vous la verrez reparaître l'année prochaine. Et je suis convaincu que le Gouvernement lui-même prendra l'initiative de cette mesure; je suis convaincu qu'à un moment donné, après que vous aurez repoussé cette pétition, le Gouvernement suivra l'inspiration à la fois d'une bonne politique et d'une pensée généreuse. Je vous ai entendu souvent, Messieurs les membres de la majorité, me parler de la grandeur d'âme de l'Empereur; eh bien, il y a un sentiment qui est dans toute âme généreuse : celui de la justice et celui de la reconnaissance, et je suis convaincu qu'à un moment donné, le Gouvernement lui-même viendra vous proposer, sous le coup de ses sentiments personnels et de l'opinion publique, ce que nous demandons aujourd'hui. Lisez les journaux, voyez aujourd'hui par toute la presse le mouvement qui accueille cette proposition. Et après avoir repoussé cette proposition, parce que le Gouvernement vous le demande, prenez garde qu'on ne dise que la Chambre la votera, parce que le Gouvernement le désire. (Mouvements divers.)

M. MARTEL. — Je demande la parole.

M. ESTANCELIN. — Oui, Messieurs, je disais qu'à un moment donné, l'Empereur lui-même prendrait peut-être l'initiative de cette mesure : j'en ai pour garantie la promesse qu'il a faite au pays, lorsqu'il s'est présenté pour la première fois aux suffrages de la nation; il y a là un contrat moral dont nous attendons l'échéance.

« Moi, qui ai connu l'exil et la captivité, j'appelle de tous mes vœux le jour où la Patrie pourra, sans danger, faire cesser toutes les proscriptions et effacer les dernières traces de nos discordes civiles. » (Mouvement à gauche.)

Il y a vingt-deux ans que cela a été écrit, nous attendons encore aujourd'hui l'exécution de cette promesse. Or, Messieurs, réfléchissez-y. Dans le cours de longues recherches, j'ai retrouvé un mot d'un homme célèbre qui a été notre collègue, aujourd'hui encore à l'étranger, M. Victor Hugo, et je veux vous le dire; je l'ai extrait d'un discours remarquable où il avait mis son intelligence et son cœur pour plaider la rentrée en France du prince Jérôme.

« L'exil est une désignation à la couronne; les exilés sont des en-cas!

« Replacez-les donc dans la loi commune, puisqu'ils le demandent. Vous ne serez pas seulement justes, vous serez habiles. »

Voilà ce que j'ai à dire à mes honorables collègues de la majorité.

Quant au Cabinet, il a quelques jours, j'entendais à cette tribune M. le Garde des sceaux, parlant au nom du Gouvernement qu'il sert avec autant d'intelligence que de dévouement, nous dire : « Nous sommes la justice et la force. » Je lui dis, moi : Vous avez aujourd'hui une grande occasion de nous prouver la vérité de vos paroles et de nous montrer que vous êtes forts : c'est de savoir être justes. (Très bien! très bien! à gauche.)

Comment pourriez-vous hésiter sans vous condamner vous-mêmes! C'est le lendemain d'un succès dont vous êtes justement fiers, le lendemain du jour où dix millions de suffrages viennent de rajeunir l'Empire en le fortifiant, que vous redoutez de voir rentrer dans le pays quatre citoyens, qui ne demandent qu'à vivre tranquillement sous l'empire des lois qui nous régissent.

Messieurs, prenez garde, vous allez faire croire à vos ennemis que cet édifice élevé par le suffrage universel, que vous croyez si solide, et que nous croyons si durable, peut craquer sur sa base, et que ce colosse d'airain pourrait n'avoir que des pieds d'argile. (Très-bien! à gauche.)

Ces hommes auxquels vous refusez les portes de leur pays, vous allez les grandir de toute la hauteur de vos craintes! Ce ne sont plus des citoyens, ce sont des prétendants que vous voulez éloigner parce que, malgré le sacre populaire qui vous a couronné, vous les redoutez! Et demain, la France pourra dire : Ils sont donc bien redoutables, puisqu'on les redoute tant! (Très bien! à gauche.)

Et vous ne paraissez peut-être si grands que parce qu'ils sont si loin! (Très bien! à gauche.)

Ah! Messieurs! j'espère que M. le Garde des sceaux va revenir à un sentiment plus vrai de la situation, l'accepter et la voir sous son véritable jour, et ne pas s'opposer au renvoi de la pétition au Gouvernement. Si vous ne le faisiez pas, permettez-moi de vous le dire, vous donneriez alors le droit à tous vos adversaires de dire : S'ils n'osent pas être justes, c'est qu'ils ne se sentent pas forts. (Mouvements divers. — Vives marques d'approbation à gauche. — L'orateur, en retournant à son banc, reçoit les félicitations d'un certain nombre de ses collègues.)

ANECDOTES SUR LA RÉVOLUTION DE FÉVRIER

LA PRISE DES TUILERIES

Le 24 Février, dans l'après-midi, au moment où les troupes évacuaient, par ordre, les Tuileries, le peuple vainqueur prenait leur place (sans combat et sans danger). Une bande d'insurgés arriva dans la cour des Tuileries, conduite par un homme d'une taille colossale, avec une grande barbe rousse, à moitié blanche (peut-être un ancien combattant de Juillet), coiffé d'une vieille casquette en peau de loutre, sans visière, les bras nus, les mains noires de poudre, un fusil à la main. Il venait sans doute de faire le coup de feu à la place du Palais-Royal et de brûler les soldats du 14ᵉ, enfermés dans le poste du Château-d'Eau.

Cet individu, à la tête d'une bande armée, entra au Pavillon de Marsan, occupé alors par la duchesse d'Orléans et ses enfants.

La Princesse venait de partir pour aller à la Chambre; ses appartements étaient ouverts, mais ceux occupés par le duc d'Orléans avaient été fermés depuis sa mort et laissés dans l'état où ils se trouvaient le 13 juillet. C'était un sanctuaire où la Princesse venait apporter le pieux souvenir de ses prières pour le Prince si digne d'être aimé et qu'elle adorait si justement.

Le chef de bande essaie d'ouvrir la porte du salon du duc d'Orléans. Trouvant de la résistance, il donne un violent coup de crosse et, se retournant vers un vieux serviteur resté à son poste, et qui, quelques heures après, me racontait l'incident, les larmes aux yeux :

« — Ouvrez-nous. Qui est-ce qui demeure là ?

« — Ce sont les appartements du feu duc d'Orléans, qui sont fermés « depuis sa mort.

« — Ah !... — dit l'homme avec une surprise émue. Puis, se retournant vers sa bande, d'une voix de stentor il crie :

« — Silence... et respect, vous autres... et qu'on ne touche à rien. « Nous entrons chez le duc d'Orléans ! »

Effectivement, les portes ouvertes, toute cette bande suivie de bien d'autres, traversa les appartements du Prince, sans toucher à un seul des objets précieux ou intéressants qui les meublaient; et, à quelques pas, les autres appartements du palais étaient dévastés, mis au pillage, les portraits criblés de coups de fusil.

Et ce même insurgé s'arrêtant devant le beau portrait du Prince (d'Ingres, je crois), qui était dans le salon, souleva sa coiffure de loutre et, tout ému, s'écria : « Pauvre jeune homme, va ! »

Tant il est vrai qu'il y a dans le cœur du peuple français, même dans ses jours de colère et d'égarement, un sentiment de justice et de loyauté, dont l'anecdote précédente est une preuve touchante et historique.

Presque au moment où les incidents que nous venons de raconter avaient lieu au pavillon de Marsan, de l'autre côté du palais des Tuileries, une scène d'un autre genre se passait au pavillon de Flore.

Le rez-de-chaussée du palais, élevé de plusieurs marches, était séparé du quai et du jardin par un fossé de deux ou trois mètres de profondeur. Il avait été habité par la princesse Adélaïde, sœur du roi Louis-Philippe. Elle était morte depuis quelques semaines; ses appartements, dont les fenêtres donnaient sur le pont Royal et le jardin, étaient fermés, et les volets extérieurs l'étaient également.

Lorsque les masses populaires virent les troupes abandonner pacifiquement le palais, elles se précipitèrent en foule à leur suite. La place du Carrousel d'abord, la cour des Tuileries ensuite, furent envahies. Une partie de ces masses venait du côté de la rue de Richelieu et du Palais-Royal; elle comptait une certaine quantité d'hommes armés, qui avaient fait le coup de feu contre la troupe et la Garde municipale.

Par le bord de la Seine, le quai du Carrousel, arrivaient des colonnes qui s'étendaient à perte de vue jusqu'au Pont-Neuf. La foule, de ce côté, était peu armée ou pas armée : quelques fusils de chasse ou les armes prises aux soldats tués ou désarmés, des sabres de cavalerie, des pistolets, des bâtons, et même des broches, que des cuisiniers ou pâtissiers, en veste blanche, portaient militairement sur l'épaule.

Cette foule, trouvant les portes ouvertes, prit la place des troupes, qui s'en allaient par le jardin, pendant que la cavalerie dégringolait l'escalier de marbre existant alors sous le pavillon de l'Horloge, et les suivait dans leur retraite.

Le rez-de-chaussée du palais fut d'abord envahi, et les appartements de la princese Adélaïde immédiatement remplis de populace.

Les grands volets furent violemment ouverts, et à travers les immenses fenêtres, dont les carreaux volèrent en éclats, on put voir la masse bigarrée, dont les guenilles et les blouses faisaient un contraste saisissant avec les dorures des lambris qu'on apercevait, et les lourds rideaux de soie des larges fenêtres, auxquelles se pressait joyeusement le *Peuple vainqueur!*

Au même instant, une compagnie de Garde municipale oubliée, sans ordre de retraite, au fond de la place du Carrousel, déchargea ses armes en l'air. En entendant un feu de peloton, dont elle ignorait la cause, toute cette foule, qui avait envahi le palais, crut être tombée dans un traquenard, et que la laisser entrer, était une ruse de guerre pour l'exterminer.

Ce fut alors une déroute impossible à décrire. Les fenêtres étaient devenues trop étroites pour laisser passer les vainqueurs qui, au risque de se casser le cou, sautaient en cascades humaines dans les fossés.

Quant aux masses qui encombraient le quai du Carrousel, sous l'empire de la même panique, en moins de temps que je n'en mets à l'écrire, elles avaient disparu. Elles se précipitaient, affolées, sur les berges de la Seine, jetant armes et bagages, les fusils, les sabres, comme les broches. On voyait, sur le quai devenu désert, jusqu'à des cuirasses, des casques, des hallebardes du temps de la Ligue!

Avec la différence des temps et des circonstances, ce fut une seconde édition de la scène du 10 Août, quand le feu des Suisses balaya d'abord les Marseillais.

En 1848, il n'y eut là, que je sache, ni morts, ni blessés. Dans la matinée seulement, la livrée d'un homme des écuries du Roi servit de cible; et, comme il était dans sa veste écarlate, il fut adroitement tiré et tué, c'est-à-dire assassiné! J'oubliais les maréchaux de France qui furent fusillés dans leurs cadres par les vainqueurs, alors que revenus de leur panique, ils rentrèrent (d'abord avec une demi-confiance) dans le palais désert : mais ils furent vite rassurés, et ce fut alors un massacre complet des meubles, de la vaisselle, des tableaux, des objets d'art, et avec un acharnement expliqué par la colère d'une déroute première bien mal justifiée.

Mais il arriva ceci : Les vainqueurs se trouvèrent si bien dans le palais, qu'un grand nombre ne voulurent plus en sortir; les caves étaient bien garnies, lescheminées bonnes, le bois abondant, les lits fort appréciés par les vierges de Saint-Lazare, qui partageaient les fatigues de la garnison : ce qui restait des provisions et du mobilier royal suffisait à leur existence et à leurs habitudes.

Comme les murs des Tuileries avaient trois mètres d'épaisseur, et qu'il eût fallu du canon pour faire évacuer cette forteresse, le Gouvernement provisoire fut fort embarrassé; on parlementa, et on adjoignit des blessés au corps d'occupation; mais quand ceux-ci furent guéris, ils firent comme les premiers occupants; s'y trouvant bien, ils ne voulurent plus déguerpir.

C'est pour eux qu'un mauvais plaisant, les voyant en robes de chambre se promener allègrement sur les terrasses du palais, modifia ainsi, en les montrant du doigt, devant un groupe de promeneurs arrêtés et gouailleurs, ce beau chant des *Girondins :*

Nourri par la Patrie,
C'est le sort le plus beau,
Le plus digne d'envie.

Les Tuileries sont brûlés, les blessés disparus.

Mais la France, assez riche pour payer sa gloire, fait aux survivants de ces faits lointains des pensions bien justifiées, comme pour les victimes du Deux-Décembre, et on peut toujours chanter, car c'est toujours vrai :

Nourri par la Patrie,
C'est le sort le plus beau,
Le plus digne d'envie!

.... Le plus digne d'envie???

?

En citant le nom de son petit-fils, M. Estancelin rappelle celui d'une famille qui a, dans ses annales, un trait de dévouement pour un de nos rois, qui a été récompensé d'une manière éclatante; et en quittant un père, dont nous avons reproduit la vie de dévouement à la famille d'Orléans, sa fille entra dans une famille qui a aussi une belle page dans son histoire.

A la bataille de Bouvines, le roi Philippe-Auguste fut renversé de son cheval, au milieu de la mêlée, et il allait être massacré ou fait prisonnier par les Allemands, lorsque trois chevaliers, qui combattaient à ses côtés, lui firent courageusement un rempart de leurs corps et lui sauvèrent la vie, en l'aidant à remonter à cheval.

Le Roi donna à chacun de ces chevaliers une fleur de lys d'or qui, depuis, figure dans leurs armes, les couleurs du fond différant pour chacun d'eux.

C'est en souvenir de cette action d'éclat qu'on pouvait lire, sur le tombeau du marquis de Clercy, ce distique latin :

« *Roma dedit civis servati, prœmia quercum,*
« *Servati Regis Francia, lilia dat.* »

« A celui qui sauvait un citoyen, Rome accordait une couronne de chêne;
« A celui qui sauve son Roi, la France donne la fleur de lys. »

Plus tard, la ville de Beauvais, assiégée, fut délivrée avec l'aide du sire de Clercy, qui avait levé ses vassaux pour aller au secours de la ville.

Henri V, roi d'Angleterre, vainqueur en France, pour le punir, confisqua ses domaines, et, par une charte de 1421, les attribua à Montgomery, l'un de ses lieutenants.

A Crécy, Poitiers, Azincourt, parmi les morts, on compta un Clercy, et, depuis, leur sang coula sur plus d'un champ de bataille; aussi, M. le comte de Chambord fut-il le parrain du comte Henri de Clercy, et son baptême fut le dernier célébré dans la chapelle des Tuileries, avant la Révolution de Juillet.

Le mariage de son fils avec Mlle Estancelin réunissait les représentants de partis jusqu'alors divisés.

Le comte de Paris avait bien voulu être l'un des témoins de la mariée, avec M. La Chambre, député d'Ille-et-Vilaine.

La duchesse de Montpensier assistait au mariage, dans cette même petite église de Baromesnil où elle avait prié le 25 février 1848; elle avait envoyé à la mariée un collier de diamants, qu'on admirait au milieu des cadeaux des autres Princes.

La comtesse de Paris, la future Reine de Portugal, la princesse Amélie, la princesse Hélène d'Orléans étaient agenouillées près d'elle, et le duc de Chartres était à côté de son ancien général, dans ce jour de fête, comme il avait été près de lui aux heures de danger.

Au déjeuner qui suivit, le comte de Paris porta la santé des mariés.

M. Estancelin y répondit, en portant la santé du comte de Chambord et du comte de Paris; il prononça quelques paroles qui furent fort applaudies et qui avaient une signification accentuée par la présence de la royale assistance, le 4 juillet 1882.

Sous les écussons suspendus au milieu des fleurs et des feuillages, sur la tête des convives, à côté des fleurs de lys de la Maison d'Orléans, faisait aussi bonne figure la fleur de lys bien gagnée à Bouvines; on lisait ce vers latin, tout à fait à sa place :

« *Semper sub liliis, et virtus et honor!* »

S'inspirant de ce vers, dans son discours, et s'adressant à sa fille, il prononça ces paroles, que nous trouvons dans les journaux de l'époque, où cette fête fut racontée (dans le *Figaro*, notamment) par la plume élégante de Philippe de Grandlieu :

« ...... Dans un jour de bataille, il y a quelques centaines d'années, « un Roi de France arracha une fleur de lys de l'écusson royal et la mit « sur le bouclier d'un Clercy; ils ont toujours été fidèles à leur Dieu et « à leur Roi, et tu continueras la tradition de ta nouvelle famille et tu « seras digne que l'on dise de toi : « *Semper sub liliis, et virtus et* « *honor!* » — « Toujours, sous les lys, on trouve : honneur, courage ou « vertu! »

Et s'adressant au comte de Paris, M. Estancelin termina son discours par ces mots, dont l'importance politique n'échappa à personne et émotionna l'assistance :

« Monseigneur,

« Avant de boire à votre santé, je veux vous demander la permission « de porter la santé de l'auguste Chef de la Maison de Bourbon, du « parrain de Henri de Clercy. Enfant, au Palais des Tuileries, il lui « donna son nom; dans cette journée, c'est un devoir pour nous de lui « adresser, au nom des jeunes mariés, un respectueux souvenir et « l'expression de nos vœux.

« J'unis donc, dans mon toast, les Princes de la Maison de Bourbon « et je remercie ceux qui nous ont fait aujourd'hui l'honneur de s'asseoir « au milieu de nous. »

Les applaudissements répétés de tous les invités accentuèrent encore ces paroles, si heureusement placées.

En choisissant M. Estancelin pour présider le banquet projeté du 2 Juillet, M. le comte de Chambord a-t-il aussi voulu répondre à sa manière à celui qui avait dit :

« *Semper sub liliis, et virtus et honor!* »

TABLE

www.ingramcontent.com/pod-product-compliance
Ingram Content Group UK Ltd.
Pitfield, Milton Keynes, MK11 3LW, UK
UKHW012208240726
13966UKWH00002B/640